바다 위에서
희망을 심다

나남
nanam

2015 피스&그린보트 항해일지

바다 위에서 희망을 심다

2016년 3월 10일 발행
2016년 3월 10일 1쇄

엮은이	피스&그린보트 사무국 김희은
펴낸이	趙相浩
펴낸곳	(주)나남
주소	10881 경기도 파주시 회동길 193
등록번호	제 1-71호(1979.5.12)
전화	031-955-4601(代)
FAX	031-955-4555
홈페이지	http://www.nanam.net
전자우편	post@nanam.net

ISBN 978-89-300-8858-9
ISBN 978-89-300-8655-4(세트)
책값은 뒤표지에 있습니다.

2015 피스&그린보트 항해일지

바다 위에서 희망을 쓰다

나남
nanam

광복 70주년,
한일수교 50주년을
맞이하며

최열
환경재단 대표
피스&그린보트 공동대표

2015년은 우리나라가 일제강점으로부터 해방된 지 꼭 70주년이 되는 해입니다. 1945년 8월 일본 히로시마와 나가사키에 원자폭탄이 떨어지면서 일본 제국주의가 패망하고 우리나라가 독립할 수 있었습니다. 70년 전 원폭이 떨어졌던 바로 그날, 8월 9일, 피스&그린보트는 나가사키를 방문해 전쟁을 반대하고 평화를 기원하는 행사에 참석했습니다.

최근 몇 년간 한일관계가 썩 좋았다고는 할 수 없지만 2015년만큼 심각했던 적은 없었습니다. 아베 신조安倍晋三 총리는 헌법에도 위배되고 일본 국민의 대다수가 반대하는데도 기어이 〈전쟁가능법안〉을 통과시켰습니다. 패전 이후 독립된 군대를 보유하지 않겠다고 선언했던 일본이 '자위대'라는 변형적인 군대를 갖추더니, 이제는 자의적인 판단에 따라 언제든지 군사를 동원할 수 있는 법률적인 토대가 마련된 셈입니다.

이런 상황에서 '한일교류' 프로그램을 진행하는 것은 상당한 부담이었습니다. 한배를 타고 여행하는 상황에서 한일 참가자들이 마주치게 되는 것은 당연한데, 행여 참가자들끼리 시비가 붙어 다투지는 않을까 염려되었던 탓입니다. 그러나 그동안 피스&그린보트를 진행하면서 참가자들이 보여줬던 수준 높은 시민의식을 믿기로 했습니다. 설령 한일 참가자가 부딪히더라도 서로에 대한 이해와 대화를 통해 매끄럽게 풀어 갈 것이라고 확신했습니다.

결론부터 말씀드리면 이번 피스&그린보트는 대성공이었다고 자부합니다. 피스&그린보트가 끝나고 평가회의를 위해 한국에 방문한 피스보트 스태프들도 대단히 성공적인 크루즈였다고 기뻐했습니다. 이는 단순히 참가자 수가 1,100명으로, 지금까지 중 가장 많았기 때문이 아닙니다. 광복 70주년, 한일수교 50주년이라는 역사적인 해에, 일본 패전의 상징이라 할 수 있는 나가사키를 방문해 평화와 환경을 위한 메시지를 전할 수 있었기 때문입니다. 험악한 한일관계 속에서 양국 시민들이 다른 것도 아닌 '평화'와 '환경'에 대해 이야기하면서도 서로 이해하고 소통하는 모습을 보였기 때문입니다.

피스&그린보트는 2005년에 환경과 평화를 위한 한일교류 크루즈를 목적으로 시작되어, 한일교류는 물론 원전과 기후변화를 주제로 한 프로그램들을 구성하고 진행했습니다. 한일 참가자들은 한배를 타고 여행을 하면서, 환경이나 역사적으로 중요한 현장들을 돌아봤습니다. 각국의 원전을 방문하여 원전에 대해 배우며 위험성을 인지할 수 있었고, 'STOP CO2' 캠페인을 통해 기후변화의 심각성을 환기시켰습니다. 단순히 즐기는 관광이 아닌, 배우고 생각하는 여행이라 참가자들의 호응을 얻을 수 있을지 걱정했지만, 의외로 많은 분들이 좋아해 주셨습니다.

10년의 세월이 흘러 피스&그린보트도 8회째를 맞는 동안 우리 사회에도 많은 변화가 있었습니다. 우선 동일본대지진을 계기로 원전에 대한 인식이 바뀌었습니다. 원전의 위험성과 심각성을 인지하고 원전 없는 사회로 나아가려는 움직임이 시작되었습니다. 얼마 전 파리에서는 지구온난화를 막기 위한 기후변화협정도

성사되었습니다. 한일관계에도 좋은 바람이 불고 있습니다. 한국 시민들은 이제 '독도'와 '종군위안부' 문제에 꾸준히 관심을 가지고 활동합니다. 침묵으로 일관하던 일본 시민들도 움직이기 시작했습니다.

지난 9월 23일, 일본 도쿄 한복판에 3만 명이 넘는 일본 시민들이 모였습니다. 아베 정권의 독단적인 만행에 항의하는 일반 시민들의 자발적인 집회였습니다. 일본에서는 지금까지 단 한 차례도 시민혁명을 성공한 적이 없습니다. 그러다 보니 일본 시민들은 '어차피 안 될 텐데' 하는 생각에 사회문제에 적극적으로 나서지 않았습니다. 그런데 이번에 〈전쟁가능법안〉에 항의하기 위해 3만 명이나 되는 시민들이 스스로 모인 것입니다. 일본이 깨어나고 있습니다.

정치적 관점에서 보자면 한국과 일본이 화해하기에는 아직 갈 길이 멀어 보입니다. 하지만 시선을 조금 돌려, 시민들의 관점에서 보자면 희망을 찾을 수 있습니다. 일본 정부의 만행에 분노하는 양식 있는 일본 시민들이 생각보다 많고, 그들과 마음을 열고 소통하려는 한국 시민들이 많기 때문입니다.

피스&그린보트는 이런 시민들의 교류를 돕고 지지하기 위해 실시하는 프로그램입니다. 겉으로 보이는 한일 '양국'의 관계는, 수교를 맺은 지 50년이 지난 지금까지도 지지부진하지만, 물밑에서는 시민들이 끊임없이 소통하며 화합해 왔습니다. 그리고 드디어 조금씩 그 결실이 수면 위로 드러나고 있습니다. 원전과 기후변화 문제에 대한 인식 역시 지속적인 노력 끝에 시나브로 확산되어, 이제는 전 세계적인 과제로 부상했습니다. 이러한 노력이 완연한 결실을 맺을 수 있도록, 환경재단이 피스보트와 함께 피스&그린보트를 이어 갈 수 있기를 소망합니다.

10주년을 맞이하는
피스&그린보트

요시오카 다쓰야吉岡達也
피스보트 공동대표
피스&그린보트 공동대표

2015년 피스&그린보트를 마치고 1주일 정도 지난 어느 날, 일본 국회의원인 친구로부터 연락이 왔다. 박근혜 대통령을 만났는데 그 자리에서 대통령이 피스&그린보트를 언급하며 미래 한일관계에 대단히 중요한 민간교류라고 발언했다는 것이 아닌가.

환경재단이 한국 현 정권의 환경정책이나 안전정책에 비판적인 태도를 보이고 있다는 점을 감안하면 의외의 발언이다. 반면, 10년이라는 세월을 지나 한국의 현직 대통령이 정치적 입장을 떠나서 칭찬할 정도로, 한국에서는 피스&그린보트가 주목받고 있다는 뜻이기도 하다. 최열 대표를 비롯한 환경재단 직원들이 지금까지 들인 노력에 진심으로 경의를 표하고 싶다.

안타깝게도 일본은, 우리의 힘이 부족한 탓도 있겠지만, 현직 수상이 이웃나라와의 우호관계보다 미국과의 군사협력관계를 더욱 중요하게 생각하는 인물인 탓에, 정권 수뇌부가 이러한 발언을 하는 일이 없는 것이 현실이다. 그러나 이번 크루즈에서는 간 나오토菅直人 전 수상이 배에 탑승해 피스&그린보트의 의의를 개략적으로나마 이해해 주셨다는 점에서 크게 한 발 전진했다고 자부한다.

일본에는 "꾸준함이 힘이다"라는 말이 있다. 바꿔 말하자면 "꾸준함은 평화를 만드는 힘"이 아닐까 생각한다. 선내 강연에서 다루었던 '조선통신사'도 약 200년에 걸쳐 배를 통해 꾸준하게 교류했으며, 덕분에 도요토미 히데요시豊臣秀吉가 임진왜란이라는 큰 비극을 저질렀음에도 양국이 서서히 우호적인 관계를 구축할 수 있었다고 한다. 마찬가지로 배를 이용한다는 점에서 피스&그린보트는 실로 21세기 '조선통신사'를 넘어서는 '동아시아 평화 환경 통신사'라 할 수 있겠다.

2015년은 제 2차 세계대전이 끝난 지 70주년을 맞이하는 해이다. 이는 일본이 패전하고 한반도가 광복을 맞이한 지 70주년이라는 뜻이며, 동시에 히로시마와 나가사키에 원자폭탄이 투하된 지 70주년이라는 뜻이다. 이런 뜻깊은 해의 8월 9일, 원자폭탄이 떨어진 날에 한일 시민 각각 550명가량이 한일 양국의 피폭자들과 함께 나가사키를 방문한 것은 역사적인 사건이 아니었을까 생각한다.

히로시마와 나가사키의 비극을 경험했음에도 우리가 살고 있는 동아시아에는 러시아, 중국, 북한, 그리고 미국까지, 핵을 보유한 나라의 군대가 주둔하고 있다. 70년 전의 비극을 되풀이하지 않으려면, 한일 시민들의 피폭 경험을 바탕으로 2세대, 3세대로 이어지는 새로운 연결고리를 만들어, 핵무기 폐지를 위한 동아시아 시민연대를 구축해야 할 것이다.

그리고 이 연대는 '방사능'이라는, 국경을 넘어 우리 생명을 위협하는 존재에 주목하고, 후쿠시마 원전사고를 교훈 삼아, 세계적인 원전 집중지역인 동아시아에서 원전을 없애고 재생가능에너지로의 전환을 추진하는 움직임을 만들어 내고 있다.

3년 전 처음으로 부산 고리원전을 방문했을 때, 원자로 1호기 노후화 문제가 불거져 원자로 폐쇄를 촉구하는 운동을 주도하던 김혜정(환경운동연합 원전특별위원장) 씨의 모습이 지금도 어제처럼 기억 속에 생생하다.

그리고 이번에 현지를 찾아갔을 때, 전국적인 탈원전운동 전개와 현지 시민들의 강력한 요청으로 고리원전 1호기 폐쇄가 결정되었다는 소식을 듣고, 대단히 기쁘고 든든한 마음이 들었다.

처음 항해를 시작하고 10년이 흘렀지만 피스&그린보트의 목적은 여전히 변하지 않았다. 이는 경제성장이나 GDP보다 평화와 환경을 중요하게 생각하는 사회를 실현하는 것이며, 돈보다 한 사람 한 사람의 목숨을 더욱 소중하게 생각하는 사회로 바꾸는 것이다. 아직 그런 사회가 실현되지는 않았지만 한일 시민들의 공존·공생을 위한 노력이 매번 착실하게 동아시아 평화 환경 공동체의 실현가능성을 높이고 있다고 확신한다.

핵과 전쟁이 없는 지속가능한 동아시아를 위한 한일 시민 종전 70주년 성명

우리 피스&그린보트는 평화롭고 지속가능한 동아시아를 위해 10년간 한일 시민에 의한 크루즈를 실시해 왔습니다. 8회째를 맞이하는 2015년에도 한일 양국에서 각각 550여 명의 시민이 참가해 역사, 환경, 문화, 평화 등에 관해 논의했으며, 10일간 한국, 일본, 러시아를 방문해 많은 사람들과 우정을 쌓을 수 있었습니다.

이번 크루즈를 통해 우리는 현재의 동아시아, 특히 한일 평화 및 환경과 관련해 시급히 해결해야 할 문제들을 배웠고, 이를 극복하고 진실로 평화롭고 지속가능한 동아시아를 실현하기 위해서 무엇을 해야 하는지 서로 이야기를 나누었습니다.

그리고 오늘, 원폭 투하 70주년을 맞는 8월 9일, 이곳 나가사키에 기항해 한일 시민이 평화기념식에 참가했습니다. 선상에서는 다노우에田上 나가사키 시장, 한일 전 총리, 한일 원폭 피해자분들과 함께 〈피폭 70년, 나가사키에서 미래로〉를 개최해 원폭과 방사능의 무서움, 그리고 핵무기 폐기를 바라는 피폭자분들의 염원과 노력, 나아가 핵무기 금지를 향한 국제사회의 움직임을 한일 시민이 다시 한 번 확인할 수 있었습니다.

한편 일본에서는 8월 14일, 아베 총리가 〈전후 70년 담화〉를 발표한다는 말에 무라야마 담화에서 보인 역사인식을 뒤집지 않을까 우려하는 목소리가 커지고 있습니다. 일본 국회에서는 대다수의 일본 국민들이 반대하고 일본 헌법학자의 대부분이 위헌이라 지적하는 안보관련법안을 강행 채택하려 합니다. 이는 동아시아를 다시금 전쟁의 시대로 끌고 갈 수도 있는 위험한 행동이 아닐 수 없습니다.

또한 일본 후쿠시마 제1원전 사고의 수습까지는 아직 갈 길이 멀어, 10만 명이 넘는 피해자들이 가설주택에서 지낼 수밖에 없는 상황이고, 오염수는 태평양으로 계속 흘러들어 가고 있습니다. 한국에서도 고리원전 주변 주민들에게 방사선 피폭으로 인한 심각한 건강 피해가 발생하는 등, 원전이 동아시아의 환경과 인권을 파괴하는 존재라는 것이 명백한 사실로 밝혀지고 있습니다. 그럼에도 최근 2년간 원전 가동을 전혀 허용치 않았던 일본이 8월 11일, 가고시마 현

센다이 원전을 재가동할 예정입니다.

우리 피스&그린보트는 이와 같은 동아시아의 환경과 평화를 위협하는 심각한 문제를 진지하게 받아들이고 이를 해결하기 위해 아래와 같이 요청합니다.

───────────────

1. 핵무기에 피폭당한 자국민이 있는 한일 양국 정부에 대해 핵무기 폐기를 위한 국제합의, 〈인도주의적 약속〉에 서명하고 핵무기금지조약 실현을 위한 성실한 외교 노력을 기울일 것을 요청합니다.

2. 아베 총리에게 전후 70년 담화에서 무라야마 담화의 역사인식을 계승해 '침략', '식민지지배', '통절한 반성', '진심으로 사죄'라는 단어를 명확하게 표현하며, 대화를 통한 신뢰양성을 기반으로 무력에 의존하지 않는 평화외교를 실행할 것을 요청합니다.

3. 일본의 헌법주의를 뿌리째 흔드는 동시에 '전쟁 포기'를 맹세한 국제공약과 일본국헌법 9조를 부정하고 동아시아 국가들의 군비확산경쟁과 상호불신을 부추기는, 현재 심의 중인 일본의 안보관련법안 폐기를 요청합니다.

4. 히로시마·나가사키·후쿠시마라는 인류사적 경험을 바탕으로 일본 정부 및 규슈전력에 센다이 원전 재가동 취소를 강력하게 요구하며, 한일 양국 정부에 탈원전·자연에너지 확대를 추진하는 정책에 힘써 줄 것을 요청합니다.

마지막으로 우리는 한일 시민에 의한 이번 크루즈 경험을 바탕으로, 전후 70년을 맞이하는 나가사키에서 서로가 인정할 수 있는 역사인식을 구축하고, 핵무기도 원전도 없는 평화롭고 지속가능한 동아시아를 실현하기 위해 진지하게 노력할 것을 여기에서 약속합니다.

2015년 8월 9일
최열(한국 환경재단 대표)
요시오카 다쓰야(일본 피스보트 공동대표)

차례

1장. 인류와 지구를 위한 항해
피스&그린보트 여덟 번째 출항기

©환경재단

1장.

인류와 지구를
위한 항해

피스&그린보트 여덟 번째 출항기

한 걸음 한 걸음 조심스런 출발

낯섦과 어색함, 그리고 기대와 설렘.

©이영란

2015
피스&그린보트
항해일지

김혜은
환경재단
사진/ ⓒ환경재단

8. 2. SUN / 부산항 승선

"저 배에요?"

부산 국제크루즈터미널을 통과해 옆에서 걷던 스태프가 조금 놀란 목소리로 물었다. 시선 끝에는 낯익은 배 한 척이 정박해 있다. 처음 보고 놀라는 것도 당연하다. 우리가 9박 10일 동안 몸을 맡길 오션드림호는 3만 5천 톤급 규모, 높이로 치면 11층짜리, 떠다니는 건물이다. 배를 보고 놀라는 스태프를 보고 있자니 나의 두 번째 피스&그린보트가 시작된다는 실감이 들었다.

부산 국제크루즈터미널에 도착해 오션드림호에 승선할 때는 이미 일본 승객들이 부산 기항지투어를 위해 빠져나간 뒤였다. 무거운 짐을 끌고 크루들의 인사를 받으며 보트로 들어섰다. 몇몇은 얼굴이 낯익다. 객실까지 오르는 걸음걸음마다 작년의 기억이 새록새록 솟아났다. 하지만 보트에 처음 오르는 스태프도, 이미 경험한 스태프도 감흥에 젖을 시간이 없다. 다들 각자의 방에 짐만 놓고는 오늘의 아침이자 점심이 될 주먹밥으로 허기만 채우고 본인의 담당지로 바쁘게 이동한다. 참가자들이 오기 전에 미리 준비할 것이 많다.

주먹밥을 목구멍으로 밀어 넣듯 삼키고 서둘러 터미널로 돌아왔는데도, 터미널은 이미 산만 한 캐리어와 참가자들로 붐볐다. 시계를 보니 11시 30분. 문자로 안내한 시간보다도 이른 시각이었다. 하지만 여행에 들뜬 참가자들의 얼굴들을 보니 이해가 갔다. 모두 소풍날을 기다리는 아이의 심정으로 부산에 왔겠지? 여행키트를 나누어 주며 이 사람들에게 즐거운 기억으로 남을 항해가 될 수 있게 힘내자고 혼자 마음먹었다.

2시쯤에 모든 승객이 탑승수속을 마쳤다. 마지막 짐이 정리되는 것을 확인하고 나도 오션드림호에 다시 올랐다. 3시에 있을 피난훈련만 받으면 공식적으로 오늘의 업무는 끝난다. 기항지를 담당하는 나는 일단 한숨 돌렸지만 프로그램팀은 바쁘게 다음 준비를 시작했다. 보트의 큰 행사 중 하나인 출항식이 바로 기다리고 있기 때문이다.

출항식은 한일 참가자가 처음으로 한데 모이는 자리이며, 막걸리와 색색의 테이프로 9박 10일간의 긴 항해를 선언하는 공식적인 피스&그린보트의 시작이다.

출항식을 마치자마자 개강식이다, 오리엔테이션이다 스태프들은 모두 제자리를 찾아 흩어졌다. 나는 사무실 책상 한편에 노트북을 내려놓고 전원을 켰다. 나의 보트도 시작이다.

8. 3. MON / 블라디보스토크로 가는 길

오늘은 하루 종일 항해를 하는 첫날이다. 승객 입장에서는 금쪽같은 휴가를 종일 바다에서 보낸다는 게 못마땅할 수도 있을 것이다. 하지만 하루도 거르지 않고 발행되는 선내신문을 본 사람은 누구나 알 것이다. 보트에서 하루는 24시간이 모자라다고 해도 과언이 아니라는 사실을 말이다.

시간표를 따라 넓은 배를 돌아다니다 보면 하루가 너무 짧다. 물론 프로그램은 학교 수업처럼 강요가 아니다. 바닷바람이 좋은 8층 데크에서, 아니면 바다를 마주한 소파에서 음악을 듣거나 책을 읽으며 여유로운 나만의 시간을 보내는 것도 하나의 방법이다. 하지만 보트에서는 더 돌아다니고, 더 움직이는 사람이 더욱 많은 것을 받아갈 수 있다. 한일 언어교실 같은 가벼운 수업부터 유명 게스트들의 강좌, 여기에 광복 70주년 기념 한일 공동심포지엄처럼 동아시아 평화를 생각하는 묵직한 주제까지 한국인과 일본인이 어울릴 수 있는 교류의 장과 다양한 수업이 항상 배 위 어디에선가 벌어지고 있으니 말이다.

매일 저녁, 프로그램표가 실린 선내신문이 꼬박꼬박 문 틈 아래로 들어왔다. 프로그램에 참가하지 못하는 나에게는 큰 의미가 없지만 그래도 한 번씩 신문을 훑어 보았다. 빽빽하게 적힌 프로그램표를 보며, 참가자들이 더 많은 것을 얻고 좋은 기억을 남길 수 있기를 기원했다.

8. 4. TUE / 블라디보스토크 도착

연한 비둘기색이 감도는 하늘을 배경으로 선 새빨간 블라디보스토크 터미널 간판이 눈에 콕 박힌다. 읽을 수도 없는 키릴문자를 보고 있으니 설렘보다는 걱정에 빠진다. 아직은 낯선 땅 블라디보스토크. 영어조차 잘 통하지 않는 만큼 코스마다 걱정이 크다.

줄곧 남쪽을 돌던 피스&그린보트가 러시아에 온 것이 몇 년 만의 일인지. 아직은 많이 낯선 곳이지만 광복 70주년을 맞이하는 2015년에는 꼭 찾아가고 싶은 곳이었다.

과거 독립운동의 중심지였던 블라디보스토크. 그러나 지금은 몇 안 되는 흔적과 기념비만이 남아 있다. 그렇게 잊히고 있기 때문에 지금 꼭 가야 하는 곳이라고 생각했다. 블라디보스토크 시내를 건축가 승효상 선생님의 설명과 함께 돌아보는 코스는 그야말로 회심의 기획이었다. 나에게는 특히 러시아 아이들과 함께한 B&S코스가 아주 의미 있었다.

윤가 캠프는 매년 330명가량의 러시아 학생들이 여름방학을 보내기 위해 모이는 캠프이다. 오늘은 이곳에서 피스&그린보트의 한일 어린이와 가족들까지 200여 명에 이르는 참가자들이 함께 춤추고 뛰놀며 교류하게 된다. 처음에는 말조차 통하지 않아 애를 먹었다고 하면서도 캠프에서 찍힌 사진 속의 아이들은 너무나도 예쁘게

웃고 있다. 손을 잡고, 어깨동무를 한 세 나라의 아이들을 보고 있자니 국가라는 장벽 없이 교류하고 협력하자는 피스&그린보트의 취지를 이만큼 잘 보여 주는 사진이 있을까 싶다.

2015년은 광복 70주년이기도 하지만 한일수교 50년이기도 하다. 캠프를 다녀온 아이들에게는 또 다른 기념일로 남을 것이다. 아마 이 아이들은 서로를 미워했던 역사보다 오늘 한국, 일본, 러시아라는 국적도 잊고 즐겁게 뛰어놀던 기억을 더 깊이 마음에 새기고 살 수 있지 않을까?

8. 5. WED / 오타루로 가는 길

8층의 일본 사무실을 찾아가는 길에는 꼭 아고라를 지나 치게 된다. 하지만 기항지 담당인 나는 선내 프로그램과 는 거의 인연이 없는지라 말 그대로 스치듯 지나는 게 전 부이다. 그런데 느닷없이 시야 끝에 걸리는 것이 있었다. 생긋 웃고 있는 지구와 하트, 그리고 그 사이에 오션드림 호가 떠 있다. 천장에 닿을 만큼 큰 그 그림은 다다미가 깔린 실내를 둘러싸고 있었고, 군데군데 색종이를 발라 놓은 것이 보였다. 아직 작업 중인 모자이크 그림인 모양 이었다. 나중에 다른 스태프에게 물었더니 출항식 때 쓴

종이테이프를 모아 재사용해서 한일 참가자들이 함께 진 행하는 아트 프로젝트라고 했다. 가만히 다시 보니 저들 끼리 꺼안고 있는 반쪽짜리 하트는 태극기와 일장기를 흔들고 있다.

이후로도 아고라를 지나갈 때마다 한 번씩 벽을 보게 되었다. 사람들이 작업하는 모습은 한 번도 보지 못했는 데, 그래서인지 그림이 혼자 자라나는 것 같은 느낌이 들 었다. 양국의 평화와 교류를 바라는 사람들이 모인 오션 드림호, 그리고 그 출항을 축하하는 마음으로 던졌던 테 이프. 걸개그림이 조금씩 고운 빛깔의 색깔 테이프로 덮 이듯이 평화를 바라고 화해를 원하는 예쁜 마음씨가 더 많은 사람들 안에서 점점 자라난다면 좋겠다.

8. 6. THU / 오타루 도착

우중충한 하늘빛에 한숨이 절로 나온다. 날씨는 선선한 편이었지만 혹시라도 비가 내리면 어쩌나 스태프들은 모두 걱정하는 마음을 안고 항구를 떠났다. 구름 낀 하늘을 보니 멀리 나간 몇몇 코스들이 걱정되기 시작한다. 강수 확률이 낮다는 일기예보만 믿어서는 안 됐던 모양이다.

홋카이도 오타루는 영화 〈러브레터〉의 무대이다. 때문에 새하얀 설원을 떠올리기 쉽지만, 홋카이도가 정말 빛을 발하는 계절은 바로 여름이다. 일본의 가장 북쪽에 위치한 만큼 시원한 기후로 피서객들이 선호하는 관광지이기도 하다. 눈만큼이나 목장도 유명해서 기항지 코스로 목장에서 아이스크림이나 캐러멜을 만들거나 친환경 목장을 돌아보기도 했다. 하지만 가장 야심차게 준비했던 샤코탄 코스는 날씨 때문에 여러모로 계획이 어그러지고 말았다. 샤코탄 지역은 아름다운 바다 빛깔로 일본에서도 유명한 지역이다. 그 빛깔이 하도 고와서 '샤코탄 블루'라는 이름이 붙을 정도란다. 그런데 스태프가 보내오는 사진은 온통 안개 낀 회색. 안개 낀 바닷가도 나름의 운치가 있었지만 열심히 홍보했던 아름다운 블루는 온데간데없었다. 게다가 안개비를 쫄딱 맞고 돌아온 스태프를 보니 '우비를 챙겨 보냈어야 했나' 하고 나까지 기분이 가라앉아 버렸다.

스태프끼리 반성 회의를 마치고 나오자 안개비는 가랑비 정도로 굵어졌다. 내심 기대하던 밤하늘 감상회도 취소되었다. 나는 아무도 없는 데크에 기대서 착잡하게 비를 맞으며, 제발 남은 일정 동안에는 날씨가 좋기를 빌다 내려왔다.

8. 7. FRI / 나가사키로 가는 길

다음 기항지 나가사키는 뱃길로 이틀이 걸리는 거리이다. 나야 현지에 있는 스태프와 연락하고, 다음 기항지를 준비할 수 있는 시간을 벌어 오늘이 감사할 따름이지만 선내신문을 보니 다른 스태프들은 말 그대로 죽음의 스케줄인 듯했다. 빽빽한 프로그램을 눈으로 훑다 마지막에 눈에 들어온 '삶은 여행, LIVE'라는 글자. 이한철 콘서트의 공지였다. 안 그래도 홋카이도 코스 마무리 준비를 하느라 장사익 콘서트를 구경 가지 못한 것이 아쉬웠던

터라, 이번만은 꼭 들어가야지 벼르고 있던 참이다.

일을 대강 정리하고 나름대로 일찍 갔다고 생각했는데도, 자리는 이미 만원이었고 분위기도 무르익을 대로 무르익었다. 이미 몇 차례 피스&그린보트에 참가한 가수이니만큼 일본 참가자들도 이미 그를 잘 알고 있었다. 콘서트 전에는 미리 〈슈퍼스타〉를 따라 부르기 위해 가사를 배우는 시간이 있을 정도다. 언어 따위는 상관없이 그 자리에서는 모두 하나가 되어 박수를 치고, 손을 흔들었다. 정말로, 이렇게 서로 마음을 열 수 있다면 우리는 괜찮을 거라고, 분명 잘될 거라고, 그 순간만큼은 모두 그렇게 생각하지 않았을까?

8. 8. SAT / 나가사키로 가는 길

70년 전, 나가사키에 인류 두 번째이자 마지막 원자폭탄이 떨어졌다. 결국 전쟁은 끝이 났지만 아직도 많은 사람들이 고통받고 있다. 이곡지 할머니도 그중 한 명이다. 히로시마에 리틀 보이가 떨어진 날 이곡지 할머니도 그 자리에 있었다. 그때 나이 고작 여섯 살. 피난처를 찾지 못한 언니는 사망했고, 살아남은 가족들도 일본 정부의 강요로 한국으로 강제 출국되었다. 한국과 일본, 어디에서도 도와주겠다는 사람은 없었다. 이곡지 할머니처럼 한국인 중에도 원폭 피해자는 많이 있다. 하지만 한국이 일본에 뒤이은 두 번째 원폭 피해국이라는 사실을 아는 한국인이 얼마나 될까.

　내일 8월 9일은 나가사키에 팻 보이가 떨어진 지 꼭 70년 되는 날이다. 나가사키 기항을 앞두고 히로시마 원폭 피해자 사사모리 시게코 님과 재한 원폭 피해자 이곡지 할머니의 이야기를 듣는 시간을 가졌다. 70년 전의 무시무시한 경험을 몇 번이고 곱씹게 되더라도 사람들 앞에서 이 이야기를 꺼내는 이유는 두 번 다시 이런 일이 일어나서는 안 된다는 신념 때문일 것이다.

나가사키 항구 주변은 곳곳이 아기자기하다. 너무나 평화로운 이 풍경을 되찾는 데는 수십 년이 걸렸을 것이다. 모든 것이 폐허로 돌아간 도시를 재건하며, 사람들은 원자폭탄의 무서움과 평화에 대해 거듭 생각했으리라. 때문에 나가사키는 아픈 전쟁의 상처이자, 평화의 상징과도 같은 곳이다. 한편으로는 아직도 풀리지 않은 과거가 남은 곳이기도 하다. 한창 이슈가 되었던 군함도가 있는 곳도 바로 여기 나가사키이다.

파도 탓에 정박은 할 수 없었다. 군함도를 보기 위해 벼르고 별렀던 참가자들은 섬 주위를 한 바퀴 돌아보는 것으로 아쉬움을 달래고 돌아왔다. 바다 한가운데 도망갈 곳도 없어서 붙었다는 별명 '지옥섬'. 이 파란 바다에는 얼마나 많은 목숨들이 잠들었을까.

보트가 출발하기 전, 방송으로 나가사키 원폭 피해자들에 대한 묵념의 시간이 있다는 방송이 나왔다. 데크에는 올라가지 않았지만 조용히 한국과 일본의 원폭 피해자들과 군함도 바닥에 잠들었을 영혼들에게 묵념을 올린다.

그랜드 피날레. 항구에서 버스를 향해 손을 흔들 때 문득 그런 단어가 떠올랐다. 그렇다. 오늘이 피스&그린보트의 마지막 날이다. 우리보다 하루 먼저 보트에 탔던 일본 승객들은 오늘 여행을 마친다. 한국과 일본이 함께한다는 의미에서는 명실공히 일본 참가자들이 떠난 지금이 피스&그린보트의 끝이라고 할 수 있다.

객실로 돌아와 침대에 몸을 던졌다. 바닥에는 선내신문 대신 부산 하선에 대한 안내문이 있었다. 긴장이 풀어졌는지 잠이 쏟아진다. 내일은 마침내 부산이다.

8. 11. TUE / 부산항 도착

부산항에 도착했다는 방송이 들린다. 드디어 2015년 피스&그린보트도 끝이 났다. 어젯밤 늦게까지 정리한 캐리어를 복도 밖으로 끄집어 내놓는다. 방금 전에는 맡겨 놓았던 여권도 찾았다. 보트에서 내리자 9일 만에 돌아온 부산의 햇살이 눈이 따가울 정도로 좋아서 나도 모르게 울컥하고 말았다.

스태프에게 피스&그린보트는 마냥 낭만적이지 않다. 9박 10일은 정확히 말해 퇴근 없는 야근 지옥이다. 그럼에도 우리가 계속 피스&그린보트에 타는 것은 우리가 하는 일이 분명 가치 있는 일이라는 믿음 때문이다.

《산해경》에서는 중국의 가장자리에 가슴에 구멍이 난 사람들, 물고기 꼬리가 달린 인어들, 머리가 없는 야만족 같은 별별 희한한 종족들이 살고 있다고 말한다. 자신들이 알고 있는 영역 너머를 두려움과 상상력, 거기에 약간의 경멸을 섞어 괴물들의 땅으로 그린 것이다. 자기 방에서 지구 반대편 소식을 들을 수 있는 지금도 그리 다르지 않다. 아직도 국경 너머 사람들은 우리와 어딘가 다르고 이해할 수 없는 종족일 뿐이다. TV 앞에서 이야기하는 그들을 보면 우리는 너무 달라 보인다. 하지만 백문이 불여일견이라 했다. 9박 10일이라는 짧지 않은 시간 동안 1,100여 명의 사람들은 함께 뒤섞이며 제각기 지금까지 몰랐던

것을 보고, 느끼고, 배워서 돌아갈 것이다. 그런 식으로 여태 가지고 있었던 서로에 대한 편견, 오해를 피스&그린보트를 통해 조금씩 풀어 갈 것이라고 나는 믿는다.

2015년은 광복 70주년이자 한일수교 50주년, 그리고 피스&그린보트가 10주년을 맞이하는 해이다. TV에서는 한일관계에 대한 걱정스러운 뉴스가 매일 이어진다. 하지만 나라 대 나라의 알력싸움과는 상관없이 피스&그린보트가 지금까지 걸어왔던 길은 분명히 한국과 일본의 참가자들 사이에서 뚜렷한 흔적을 남길 것이다.

2015
피스&그린보트,
희망의 돛을
올리다

이석우
경향신문 사진부

ⓒ이석우

1장 인류와 지구를 위한 항해

하나의 바다에 '동해'와 '일본해'라는 서로 다른 이름을 붙인 두 나라. 국가가 풀지 못하는 갈등의 고리를 한국과 일본의 시민단체가 하나의 배를 타고 풀기 위해 모였다. 피스&그린보트다.

피스&그린보트는 광복 60주년이던 2005년 첫 항해를 시작했다. 이번이 여덟 번째 항해. 광복 70주년을 기념하고 한일수교 50주년을 새로운 시각에서 조명해 보자는 행사로 한국과 일본에서 각각 549명, 550명이 참가했다.

8월 2일부터 11일까지 열흘 동안 러시아 블라디보스토크, 일본 홋카이도, 나가사키, 후쿠오카를 거쳐 부산으로 돌아오는, 평화와 환경과 역사를 공유하는 대항해였다. 양국의 역사 화해와 협력을 위한 길을 찾기 위해 다양한 선상 프로그램과 기항지 탐방이 이어졌다. 군함도(하시마) 세계문화유산 등재의 타당성에 대한 탑승객들의 토론을 시작으로 민주, 인권, 환경 등 동아시아의 70년 역사를 되돌아보고 미래를 준비하는 〈동아시아 공동체의 미래를 그리다〉 등 각종 한일 공동심포지엄이 열렸다.

어린이에게 환경교육을 실시하는 어린이선상학교와 공직자의 환경의식을 제고하는 〈선상리더십 과정〉, 그리고 탑승객들이 직접 만드는 각종 프로그램들로 항해 내내 지루할 틈이 없었다. 엄마와 딸은 한복과 기모노를 입은 친구를 그렸고, 양국 젊은이들은 K-POP과 J-POP을 통해 춤추며 하나가 됐다.

이번 피스&그린보트의 절정은 나가사키였다. 일본 규슈 지역 근대화의 상징물로 세계문화유산으로 지정된 조선인 강제징용의 대표적 현장 군함도. 조선인들에게는 지옥이었지만 일본인들에게는 근대화의 자랑거리.

하지만 피스&그린보트에서는 군함도가 잘못된 역사를 반복하지 않도록 경각심을 일깨우는 세계유산이 되어야 한다는 양국 시민의 뜻이 모였다. 한일 시민들은 이번 크루즈 경험을 바탕으로 서로를 인정하는 역사인식을 구축, 핵 도 원전도 없는 지속가능한 동아시아 실현을 향해 노력할 것을 약속했다.

ⓒ아사히

ⓒ이석우

ⓒ환경재단

멈추지 않는
'땅멀미'가
내게 가져다 준 것

신영배
월간 〈PAPER〉 기자

〈PAPER〉 2015년 9월호 게재 기사 중 발췌

30년간 고지식, 고집불통, 고정관념으로 똘똘 뭉쳐 살아서 친구들 사이에서 '3고'라는 별명으로 불리는 나는 작년, 인생의 첫 피스&그린보트를 경험했다. 이를 기점으로 인생이 바뀌었다고 해도 과언이 아닐 만큼 많은 변화가 생겼고, 그로 인해 처음엔 혼란스러울 지경에 이르렀다.

나는 늘 혼자 있고 싶어 하고, 그리운 누군가를 만나기 위해 집을 나서 본 적이 없는 사람이었다. 그런 내가 작년에 배에서 만난 '간짱 밴드'의 간짱(스가노 이쓰오)과 이정구 아저씨가 그리워 비행기를 타고 훌쩍 고베까지 날아가 만나고 온 건, 단언컨대 내 인생에서 처음 벌어진 희한한 일이었다. 늘 엉뚱한 곳에 도사리고 있던 그리움은 속으로 홀로 삭일 것이 아니라 엉뚱한 곳으로 찾아가 해소하면 된다는 것을, 배에서 내린 후 깨닫게 된 것이다.

계절이 두 번 바뀌었고, 그 사이 나이를 한 살 더 먹은 나는 첫 번째 피스&그린보트를 통해 얻은 '땅멀미'가 채 가시지도 않은 상태에서 얼마 전, 두 번째 항해를 마치고 돌아왔다. 보트에서만 얻을 수 있는 감동과 자기반성과 그리움이 지금까지 나를 뭉클하게 만들고 있다. 생각해 보니 뱃멀미보다 더 심하고 더 오래가는 건 바로 땅멀미인 것 같다.

변함없이 나를 반겨 주는 것들

일본의 대표 NGO 단체인 '피스보트'와 우리나라 최초의 민간 환경전문 공익 재단인 '환경재단'이 공동주최하는 '피스&그린보트'는 광복 70주년이 된 올해, 그 여덟 번째 항해를 이어 갔다. 이 배는 한일 양국을 넘어 아시아의 역사 문제와 환경 및 사회 전반적인 문제를 열린 시선으로 바라보고, 그 대안과 의견을 나누기 위해 2005년, 첫 항해를 시작했다. 이를 위해 한배에 올라탄 한일 양국의 1천여 명의 시민들은 국적을 넘어 함께 생각을 공유하고 대안을 고민하며 열흘간의 특별한 시간을 배 안에서 보낸다. 이런 피스&그린보트를 탈 때마다 큰 실수를 연발하는 나를 변함없이 반겨 주는 것들이 있다. 그 첫 번째는 순백의 '오션드림호'다. 길이 205미터, 총 3만 5천 톤급의 이 배는 1,300여 명을 태울 수 있는 11층 건물 규모의 대형 선박이다. 배에는 숙박을 할 수 있는 캐빈을 비롯해 레스토랑, 진료실, 수영장, 사우나, 공연장, 헬스장, 이자카야 등 웬만한 시설이 다 갖춰져 있다. 1천여 명을 싣고 열흘간 망망대해 위를 항해하는 하나의 작은 마을인 셈이다. 두 번째는 선내 어느 곳에서 만나더라도 활기찬 인사를 건네는 피스&그린보트 스태프들과 크루들이다. 이들 중 새로운 얼굴도 여럿 보였지만, 작년에 만난 이들 역시 다시 만날 수 있어 많이 반가웠다. 특히, 통역 스태프(Communication Coordinator, CC)들 중 여럿이 보트에서의 통역 자원봉사를 위해 여름휴가를 보트의 일정과 맞췄다고 하니, 보트에 대한 이들의 애착이 여간 대단한 게 아니었다. 이들은 선내 프로그램과 기항지 투어 통역을 담당하느라 누구보다 먼저 일어나고 늦게 잠들었다. 그러나 틈틈이 주어지는 빈 시간에는 누구보다 화끈하게 피스&그린보트의 매력을 만끽했다. 이는 통역 스태프들뿐만 아니라 스태프들도 마찬가지였다. 평소 말로만 듣던 열정도 만땅, 체력도 만땅인 슈퍼맨 스타일의 에너자이저들을 나는 피스&그린보트에서 여럿 목격했다.

다양한 선내 프로그램에 참여하고, 상황에 따라 돌발취재나 인터뷰를 진행하느라 배 안에서 나는 종종 망망대해를 항해하고 있다는 사실을 잊곤 했다. 그럴 때마다 8층과 9층 데크로 나가 드넓은 바다를 봤다. 그러곤 내가 지금 이 드넓은 바다 위를 항해하고 있다는 사실을 확인했다. 뭍에서는 쉽게 만날 수 없는, 그러나 작년과 마찬가지로 변함없이 '새파란 바다'를 보고 있으면 다시 가슴 한구석이 저릿해졌다.

ⓒ전진아

끝이 보이지 않는 길을 외로이 걷는 삶에 대해 생각하다

기항지를 떠나 다음 기항지로 배가 출항하면 그때부터 배에선 다양하고도 특색 있는 '선내 프로그램'이 펼쳐진다. 이 선내 프로그램들을 일목요연하게 확인할 수 있도록 배 안에선 매일 아침 '선내신문'이 발행된다. 대부분의 선내 프로그램들이 열리는 7층과 8층은 강연과 자주기획 프로그램을 찾는 사람들로 이른 아침부터 북적였다.

이번 피스&그린보트의 선내 프로그램은 지난해와 마찬가지로 알차기 그지없었다. 한일의 역사를 바로 알기 위한 〈군함도의 세계유산 등재, 과연 타당한가?〉, 동아시아의 빛나는 미래를 가늠해 보는 〈동아시아 공동체의 미래를 그리다〉와 같은 광복 70주년 기념 프로그램들이 사람들의 안일한 역사의식과 미래 전망을 환기시켰고, 장사익, 이한철 콘서트, 엄홍길의 〈극한 리더십〉, 은희경의 북토크, 김연수와 이한철의 〈우리가 '그린스타', 작사 및 노래 부르기〉, 한일 공동 뮤지컬 〈A Common Beat〉 상영회, 〈걸개그림 그리기〉 등 풍요로운 문화 프로그램이 열흘간 펼쳐졌다.

굵직한 선내 프로그램뿐만 아니라 피스&그린보트에 오른 일반 참가자들이 자신의 재능과 기량을 펼칠 수 있는 자주기획 또한 작년에 이어 무척이나 흥미진진했다. 〈저글링을 배우자〉, 〈애니어그램 검사를 통한 자기 발견〉, 〈재미있는 절약 팁 소개〉, 〈세계지리 퀴즈〉, 〈백수 모여라〉, 〈웃음 요가&멘탈 세미나〉 등 이름만 들어도 흥미로운 자주기획이 배 안에서 활짝 피어났다.

하도 많고 다양해 다 열거할 수 없지만 특히 재한 피폭자인 이곡지 할머니의 〈재한 피폭자 증언〉이 가슴에 깊게 남아 있다. 원자폭탄이 히로시마에 투하되었을 때, 여섯 살의 어린 나이에 아버지와 언니를 잃은 이곡지 할머니는 이후 한국으로 건너와 김봉대 할아버지와 결혼을 하고 아들을 얻었지만, 그 아들은 희귀병에 걸려 서른다섯이라는 이른 나이에 세상을 떠났다고 한다. 할머니는 아들이 겪은 희귀병이 원폭 2세에게 나타나는 질병이었다는 사실을 뒤늦게 알게 되셨다. 강연이 시작되자마자 목이 메어 말씀을 잇지 못하시던 할머니를 대신해 마이크를 든 김봉대 할아버지는 "이 목숨이 끝날 때까지 아들과 다른 원폭 2세들을 위해 투쟁할 것"이라고 많은 사람들을 향해 격양된 어조로 말씀하셨다. 그 강연을 함께 들은 동료 기자 진우와 나는 바다를 보며 '끝이 보이지 않는 투쟁을 외로이 홀로 하는 삶은 얼마나 고단할까?'를 가늠해 봤다. 그러나 그 고단할 삶의 무게를 도무지 가늠할 수가 없었다. 우리가 할 수 있는 일이란 이들을 잊지 않는 것이었다.

©환경재단

©환경재단

피스&그린보트가 멈추지 않고 계속되어야 하는 이유

홋카이도에서 나가사키로 배가 출발한 후, 이틀을 꼼짝없이 배 안에 갇혀 있다가 나가사키에 도착한 뒤에야 땅을 밟을 수 있었다. 피스&그린보트를 통해 두 번째 찾은 나가사키의 날씨는 일본 여름의 위력을 제대로 맛보게 해주겠다는 듯 무덥고 습했다. 나가사키는 특별함으로 기억되는 도시이다. 작년에 나가사키에 도착한 나는 일제강점기 우리 선조들의 강제징용의 아픔이 서려 있는 해저탄광 '군함도'에 다녀왔다. 마땅히 올바른 역사정리가 우선되어야 할 이곳이 얼마 전, 일본 메이지 산업혁명 시설로 둔갑된 채 세계문화유산으로 등재되었다. 한번 그 섬에 발을 들이면 살아서는, 아니 죽어서도 돌아갈 수 없다고 해서 '지옥섬'이란 이름으로도 불렸던 이 섬에 첫발을 내디뎠을 때, 내 마음은 뭐라 설명할 수 없을 정도로 착잡했다. 이번 피스&그린보트를 타기 전, 나는 한 역사 프로그램을 통해 군함도의 처절한 역사의 일면을 알게 되었다. 나가사키에 원폭이 투하되고 전기 공급이 끊기자 더 이상 군함도에서 생산활동을 이어 갈 수 없었던 일본 정부가 군함도에 갇혀 있던 우리 선조들을 데려다 폐허가 된 나가사키 도심을 아무런 보호장비도 없이 청소시켰다는 사실이었다. 언제 무너질지 모르는 해저탄광 속, 생사의 갈림길에서 사투를 벌이다 드디어 육지를 밟게 되었다고 기쁨에 젖었을 우리 선조들은 그렇게 고스란히 피폭 피해를 당한 것이다. 평범한 한국과 일본 시민들의 목숨을 어이없이 앗아간 나가사키에서 느껴지는 기운은 여타 다른 일본 도시들과는 확실히 다르게 다가왔다.

2015년은 나가사키 도심에 원폭이 투하된 지 70년이 되는 해이고, 때마침

제대로 된 역사정리 없이 세계문화유산으로 지정된 해저탄광 군함도. 한 역사 프로그램에서
강제징용당한 우리 선조들이 탄광 벽에 남긴 '엄마 보고 싶어'란 짧은 글이 지금도 머릿속에서 떠나질 않는다.

우리가 도착한 8월 9일은 70년 전, 원자폭탄이 투하된 날이었다. 고온의 온천
수 덕에 예로부터 온천마을로 번영한 에코 빌리지 '오바마 마을'을 체험하기
전, 나를 태운 버스는 원폭 희생자 위령 행사가 열리는 나가사키 '평화공원'으
로 향했다. 행사가 시작되기 한참 전인데도 추모를 위해 모인 사람들로 공원
은 인산인해를 이루었다. 한 시간 정도 시간이 남았기에 함께 있던 정유희 선
배와 나는 시원한 아이스커피라도 마실 생각으로 행사장을 빠져나오다 놀라
운 광경을 목격했다. 본행사가 열리는 공원 옆 너른 공터에, 일본의 많은 시민
단체들이 원폭 희생자들을 추모하기 위해 각기 다른 깃발을 들고 운집해 있
었던 것이다. 'NO WAR, NO ATOMIC, NO ABE'를 엄준하게 외치는 시민단
체들 속에서 나는 반가운 얼굴을 만났다. 바로 '간짱 밴드'의 간짱 아저씨와
이정구 아저씨였다. 아베 신조 일본 총리의 담화가 있을 예정인 공식 위령 행

ⓒ정유희

우린 '간짱 밴드' 아저씨들과 함께 일본의
한 시민단체가 진행한 원폭 희생자 위령 행사에
참여해 〈임진강〉을 불렀다.

나가사키 원폭 희생자 위령 행사를 위해
이른 아침부터 평화공원에 모인 일본 시민들.

사장에 있을 줄 알았던 아저씨들은 처음부터 이곳에 진을 치고 있었던 것이
다. 그곳에 모인 일본 시민단체 중 하나인 'PEACE WEEK'라는 일본 단체가
마련한 작은 위령제에 특별 초대된 아저씨들은 나와 정 선배에게 이 위령제
에 함께 참여하자는 제의를 했다. '오늘이 아니면 인생을 통틀어 언제 아베의
실물을 볼 기회가 있을까?'란 생각도 아주 잠깐 했지만 아저씨들의 제안을 거
절할 이유로는 충분치 않았다. 아저씨들과 함께 앞으로 나가 〈임진강〉을 부
르면서 나는 이런 곳이 내게 더 어울린다는 생각을 했다. 그리고 일본의 풀
뿌리 시민단체들의 자발적인 응집력을 두 눈으로 확인하고는 나락으로 치닫
는 한일 양국의 외교관계를 회복시킬 수 있는 가장 빠르고 쉬운 방법은 역시
양국의 시민들이 마음을 열고 연대하는 것이란 걸 진하게 깨달았다. 또한 피
스&그린보트가 멈추지 않고 계속해서 항해를 이어 가야 하는 이유 역시, 이

곳에 모인 사람들을 통해 확인할 수 있었다.

배는 멈췄지만 나는 여전히 항해 중

나는 이번 항해에서 스무 살 시절부터 정말 아껴 듣던 장사익 선생님의 노래를 푸른 망망대해 위에서 직접 듣고 그를 인터뷰하는 행운까지 얻었다. 아무리 생각해 봐도 이보다 더 드라마틱할 순 없었다. 그 이전에는 한 번도 이런 시간을 얻으리라곤 생각지 못했다. 또, 새로운 소설을 집필하는 중에는 어느 매체와도 좀처럼 인터뷰를 하지 않는다는 김연수 작가를 정유희 선배가 인터뷰하는 모습을 옆에서 지켜보고 있다가 얕은 질문도 던졌다. 초짜인 나도 '뭍에서는 둘 중 어느 한 사람이라도 쉽게 인터뷰할 수 없다'라는 것 정도는 금방 안다. 그렇기에 낭만적인 피스&그린보트를 핑계 삼아 진행한 이 두 인터뷰가 끝나니 마치 모든 할 일이 끝난 것만 같았다. 어딘가 모르게 의기양양해진 내 모습이 피부로 느껴졌다. 그리고 곧 짙은 아쉬움이 뒤따랐다. "다양한 일반 참가자들을 인터뷰하라"는 정 선배의 지령은 어느새 짙푸른 바다 속에 매몰되었다. 나만의 독자적이고 호젓한 시간을 갖지 못했다는 것도 조금은 후회스러웠다. 특별한 이력을 가진 사람보다는 평범한 이야기를 지닌 사람, 앞에 나서는 사람보다는 보이지 않는 곳에서 피스&그린보트를 위해 묵묵히 일하는 사람을 많이 만나라고 선배는 은근하게 혹은 대놓고 권했고, 나 또한 그러고 싶었는데, 그런 사람들과 만날 기회를 스스로 엎어 버렸다. 어쩌다 보니 그렇게 항해는 끝나 버렸다. 아쉽지만 이런 아쉬움 역시 두 번째 피스&그린보트에서 얻은 소중한 그 무엇이라고 스스로를 애써 위안할 수밖에.

그렇지만 이 두 번째 피스&그린보트는 많은 것을 생각하게 하고, 안겨 준 항해였다. 비록 새로운 친구들을 많이 사귀진 못했지만 가끔 배 위에서 혼자 있는 시간이 찾아오면 그간 쌓인 고민에 대해 치열하게 생각했고, 그 고민의 끝은 다행히 긍정적인 결론 쪽을 향해 있었다. 또 내가 피스&그린보트에서 작년만큼 열정을 갖고 녹아들지 못한 것에 대한 아쉬움은 차차 뭍에서 회수하게 되리라는 믿음이 있었다.

첫 피스&그린보트가 혼란스러울 정도로 감당하기 벅찬 다양한 것들을 선사한 항해였다면, 이번 항해는 선택과 집중이 필요하다는 것을 깨닫게 해준 항해가 아니었을까. 배는 이미 멈춰 섰고, 나 역시 일상으로 돌아온 지 꽤 시간이 흘렀지만, '땅멀미' 때문인지 아니면 어떤 기상천외한 일들을 숨겨 놓고 있을지 알 수 없는 미래 때문인지 나는 여전히 계속 좀 설레고 어지럽다.

천 명의 주민들이
보트 위에서 연대한 것

정유희
월간 〈해피투데이〉 기자

〈해피투데이〉 2015년 10월호 게재 기사

나는 매사에 무언가에 곧잘 사로잡히는 척하지만, 그건 완벽한 허무에서 벗어나기 위한 몸부림일 뿐, 천성적으로는 무언가에 매몰되어 헤어나지 못하는 걸 좋아하지 않는 편이다. 그런데 망망대해 한복판을 항해하는 배에서 바라보는 바다의 모습은 실로 대단해서 봐도 또 봐도 절대 질리지 않았다. 하물며 애호하는 음악을 귀에 가득 담고 바다를 망연히 바라보고 있다 보면, 바다가 출렁이는 건지, 음악이 출렁이는 건지, 지구가 출렁이는 건지 나중엔 도무지 분간이 안 되었다. 지난해 배에서 내린 후, 육지에서 몸 붙이고 사는 동안 나는 간헐적이지만 지속적으로 금단현상에 시달렸다. 피스&그린보트를 이루는 많은 것들에 대한 금단이기도 했겠지만 따지고 보면 망연히 바라보던 바다에 대한 그리움이었고, 출렁임에 대한 갈급이었다. 지구 전체와 왈츠를 추고 있는 듯한 느낌,

나는 이걸 제멋대로 '지구 왈츠'라고 이름 붙였다.

8월 초, 네 번째 오르게 된 피스&그린보트는 매우 익숙하면서도 한편 낯설게 느껴졌다. 나는 이제 배의 구조를 낱낱이 꿰고 있는 피스&그린보트 종족이 되어 있었다. 매번 격무에 쫓기다가 부산에서 출항하는 배를 타지 못하고 기항지인 오키나와나 대만 등지로 비행기를 타고 날아가 배와 상봉했는데, 이번에는 이례적으로 스케줄을 온전히 빼서 부산에서 배를 탈 수 있었다.

한국인 550명, 일본인 550명을 태우고 삶 안팎의 평화와 환경을 위시한 사회문제들을 함께 살펴보며 그 대안을 모색해 보는 피스&그린보트는 광복 70주년이 된 2015년, 여덟 번째 출항을 했다. '평화와 환경이라니 먹고살기에도 정신없는 판에 …'라고 고개를 갸웃하는 사람들도 있을 것이다. 그러나 생각의 방향을 달리해 보면, 평화와 환경의 문제는 우리의 생존과 직결된 문제라고 할 수 있다. 그렇기 때문에 피스&그린보트 같은 특별한 계기와 환기가 우리에게 꼭 필요하다고 생각한다. 먹고사는 일에서 열흘 만이라도 동떨어져, 왜곡된 역사의 문제라든지 삶을 위협하는 원전 문제 같은 것들을 찬찬히 살펴봐야, 우리가 놓치고 있는 것들 중 정말 중요한 부분이 무엇인지 찾아낼 수 있지 않을까 싶다.

'네 번째로 배를 타는 것이니 만큼 이번에는 취재와 프로그램, 강연 등에 너무 몰입하지 말고 내 시간을 오롯이 갖자'고 다짐 또 다짐했다. 책도 세 권이나 캐리어에 넣고, 편지지와 엽서도 뭉텅이로 들고 탔다. '밀린 잠도 푹 자고, 바다를 바라보며 그리운 이들에게 손 편지도 쓰고, 책도 왕창 읽어야지. 태양의 열기가 잦아드는 오후에는 유유자적 수영도 해야지. 무엇보다도 바닷바람을 맞으며 좋아하는 음악을 귀가 짓무르도록 실컷 들어야지.' 이렇게 몇 번이나 마음을 다졌는데, 이럴 수가. 결론적으로 말하자면 편지는 한 통도 못 썼고, 책은 겨우 한 권 읽었으며, 수영복은 캐리어에서 꺼내지도 못했다. 이게 다 피스&그린보트 마을에서 마련해 놓은 다채롭고도 함량 높은 프로그램들 때문이다.

피스&그린보트의 마법 같은 시간은 크게 둘로 나뉜다. 다채로운 강연들, 공연들을 비롯한 선내 프로그램이 펼쳐지는 배 위에서의 시간, 그리고 평화, 환경, 교류, 관광 등의 주제로 나뉘어 기항지에 닿을 때마다 펼쳐지는 기항지 프로그램들이 그것이다. 이번에도 일일이 열거하기 벅찰 정도로 심도 깊은 강연과 다양한 프로그램이 바다 위와 기항지에서의 시간을 뜻깊게 만들어 주었는데, 피스&그린보트가 아니라면 만날 수 없는 독자적이면서도 보석 같은 프로그램들 때문에 피스&그린보트는 여전히 환하게 빛이 났다.

몸이 하나라 내가 인상 깊게 체험했던 것 몇 개만 열거할 수밖에 없는데, 제일 인상적이었던 프로그램은 우선 재일교포 3세들의 정체성을 탐문하는 〈자이니치 코리아〉였다. 이 시간에는 일제강점기에 일본에 건너간 조부모들에 의해 일본에 터를 잡고 살게 된 재일교포 3세들로부터 그들이 겪은 국가 정체성에 대한 생생한 이야기를 들을 수 있었다. 이들의 정체성 문제는, 일본에서 살면서 일본인이 아니기 때문에 겪는 차별의 차원을 뛰어넘어 남북 분단의 현실 때문에 한층 이념적으로 복잡하고 혼란스러운 문제로 불거져 있었다. 평생 고향인 황해도 연백을 그리워하다 47세의 젊은 나이에 돌아가신 아버지 때문에 살아오면서 나는 통일 문제를 무심히 지나칠 수 없는 사람이 되었다. 재일교포의 국가정체성 문제도 통일이 된다면 다른 양상으로 전개될

©환경재단

©환경재단

텐데, 이는 우리가 뜨겁게 감싸 안아야 할 민족의 문제인 한편, 이민자들이 많이 유입되고 섞이는 다민족 혼성 시대의 새로운 문제로 대두할 것이라 예측된다. '그렇다면 이 문제를 수평적 인권의 문제로도 재조명해 봐야 하지 않을까' 하고 문제를 보는 시각 변화의 필요성을 새삼 절감했다.

내가 직접 껴안고 좋았거나 인상적이었던 선내 프로그램은 다음과 같다. 제목만 봐도 어떤 내용인지 짐작이 갈 것이다. 구소련 해군방위 전문가 세르게이 스미르노프와 피스보트 공동대표 요시오카 다쓰야의 〈바다에서 바라본 동아시아의 평화〉, 소설가 김연수의 〈누구나 작가가 될 수 있다〉, 아즈마 지에코의 〈자연에너지가 왜 필요한가〉, 고현숙의 〈창조성을 이끌어 내는 코칭 리더십〉, 환경재단 최열 대표와 《원전 없는 미래》의 저자 이다 데쓰나리飯田哲也 등이 펼친 세미나 〈3·11의 교훈 그리고 재생가능에너지의 미래〉. 놓쳐서 너무나도 아쉬웠던 선내 프로그램은 다음과 같다. 한일 공동기획 〈군함도의 세계유산 등재, 과연 타당한가?〉, 건축가 승효상의 〈풍경과 조화를 이루는 주거공간 조성 방법〉, 산악인 엄홍길의 〈극한 리더십〉, 이곡지, 사사모리 시게코 등 원폭 피해자들의 〈피폭증언〉과 〈재한 피폭자 이곡지님에게 무엇이든 물어보세요〉. 특히 가톨릭대 사회학과 안병욱 교수의 〈한반도 근현대사의 진실과 규명 그리고 화해의 역사〉를 놓친 게 배를 내려서도 두고두고 후회가 됐다.

굵직한 선내 프로그램의 주제가 평화, 환경, 인권, 건강한 삶 등에 맞춰져 있다면, 한일 참가자들이 자발적으로 기획해서 꾸려 내는 자주기획은 기발한 아이디어가 돋보이기도 하고 재미가 넘쳐서 사람들의 참여도가 높다. 피스&그린보트를 몇 번 타자 '나도 무언가를 자발적으로 기획해서 한일 친구들과 함께 해보고 싶다'는 마음이 저도 모르게 끓어올랐다. 배를 타기 일주일 전에 만난 후배로부터 봉숭아 가루를 선물 받았는데, 이것은 봉숭아꽃과 잎을 말려 빻은 가루에 백반 가루를 섞어 놓아 손쉽게 손톱에 봉숭아꽃물을 들일 수 있는 가루였다. 봉숭아 가루에 물을 넣은 후 잘 개어서 손톱에 올리면 30~40분 후에 진홍색 봉숭아꽃물이 든다. 손톱 위에 핀 꽃을 보며 신이 난 나는, 배에 탄 한일 친구에게 예로부터 전해 내려오는 한국의 여름 풍습을 알려 주고 싶었다. 지난해 여름, 무주여행을 갔다가 찍은 담벼락에 핀 봉숭아꽃 사진으로 엽서도 만들어 체험 당일 날, 모인 사람들에게 나누어 주었다. '5명도 안 오면 어쩌나' 싶었는데 아이, 노인 할 것 없이 30명이나 와줘서 서로 도와 손톱 위에 꽃을 피워 냈다. 지금도 한 일본 할머니가 잊히질 않는다. 중풍 때문에 잘 걷지도 못하고 말도 어눌한 할머니였는데, 왼쪽 손에 꽃물을 올려 드리자 굽어진 오른 손가락을 자꾸 펴려고 애를 쓰셨다. 나이를 먹고 병이 들어도, 여자이기에 예뻐지고 싶은 열망은 젊고 건강한 사람 못지않은 것이다. 통역 스태프들의 도움을 받아 할머니의 굽은 손을 편 후, 오른 손가락에도 꽃물을 들여 드렸다. 잠시 후, 할머니의 양 손톱에 꽃 열 송이가 피어났다. 할머니의 손톱을 물로 씻자 진홍색 손톱이 드러났고, 그걸 보자마자 굳어 있던 할머니의

얼굴에 함박 웃음꽃이 활짝 피어났다. 봉숭아 가루 갠 물을 30분 정도 손톱 위에 올려놓고 물을 들이는 거라 첫눈 올 때까지 남아 있진 않겠지만, 일본 할머니가 오래오래 그날의 즐거운 체험을 기억해 주시기를, 그리고 내내 건강하시기를 바란다.

이번에도 피스&그린보트는 러시아 블라디보스토크, 일본 홋카이도, 나가사키, 후쿠오카에 들러 뜻깊은 프로그램을 다수 펼쳐냈다. 러시아에선 천혜의 루스키 섬을 돌아보며 지구환경 보전의 의미를 돌이켜 보기도 하고, 건축가 승효상과 함께 알찬 블라디보스토크 건축기행도 했으며, 바라바시 생태공원에서 시베리아 호랑이의 흔적을 찾기도 했다. 홋카이도에서는 신비로운 바다 색깔로 유명한 국립해안공원 샤코탄 반도에서 신의 주옥을 알현했고, 삿포로의 명물 삿포로 맥주 박물관을 탐방했으며, 도마리 마을을 방문해 원전 반대 활동가와 교류를 했다. 나가사키에서는 한일교류의 산물인 올레코스 중에서 푸른 녹차밭과 메타세쾨이어 숲으로 유명한 우레시노 올레길을 걷고, 나가사키 원폭 투하 70주년을 맞아 평화기념식과 더불어 시민집회에 참석했으며, 100도에 가까운 온천수를 에너지로 활용하는 실험을 진행 중인 에코 빌리지 오바마 마을에서 이열치열을 체험하기도 했다. 또한 작년에 유네스코 세계문화유산으로 등재된, 그러나 우리에겐 뼈아픈 역사의 현장인 군함도 코앞까지 갔다가 태풍으로 인해 아쉽게도 되돌아 나오기도 했다. 마지막 기항지인 후쿠오카에서는 겐카이 원전에 위치한 에너지 파크에서 미래를 위한 지속가능 대안 에너지를 고민해 봤고, 후쿠오카의 대표 명승지인 다자이후 덴만구 등 후쿠오카 내의 문화재를 둘러봤으며, 후쿠오카에서 가장 유명한 유후인&벳부 온천에서 쌓였던 피로를 풀기도 했다.

물론 이 모든 걸 내가 다 체험한 건 아니고, 기항지마다 세팅 되어 있던 6〜 8개의 프로그램들 중에 대표적인 것을 누설해 본 것이다.

내가 체험한 기항지 프로그램 중 가장 인상적이었던 것은 나가사키에서 참여한 나가사키 원폭 희생자 위령 평화기념식과 평화공원에서 펼쳐졌던 시민집회였다. 배가 나가사키에 당도한 8월 9일은 마침 나가사키에 원폭이 투하된 지 70년이 된 날이었다. 이날은 35도가 넘는 실로 폭염이 대단한 날이었는데, 땡볕 염천임에도 나가사키 원폭자료관과 평화공원에 반전, 탈핵을 염원하는 사람들이 구름처럼 몰려들었다. 원폭자료관에 아베 수상이 나타났지만 환영받지 못했고, 평화공원에선 전국 각지에서 모여든 시민단체들의 탈핵·반전 집회가 물결쳤다. 우리는 평화공원에서 조우한 '간짱 밴드'와 함께 〈임진강〉을 불렀는데, 안보법 개정을 시도하는 일본 정부에 대항하는 많은 일본시민의 평화를 향한 강렬한 열망을 직접 목격하자, 시민운동의 중요성을 한층 더 절절히 체감했고, 더불어 평화와 환경을 주제로 민간교류를 꾀하는 피스&그린보트의 역할 또한 한층 더 중요하게 여겨졌다. 반전 공연을 위해 이극렬한 더위를 뚫고 후쿠시마에서 나가사키까지 걸어왔다는 '세븐 제너레이션 워크'라는 히피그룹을 시민집회에서 만났는데, 이들을 통해 개개인이 신념을 가지고 사회문제에 참여하는 일이 왜 절실하고도 중요한지가 새삼 다시 환기되었다.

이제 배는 멈췄고, 먹고살기 위한 전쟁 같은 삶이 속개되었지만, 내 뇌리에는 망망대해에서 만난 푸른 바다가 계속 넘실거리고 있다. 그 푸른 바다는 이 배에 탔던 1천여 명의 사람들의 가슴에도 여전히 철썩거리며 요동치고 있을 것이다. 더 나은, 더 건강한 시민사회로의 전진을 위한 희망과 열망을 품은 채로.

ⓒ이하영

피스&그린보트가 남긴
인상적인
10장의 기억들

글 · 정유희

사진 · 신승희, 정유희, 전진우, 신영배

열흘 동안 배의 선미나 후미의 갑판 데크에서 자주 목격할 수 있었던 장면. 사람들은 나와 마찬가지로
망망대해의 홀릭이 되어 자주 넋을 잃고 바다를 바라봤다. 특히 연세가 지긋해 보이는 노인들이 바다를 하염없이
바라보는 모습을 갑판에서 만날 때마다 나는 그들이 어떤 생각을 하고 있을지 몹시 궁금해졌다.

▲ 러시아 블라디보스토크 항구에 닻을 내린
오션드림호에서 바라본 블라디보스토크
여객터미널의 모습. 러시아 거리의 낡고 육중한
건물들과 구소련 냉전시대의 유산들, 그리고
미적분 기호 같은 러시아 글자 간판 등을 보며,
사뭇 러시아에 대한 궁금증이 크게 솟았다.

▼ 홋카이도의 한 기항지 프로그램에서 유기농
블루베리와 체리를 따는 유기농 농장 체험을
진행했다. 후배 노창범과 전진우가 이 프로그램에
참가해서 싱싱한 유기농 과일을 실컷 따고, 먹고
왔다. 배에서 만난 안치환 팬 후키코 씨가 이
체험에 참가한 후 손수 딴 먹음직한 체리를 선물로
가져다주었다. 고맙고 따뜻한 사람⋯.

▲ 나가사키에 배가 닿은 8월 9일은 일본 나가사키에
원폭이 투하된 지 70년이 된 날. 땡볕 염천이었지만
나가사키 원폭자료관과 평화공원에 반전, 탈핵을
염원하는 사람들이 구름처럼 몰려들었다. 일본의
시민정신과 시민운동의 저력을 깨닫게 된 뜻깊은 날.

▶ 자연 경관이 잘 보존된 러시아의 루스키 섬에는
이렇게 문명과 동떨어져 야생적인 삶을 사는
사람들 몇 명이 낡은 차량을 개조한 집에서 살고
있었다. 배가 러시아에 닿았던 날, 루스키 섬
체험자들은 안개 탓에 섬의 경관을 만끽하지
못하고, 길이 험난해 고생도 많이 했지만, 루스키
섬의 아름다움에는 입을 모아 찬사를 보냈다.

▼ 맥주를 좋아하는 나는 홋카이도에서 삿포로
맥주박물관을 탐방했는데, 내게 삿포로 맥주는
맛보다는 멋진 디자인으로 인지되었다. 삿포로
맥주의 별 로고뿐만 아니라 개척시대 맥주
라벨들의 디자인이 굉장히 뛰어났다.

◀ 작년에 강연 게스트로 섭외한 김연수는 연변의
시낭송 문학 축제와 날짜가 겹쳐 안타깝게도
보트에 승선하지 못했는데, 이번에 의리를 지켜
보트에 올랐다. 그는 배에서 세 차례 강연을
했는데, 특히 가수 이한철과 함께 아이들을
대상으로 가사를 짓고 노래를 불렀던 〈우리가
'그린스타'〉가 굉장히 뜻깊었다고 이야기해 주었다.

▶ 나는 예로부터 전해 내려오는 한국의 아름다운
여름 풍속 '봉숭아꽃 물들이기'를 자발적으로
기획해서 한일 참가자들의 손톱에 꽃을 피웠다.

▲ 피스&그린보트가 맺어 준 인연들을 배 위에서
또 만났다. 이번에 배에 함께 오른 기자 후배들과
'한일 노래 모임'을 주도하는 '간짱 밴드'를 통해
만난 일본 친구들이 뭉쳐서 기념 촬영을 했다.
좌로부터 고니시 노리코, 이정구, 신영배, 전진우,
스가노 이쓰오.

▼ 배에서 밥을 먹다가 우연히 만난 후키코 씨는
안치환의 열혈 팬이었다. 안치환에 대한 무한
애정이 대단해서 안치환의 음악 100여 곡을 손수
필사한 후 가사집을 만들어 열흘 내내 품고 다녔을
정도. 연세가 지긋했지만 어떤 젊은이보다도
열정적인 분이었고, 무엇보다도 행복해 보였다.

배에서 적은
열흘의 일기

전진우
〈AROUND MAGAZINE〉 기자
사진/ ⓒ전진우

〈AROUND MAGAZINE〉 2015년 10월호 게재 기사

피스&그린보트는 일 년에 한 번 일본인과 한국인이 함께 띄우는 아주 큰 배다. 열흘간 항해와 정박을 반복하는 이 배 안에서 1천 명의 승객들은 서로 인사하고 이야기 나누다가 친구가 된다. 모두 어떤 대화를 하다가 웃고 우는지 모르지만, 내 경우에는 이런 주제들이 기억난다. 탈핵운동이 취미인 일본 아저씨, 원자폭탄이 떨어지는 바람에 가족을 잃은 할머니, 자신의 정체성을 찾기 위해 끊임없이 질문하는 젊은 여자. 그리고 이런 이야기를 귀 기울여 들어 주는 사람들. 우리는 모두 뒤섞여 밥을 먹고 노래도 불렀다. 매년 동아시아의 여러 나라를 여행하는 이 배는 이번에는 러시아의 블라디보스토크와 일본의 홋카이도, 나가사키, 후쿠오카를 각각 하루씩 거쳤다. 이렇게 명목상 여러 목적지가 있긴 한데, 배 안에서 벌어지는 일들 때문인지 나는 종종 이런 생각을 했다. '어쩌면 목적지는 하나.' 뱃고동 소리를 들으며 보낸 며칠간의 일기를 여기에 옮긴다.

8월 2일

부산 영도항에 도착해 출국수속을 거쳤다. 바쁘게 움직이는 스태프들이 하는 얘기를 우연히 들었는데, 이번 피스&그린보트에는 한국인과 일본인이 각각 550명 정도 탑승한다고 한다. 한일 간의 항해를 시작한 지 10주년이 됐지만, 이렇게 많은 인원은 처음이라는 얘기도 있었다. 내가 알기로 그중에는 이미 몇 번이나 배에 올랐던 사람들도 많다. 특히 일본 사람들. 재작년 내가 이 배를 처음 탔을 때 봤던 사람들도 더러 보여 그중 한 명에게 느린 한국어로 인사를 건넸더니 그가 내게 한국어로 답을 해왔다. "한국말 연습했어요. 작년부터." 나는 그 사람이 좋아서, 그리고 조금 부끄러운 마음이 들어서 얼떨결에 인사를 두 번이나 했다. 그는 두 번 웃어 주었다. 그와 헤어져서 나는 방에 짐을 대충 던져 놓고 갑판 위로 나갔다. 아직은 한적하지만, 오늘 저녁엔 출항을 축하하는 사람들로 갑판이 가득 메워질 것이다.

8월 3일

본격적인 선내활동이 시작되었다. 배가 바다를 건너 다음 목적지로 향하는 동안 배 안에서는 갖가지 프로그램들이 진행되는데, 육지에서부터 미리 준비된 정규 프로그램과 승객들이 배에 올라 즉흥적으로 만들어 진행하는 자주기획 프로그램으로 크게 나눌 수 있다. 나는 낮에 소설가 김연수의 강연을 듣고 저녁엔 기타 공연을 봤다. 그리고 바다 한가운데 서 있는 순간을 즐기려고 중간중간 갑판에 나가 맥주 마시는 일도 잊지 않았다. 저녁의 기타 공연을 진행한 일본인 스가노 이쓰오 씨는 매해 기타를 메고 이 배에 오르는 사람으로,

'간짱'이라는 별명을 가지고 있다. 그의 자주기획이 성공적으로 끝난 걸 축하하기 위해 우리는 그의 방에 모여 맥주를 마셨다. 간짱 아저씨는 배에서 만나는 사람들에게 종종 취미를 묻는데, 그날도 역시 그랬다. 그리고 모두가 대답한 뒤 누군가의 질문으로 이번에는 그의 취미를 듣게 되었다. "기타 연주와 테니스, 그리고 탈원전이 나의 취미입니다." 그 자리의 모두가 그의 대답을 곱씹고 있을 때, 그는 탈원전이 가장 주된 취미라고 순서를 고쳐 말했다.

8월 4일

열흘간 거치게 될 네 개의 기항지 중 첫 번째 장소인 러시아 블라디보스토크에 닿았다. 각각의 기항지에는 환경과 역사, 평화 등의 주제와 관련된 코스가 있고, 승객들은 배에 타기 전에 신청을 마친다. 물론 자유여행을 할 수도 있다.

이곳에서 내가 고른 코스는 항구에서 한 시간 정도 거리의 섬에 들어가 해변을 따라 걷는, 담백하기 그지없는 코스였다. '담백했으면' 하고 바랐는데 당황할 정도로 담백한 코스. 숲과 해변을 쭉 걸어가는 동안 동행한 사람들이 진흙에서 넘어지는 소리가 아니었다면 분위기가 딱딱해졌을지도 모르겠다. 긴 산책을 마치고 배에 돌아오기 전에는 잠시 시내에 들러 러시아 술을 사고 길거리 음식도 먹었다. 저녁 늦게 다시 배에 모인 일행이 각

자의 여행이 어땠는지 늘어놓고 있을 때, 간짱 아저씨가 기타를 메고 우리 옆을 지나갔다. 왜인지 모르지만 약간은 지쳐 있었는데, 우리는 아랑곳하지 않고 컵과 술을 드렸다. 몇 분 뒤 아저씨는 자신이 두 번째로 좋아하는 한국 노래라며 기타를 꺼내 연주했다. 〈전화카드 한 장〉이라는 그 곡은 가사가 참 좋았다.

8월 5일

저녁에 방으로 배달되는 선내신문으로 다음 날 있을 프로그램을 확인할 수 있는데, 어제 신문에는 꼭 들어 보고 싶은 강연이 적혀 있었다. 〈재한 피폭자 증언〉이라는 제목과 함께 "히로시마 피폭 피해자 이곡지 님으로부터 증언을 듣습니다"라는 설명이 적혀 있었다. 오전부터 시작된 그 강연에는 여섯 살 무렵 피폭을 겪은 이곡지 할머니와 훗날 그녀의 남편이 된 김봉대 할아버지가 나왔다. 할머니는 마이크를 건네받자마자 울었다. 그리고 겨우 꺼낸 한 마디는 "만나서 반갑습니다"가 아닌, "만나서 감사합니다"라는 인사였다. 할머니는 그 후로 강연이 끝날 때까지 마이크를 잡지 못했다. 그녀의 남편, 김봉대 할아버지가 말을 이었고 한 시간 동안 늙은 부모보다 일찍 세상을 떠난 피폭 2세 아들에 관해 이야기했다. 그의 아들은 죽기 전까지 피폭 2세가 겪은 불행한 일에 대해 일본과 한국에 책임을 물었고, 김봉대 할아버지는 오늘도 아들을 위해 끝없는 반핵운동을 하고 있다. 통계에 따르면, 현재 한국 국적의 피폭 2세는 2,300명 정도라고 한다.

8월 6일

러시아 다음의 기항지는 일본 북부의 홋카이도, 오타루 항이었다. 눈의 고장으로 유명한 곳. 이곳에서 내가 선택한 코스는 블루베리 농장에 들러 무농약 블루베리를 실컷 따 먹고 '에코 빌리지'라는 곳으로 이동해 순환적인 삶을 실천하고 있는 사람들의 강연을 듣는 것이었다. 배에서 내린 우리 일행은 25인승의 오래된 버스를 타고 '요이치'라는 곳으로 이동했다. 버스 창밖으로 보이는 집들은 눈이 쌓이지 않도록 모두 경사가 큰 지붕을 얹어 놓았다. 더운 날씨에 몸은 늘어져 있었지만, 나는 잠시 지붕에 쌓인 눈이 미끄러져 떨어지는 모습을 상상할 수 있었다. 조용한 겨울 아침에, 아무도 보지 않을 때 후두둑 눈이 떨어지는 모습. 홋카이도에서 우리를 이끌어 준 일본의 젊은 가이드는 요이치 여행의 시작을 '풋 패스'로 열고 싶다고 했다. "요이치를 찾아 주셔서 감사합니다. 제 생각에 이곳을 느끼는 가장 좋은 방법은 그저 걷는 것입니다. 더 좋은 방법도 물론 있겠지요(웃음)." 그를 따라 걷는 동안 우리는 홋카이도 자작나무 숲을 지나고 안개 낀 포도밭을 지났다.

8월 7일 / 8월 8일

기항지 간의 먼 거리 때문에 이틀간은 꼼짝 없이 배 안에 있게 되었다. 보통 이 기간에는 배 안의 사람들이 어떤 '작정' 같은 걸 하고 다니기 때문에 친구를 만들기 좋은 것 같다. 창밖으로 무한한 바다의 푸른색만 가득하고, 하릴 없이 돌아다니는 동안 봤던 이를 계속해서 마주친다. 어제 배운 타국의 언어로 인사하는 사람들, 벌써 친해져서 서로를 놀리는 어린 아이들, 배의 후미 쪽 으숙한 계단에 앉아 서로 비밀을 털어놓는 젊은 사람들, 끊임없이 마작을 두거나 멍하니 바다를 바라보는 노인들도 많다. 이때에는 저녁의 술집도 유독 붐빈다. 재작년에는 태풍을 만나는 바람에 3일 동안 배 안에 갇혀 있었는데, 그때 사람들 얼굴이 기억난다. 두려움도 조금 있고, 가고 싶던 기항지에 가지 못해 실망한 기색도 있었지만, 한편으론 설렘이 담겨 있었다.

8월 9일

세 번째 기항지는 일본 나가사키였다. 앞서 기항지에서 조금 여유를 부렸다면, 이번에는 역사적으로 무거운 사건을 품고 있는 '군함도'를 찾아갔다. 1900년대 일본 경제부흥의 요지였던 이 섬은 최근에 유네스코 세계문화유산에 등재되어 큰 주목을 받았다. 하지만 우리가 이곳을 찾은 이유는 은폐된 사실들을 보기 위해서였다. 일제강점기 때 이곳으로 강제징용된 한국인 800명의 끔찍한 삶. 보통 12시간, 길게는 16시간씩 일을 시키며 죽지 않을 만큼의 밥을 줬다고 한다. 탈출을 시도한 사람들은 육지까지 18킬로미터나 이어진 바다를 건너지 못했고, 떠내려가 다른 마을에 묻혔다고 한다. 알면 알수록 처참한 이야기였다. 하지만 섬을 찾는 외국인들, 심지어 일본인들도 이 사실을 알 수가 없다. 숨기려 하기 때문이다. 이 이야기를 적은 팻말이 겨우 하나 세워질 거라는 얘기를 들었지만, 유네스코 세계문화유산에 등재가 됐다는 소식이 그보다 크게 들렸다. 나가사키에 도착한 날 먼바다에 태풍경보가 있어서 우리는 군함도에 내리지 못하고 주변을 빙빙 돌며 섬을 지켜봤다. 과거를 기억하는 사람들이 술렁였다. 관광을 하기 위해 배에 탄 사람들은 그 모습에 분개했고 기

과거를 기억하는 사람들이 술렁였다

장에게 항의해 상황을 정리했다. 자리에 앉아 있는 동안 경험한 무기력은 여태껏 느낀 것과 조금은 다른 것이었다.

8월 10일

마지막 기항지 후쿠오카에서는 유후인을 찾았다. 일본에 왔으니 온천을 한번 해볼까 하는 마음으로 고른 코스였다.

버스를 타고 우거진 삼림을 뱅뱅 돌아 도착한 그곳에는 좁고 아름다운 길이 있었다. 곳곳에 온천도 있었다. 온천에서 보낼 수 있는 시간이 1시간 정도밖에 되지 않아 아쉬웠지만, 그래도 산 속에 둘러싸여 땀을 흘린 시간이 특별하게 기억된다. 가이드의 말에 따르면 일본에는 2천 미터가 넘는 산이 22개나 있다고 한다. 산자락마다 가지고 있을 물줄기와 수북한 숲과 축축한 흙, 동물들의 표정을 상상해 보면 일본의 원전사고가 훨씬 더 안타깝게 다가온다. 마

지막 기항지여서 그런지 유후인에서 항구로 향하는 길이 벌써 부산을 향하는 길처럼 느껴졌다. 마지막으로 내가 기억하는 풍경은 버스 밖으로 끝없이 펼쳐지던 숲과 드문드문 보이던 옛 마을이었다.

8월 11일

배에서 내려서 곧장 부산역으로 향했다. 일행과 뜨거운 국밥을 먹고 서울역으로 가는 열차에 몸을 실었다. 어지럽고 또 졸음이 밀려왔다. 사람들은 그게 땅멀미라고 말했다. 잠들기 직전에는 조타실에 들어갔을 때 촬영한 바다 영상을 봤다. 파도 한 점 없었던 평평한 바다를 1분간 찍은 시시한 영상이었다. 그렇게 큰 배가 지나가도 괜찮은 곳이라는 게 믿기지 않았다.

환경, 평화, 그리고 "수고까레!"

노승희
피스&그린보트 스태프

원래도 여행을 좋아하는데, '환경과 평화'라는 주제를 담은 여행이라니! 가기 전부터 생각만 해도 정말 설레었습니다. 배 안에 있을 때는 여러 명사들이 환경과 평화, 역사 등 동아시아의 과거, 현재, 미래를 다 함께 생각할 수 있는 강연을 해주셨고, 서예교실이나 간단한 만들기 체험, K-pop & J-pop 배우기 등 다양한 체험과 이벤트도 이어졌습니다. 기항지에 내려 투어를 할 때에는 참여자분들의 관심사에 따라 다양한 코스로 나누어졌습니다. 일반적인 관광코스도 있었지만, 원폭자료관(나가사키), 에너지파크(후쿠오카) 등 환경, 그중에도 동아시아의 큰 이슈인 원자력과 재생에너지에 대해 생각해 볼 수 있는 내용이 많았습니다. 이 가운데 인상적이었던 순간들을 함께 나누고자 합니다.

ⓒ노승희

ⓒ환경재단   ⓒ환경재단   ⓒ노승희

8월 9일, 나가사키를 방문하다!

8월 9일 오전 11시 2분은 나가사키에 원자폭탄이 투하된 시간입니다. 피스&
그린보트에서는 나가사키 원폭 투하 70주년을 맞아 2015년 8월 9일에 나가사
키를 방문해 평화기념행사에 참석했습니다. 오전 11시 2분이 되자 관내에 있
던 모든 사람들이 진심 어린 묵념을 했습니다.

　오후에는 원폭자료관에 갔습니다. 원자폭탄의 위력은 상상을 초월했습니
다. 기념관에 전시된 시계는 원자폭탄이 투하된 8월 9일 오전 11시 2분, 그 정
확한 시간을 가리킨 채 멈춰 있었습니다. 그 밖에도 원폭자료관에서는 열선
에 의해 타버린 사람들의 모습, 변형되고 파괴된 여러 물체들을 보여 주며 원

폭피해의 참혹함을 알리고 있었습니다.

　하지만 그곳에서의 설명은 다소 객관적이지 못한 부분도 있었습니다. 일본은 엄연히 제2차 세계대전을 일으킨 나라인데 그 사실은 덮어 둔 채 원폭으로 희생된 면만을 부각한다는 느낌을 받았습니다. 그럼에도 원폭자료관은 방문한 모든 사람들에게 원폭의 끔찍한 실상을 알리고 더 이상의 전쟁은 있어서는 안 된다는 신념을 심어 주기에는 충분했습니다.

　원폭기념공원에 걸린 '센바즈루'는 종이학 1천 마리를 엮어 만든 것으로,

장수를 상징하는 학을 1천 마리 접어서 상대의 병이 낫고 오래 살기를 기원하기 위한 것이라고 합니다. 히로시마 피폭자 사사키 사다코 씨가 '센바즈루'를 접었다는 사실이 알려지면서 원폭 반대와 평화의 상징이 되었습니다. 그래서 원폭기념공원에는 사람들이 정성스레 접은 학들이 이곳저곳 걸려 있습니다.

가족 만들기 프로그램

나가사키 다음으로 인상적이었던 것은 가족 만들기 프로그램입니다. 이는 참여자들을 국적을 불문하고 마구 섞어서 선내의 또 다른 가족으로 맺어 주는 프로그램입니다. 피스&그린보트 탑승기간 동안 진짜 가족처럼 친하게 지내 보자는 의미로 진행하는 것입니다.

그룹이 정해지면 참가자들은 각자 할머니, 아빠, 누나는 물론이고 여행 갔다가 외국인을 만나 돌아온 사촌누나, 배가 땅에 끌리도록 뚱뚱한 고양이 등 창의력 넘치는 역할을 정합니다. 저도 스태프들과 함께 가족 만들기에 참여했습니다. 당시에는 쑥스럽고 말도 잘 통하지 않아서 어색했는데, 그 뒤로 선내에서 만날 때마다 하이파이브를 하며 "수고까레!"라고 인사하는 일이 참 즐겁고 반가웠습니다. 한국어 "수고하셨습니다"와 일본어 "お疲れさまでした"(오쓰까레사마데시타)를 섞은 이 인사를 주고받으면 일을 하던 중에도 힘이 마구마구 솟아나는 기분이 들었습니다!

광복 70주년, 한일수교 50주년이라는 뜻깊은 해지만 사실 요즘 한일관계는 썩 좋지 않습니다. 일본의 집단적 자위권 행사나 세계문화유산으로 지정된 군함도와 관련해서 다양한 문제가 거론되는 상황입니다. 그렇지만 배에서는 외부의 한일관계와 상관없이 일본분들과 진짜 가족이 된 것처럼 지낼 수 있었습니다. 단순해 보이는 이 프로그램이 한일을 비롯한 아시아 전체를 하나로 만드는 피스&그린보트의 밑바탕이 되는 것은 아닐까 하는 생각이 들었습니다.

환경을 생각하는 평화의 크루즈

피스보트에서는 우리가 본받아야 할 절약정신을 느낄 수 있었습니다. 배 안 객실을 직원분들께서 매일 아침 정리해 주시는데 욕실에 붙어 있던 문구가 지금도 기억에 남습니다.

"지구를 위해 저희는 수건을 아껴 사용하고자 합니다. 수건을 교환하지 않고 다시 사용하고자 한다면 수건걸이에 그대로 걸어 주세요."

사소한 문구지만 읽는 사람에게 작은 행동부터 지구를 위해 생각하고 행동하도록 만드는 문장이었습니다.

피스보트의 절약정신은 기항지 투어를 할 때도 느낄 수 있었습니다. 스태프들이 기항지를 안내하면서 필요한 자료들을 담아서 나누어 주는 손바닥 크기의 지퍼백이 있습니다. 처음에 그것을 잃어버리면 안 된다고 해서, '고작 지퍼백인데 왜 그럴까, 잃어버리면 새것을 쓰면 되지'라고 생각했습니다. 그런데 그 조그만 지퍼백조차 더 이상 쓰지 못할 때까지 재사용한다는 이야기를 듣고 깜짝 놀랐습니다. 실제로 기항지 담당 스태프가 건네준 지퍼백은 구멍이 뚫려 나달나달했으며 겉면에는 꼭 돌려달라는 스티커가 붙어 있었습니다.

환경과 절약에 관한 태도는 단체복에서도 잘 드러났습니다. 우리나라는 어떤 행사가 있을 때마다 새로 단체복을 맞추는데, 피스보트 스태프의 단체복은 피스보트만큼이나 나이를 먹었다고 합니다. 정말 사소한 부분에서도 환경을 생각하는 마음을 느낄 수 있었던 피스&그린보트였습니다.

10일이란 시간이 정말 빠르게 흘렀습니다. '환경과 평화'를 함께 생각하는 피스&그린보트, 이런 멋진 여행에 함께할 수 있었음에 정말 감사합니다.

ⓒ노승희

2장.

평화와 공존의
뱃길을 따라

9박 10일간의 여행이야기

배우고, 춤추고, 노래하며

가족이 되고, 친구가 되고, 동료가 되는 길

열흘 동안은 피스&그린보트만이 세상의 전부가 되었다

2015
피스&그린보트
기항지 소개

○ Russia

Peace & Green Boat Traveling in East Asia

블라디보스토크
Владивосток

블라디보스토크

훗카이도

나가사키

후쿠오카

©환경재단

'동방을 지배하라'는 뜻의 블라디보스토크는 원래 군사도시로 개발된 지역으로 시내 곳곳에 그 흔적이 남아 있습니다. 또한 항일운동의 근거지였던 까닭에 우리 선조들의 자취도 적지 않게 찾아볼 수 있습니다. 한국에서 이미 멸종한 백두산 호랑이와 멸종위기종 아무르 표범이 함께 서식하는 보호구역이 있어, 환경·면에서도 가치가 큰 소중한 지역이기도 합니다.

자연을 간직한 섬, 루스키와 천혜의 바다

세계에서 가장 긴 사장교로 기네스북에 등재된 다스키 대교를 건너 천혜의 자연을 간직한 루스키 섬으로 들어갑니다. 때 묻지 않은 자연과 유리알 같은 바다가 아름다운 이 섬에서는 일본인 참가자들과 함께 트레킹을 하고 게임도 하면서 우정을 다졌습니다.

한일러 모두 모여라! 러시아 보이스카우트와 교류캠프

한일러 3국의 아이들이 모여 함께 놀며 동아시아 공동체의식을 키울 수 있었던 프로그램입니다. 아이들 마음속의 공동체의식이 동북아의 갈등을 극복할 수 있는 작은 힘이 되기를 바랍니다.

한일러 대학생 화합의 장

대학도시로 유명한 블라디보스토크에는 아시아 각국에서 유학생이 모여듭니다. 특히 극동 연안지역이라는 지리적 특성 때문에 학교와 어학원 등에서 한국어와 일본어를 배우는 사람이 많다고 합니다. 우리가 방문한 시기는 여름방학이라 학생들이 고향으로 돌아가거나 여름휴가를 즐길 때였지만, 피스&그린보트 참가자들과 교류하고 싶은 젊은이들이 우리를 위해 모였습니다. 러시아 학생들과 교류하며 블라디보스토크의 매력을 느껴 보는 시간이었습니다.

러시아 전통인형 마트료시카 만들기

러시아를 대표하는 전통공예품, 마트료시카. '마트료시카'는 러시아의 여성 이름에서 유래했지만 최근에는 여성 외에 대통령 등 유명한 인물을 그린 제품도 많이 나오고 있습니다. 이 코스에서는 블라디보스토크 관광을 한 후, 마트료시카에 직접 그림을 그렸습니다. 세상에서 하나밖에 없는 마트료시카를 직접 만들 수 있는 뜻깊은 시간이었습니다.

ⓒ환경재단

ⓒ피스보트

건축가 승효상과 함께하는 블라디보스토크 시내 관광

블라디보스토크에서 모스크바까지 총 9,288킬로미터, 자그마치 7박 8일을 달리는 시베리아 횡단열차의 출발점인 블라디보스토크 기차역부터 제2차 세계대전에서 전사한 군인들을 기리는 영원의 불꽃, 한인들의 얼이 서려 있는 신한촌 유적지까지. 건축가 승효상 님과 함께 블라디보스토크의 핵심 건축물을 돌아볼 수 있었습니다.

멸종 위기 시베리아 호랑이를 찾아서

시베리아 호랑이는 전 세계적으로 300여 마리밖에 남지 않았으며 현재 대부분이 연해주 지방에서 서식한다고 합니다. 이 코스에서는 세계에서 유일하게 호랑이와 표범이 공존하는 레오파드 공원을 방문해, 시베리아 호랑이와 표범의 서식지를 직접 돌아보며 멸종위기 고양이과 동물에 대한 설명을 들었습니다. 안타깝게도 호랑이와 표범을 직접 볼 수는 없었지만, 멸종위기종에 대한 관심과 이해를 키울 수 있는 코스였습니다.

군사기지의 흔적을 찾아서

블라디보스토크는 처음부터 군사적 요충지로 개발된 도시라 군사 관련 관광지가 많이 남아 있습니다. 이 코스에서는 제2차 세계대전 희생자들을 추모하며 24시간 내내 꺼지지 않는 영원의 불꽃, 제2차 세계대전 당시 사용했던 잠수함을 개조한 박물관, 실제 요새를 수리해 만든 박물관 등을 둘러봤습니다. 독수리전망대에서는 블라디보스토크를 러시아에서 유일한 부동항으로 만들어 준 금각만과 시내를 한눈에 볼 수 있었습니다.

Japan

Peace & Green Boat Traveling in East Asia

블라디보스토크
·
·
·
·
홋카이도
北海道
·
·
·
·
나가사키
·
·
·
·
후쿠오카

©피쳐스트

©한경현

일본 가장 북쪽에 위치한 홋카이도는 아직 사람의 손이 닿지 않은 곳이 많아서 자연환경이 잘 보존된 지역으로 유명합니다. 대표적인 곳으로는 잘 정비된 도시와 자연이 조화를 이룬 삿포로, 한국에서 가장 유명한 일본 영화 〈러브레터〉의 무대인 오타루가 있습니다. 강원도처럼 눈과 낙농업으로 유명한 홋카이도에서 아름다운 경치와 맛있는 먹거리를 즐길 수 있었습니다!

ⓒ환경재단

ⓒ전진우

'샤코탄 블루'와 만나는 여행

홋카이도 샤코탄 반도는 '샤코탄 블루'라는 단어가 있을
정도로 아름다운 바다색 덕에 홋카이도에서 유일하게 국
립해안공원으로 지정된 곳입니다.

가무이 곶의 '가무이'는 홋카이도 사투리로 '신'이라는
뜻입니다. 샤코탄 반도 앞바다를 관장하는 여신 차렌카
는 질투가 심해 여자가 탄 배를 전복시켰다고 합니다. 이
런 전설 때문에 가무이 일대는 과거 100년 넘게 여자는
들어가지 못하는 '금녀의 지역'이었습니다.

투어 당일에는 흐리고 비가 와서 아름다운 샤코탄 반
도의 풍경을 즐길 수는 없었지만, 일대에 자욱하게 깔린
안개가 또 다른 운치를 자아냈습니다.

친환경은 불편하다? 편견을 버려요!

자연이 아름다운 홋카이도에서 자연과 함께 살아가는 사
람들의 생활을 체험했습니다. 지속가능한 삶을 꿈꾸며
'에코빌리지'를 만들어 가는 사람들과 만나, 자연과 공존
하는 생활을 함께 고민했습니다. 현지 주민들이 재배하
는 농장에서 수확 체험을 하며 따 먹은 블루베리가 정말
맛이 있었습니다.

원전마을 도마리에서 에너지 문제와 개발을 생각하다

동일본대지진 이후 원전은 그야말로 '뜨거운 감자'입니
다. 원전을 남의 일이 아니라 우리 생활에 밀접한 일로 여
기는 분들이 많아졌습니다. 이 코스에서는 홋카이도에서
유일한 원전에 방문해, 원전에 대한 기초지식부터 원전
이 우리 삶에 미치는 영향까지 함께 배웠습니다.

ⓒ한경진

ⓒ한경진

19금 투어! 삿포로 맥주를 찾아서

홋카이도 하면 삿포로! 삿포로 하면 삿포로 맥주!!! 삿포로 맥주를 좋아하는 성인을 위한 코스입니다. 삿포로 맥주의 제조과정과 역사 등을 알아보고 온천도 즐길 수 있었습니다. 투어 마지막에는 영화 〈러브레터〉의 촬영지인 오타루 시내도 돌아보는 알짜배기 코스였습니다.

홋카이도 명물과자, 시로이코이비토

홋카이도에 방문한 사람이라면 하나쯤은 꼭 선물로 사간다는 과자, 시로이코이비토! 이 코스에서는 시로이코이비토 파크에 방문해, 과자를 만드는 공장도 견학하고 과자나 장난감 등 여러 전시물도 관람했습니다. 유럽풍 디자인의 건물과 아기자기한 인테리어를 구경하며 새록새록 동심이 되살아났습니다.

홋카이도 온천 명소, 노보리베쓰

일본은 화산활동이 많아 전국 곳곳에 온천이 흩어져 있습니다. 이 코스에서는 홋카이도의 대표적인 온천 명소인 노보리베쓰를 방문해, 온천수원지에서 가장 가까운 다이치 다키모토칸에서 온천을 즐길 수 있었습니다. 또한 일본 에도시대를 재현한 일종의 민속촌인 시대촌을 방문하여 닌자와 게이샤 등 조금은 낯선 일본 전통문화를 직접 체험할 수 있었습니다.

Japan

Peace & Green Boat Traveling in East Asia

블라디보스토크

홋카이도

나가사키
長崎

후쿠오카

바다를 사이에 두고 중국대륙, 한반도와 마주하고 있어 오래 전부터 대륙으로 통하는 교통의 요충지였던 나가사키에는 글로버 엔이나 오우라 천주당, 데지마 등 시내 곳곳에 이국적인 역사유적과 건물이 많이 남아 있습니다. 한편, 제2차 세계대전 당시 원자폭탄으로 큰 상처를 겪었던 나가사키는 오늘날 세계평화를 기원하는 평화의 도시로 자리매김하였습니다.

ⓒ임경희

ⓒ오형균

녹차와 온천의 마을, 우레시노 올레

제주올레를 본떠 일본 규슈에도 올레길이 만들어졌습니다. 규슈올레 코스는 한일 교류의 대표적인 성공사례입니다. 사가 현에 위치한 평화로운 온천마을 우레시노는 '일본 3대 미용 온천' 중 하나로 꼽히는 곳이며, 녹차의 명산지로도 유명합니다. 무더운 날씨 탓에 모든 코스를 걷지는 못했지만, 일본 참가자와 함께 푸른 녹차밭과 쭉쭉 뻗은 메타세콰이어 숲을 감상할 수 있었던 코스입니다.

평화를 위한 길을 함께 걸어요

1945년 나가사키 원폭 투하 70주년을 맞이해 나가사키 시에서 진행하는 평화기념식에 참석한 뒤, 원폭 관련 시설을 돌아보는 코스였습니다. 근현대 동아시아에서 일본이 저지른 가해의 역사와 나가사키 원폭 투하로 수많은 사람들이 희생된 아픔을 함께 배울 수 있었습니다.

지속가능한 사회와 에너지

나가사키 시의 평화기념식에 참석한 뒤, 운젠 시 오바마 마을에 방문하는 코스였습니다. 사용하지 않는 온천수를 에너지로 활용하는 오바마 마을에서는 지속가능한 사회와 그 기반이 되는 자연환경에 대해 생각할 수 있었습니다. 지열을 이용해 에너지를 생산하는 곳이라 무더운 날씨의 영향을 가장 많이 받은 코스였지만, 참가자 모두가 '지열에너지'라는 생소한 발전방식을 알아볼 수 있는 좋은 시간이었습니다.

ⓒ환경재단

ⓒ환경재단

아픈 역사의 군함도 탐방

나가사키 원폭자료관과 평화공원은 두 번 다시 전쟁의
비극을 되풀이하지 않겠다는 맹세와 함께 세계의 평화를
염원하며, 원자폭탄 낙하 중심지 북쪽에 조성한 장소입니
다. 원폭자료관에서 생생한 역사의 현장을 돌아보며, 평
화에 대해서 깊이 생각해 보고 하시마를 탐방했습니다.

　하시마는 멀리서 보면 군함처럼 보인다고 하여 '군함
도'라는 특이한 이름이 붙었습니다. 둘레가 1,200미터 정
도 되는 작은 섬이지만 석탄 채굴 거점으로 번성해 전성
기에는 약 5,300명이 생활했다고 합니다. 그중에는 채굴
을 위해 한국과 중국에서 강제로 징용된 사람들도 많이
있어, 일본의 역사적인 과오를 대표하는 지역입니다.

'일본 천주교 발상지' 나가사키 시내 관광

나가사키의 핵심적인 볼거리 글로버 엔, 차이나타운, 나
가사키 원폭자료관을 모두 돌아볼 수 있는 코스였습니
다. 26성인 순교기념비는 일본에 천주교를 들여오다가
순교한 이들을 기리기 위해 세운 비석입니다. 글로버 엔
은 스코틀랜드인 글로버가 지은 집과 정원을 다른 서양
식 건축물과 함께 공원처럼 가꾼 곳으로, 아름다운 경치
와 이색적인 볼거리로 유명합니다.

일본에서 만나는 네덜란드

인간과 자연이 공존하는 공간을 목표로 1992년 문을 연
하우스 텐 보스는 '일본 속의 네덜란드'라 불릴 정도로 17
세기 네덜란드의 왕궁과 거리를 완벽하게 재현한 리조트
형 테마파크입니다.

Peace & Green Boat Traveling in East Asia

블라디보스토크
⋮
홋카이도
⋮
나가사키
⋮

후쿠오카
福岡

먹을거리, 볼거리 등 각종 매력이 넘치는 후쿠오카는 규슈에서 가장 큰 도시입니다. 또한 한반도와 가장 가까운 항구도시였기 때문에 불교가 전파되고 녹차가 전해지는 등 우리나라와 인연이 깊습니다. 오늘날까지도 양국의 교류가 활발해서, 최근에는 '제주올레'를 벤치마킹한 '규슈올레'가 만들어지기도 했습니다. 한편, 주민들이 반대운동을 벌이는 원전 지역 등 일반 관광만으로는 접하기 힘든 어두운 곳을 탐방하는 코스도 있었습니다.

ⓒ환경재단

ⓒ피스디포

산과 바다를 즐기는 여행

규슈 정부는 관광활성화의 일환으로 제주올레를 벤치마킹해 규슈올레를 만들었습니다. 규슈에서 큰 인기를 끌고 있는 '올레' 가라쓰 코스를 일본 참가자와 함께 직접 걸었습니다. 바닷바람을 맞으며 아름다운 자연에서 걷다 보니 일본 참가자와도 금세 친해졌습니다. 일본식 정원이 멋진 다원에서 일본 전통 다도도 체험할 수 있었습니다. 코스 마지막에는 아름다운 해변에서 해수욕을 하면서 소라구이도 먹고 흐른 땀을 씻어 낼 수도 있었습니다.

우리 함께 생각해요, 미래에너지

겐카이 원전과 고리 원전은 약 200킬로미터 떨어져 있습니다. 어느 원전이든 사고가 일어나면 피해는 바다를 건너 한일 양국에 미치게 됩니다. 겐카이 원전은 규슈 지역 전력의 약 30%를 충당하던 곳입니다. 지피지기면 백전백승! 원전 근처에 위치한 에너지파크에서 원전의 건설 구조를 배웠습니다.

후쿠시마 원전사고 이후 원전의 위험성은 너무나도 분명해졌지만, 겐카이 지역 사람들은 여전히 원전이 재가동되길 원합니다. 이들이 원전에 의지하게 된 원인은 무엇인지, 한국은 어떤지, 그리고 '미래'를 위한 지속가능하고 안전한 에너지는 없는지, 한일 시민들이 함께 생각해 보는 시간이었습니다.

ⓒ전진아

ⓒ황정화

규슈 지방 온천 명소, 유후인&벳부

약 1,200년 전에 모습을 드러낸 벳부 '지옥온천'은 지하 300미터에서 뜨거운 증기와 흙탕물이 분출되는 모습이 지옥을 연상시킵니다. 규슈 지방의 온천 명소인 유후인과 벳부에서 온천도 체험하고 규슈 각지에서 만들어진 다양한 일본 전통공예품도 감상할 수 있었습니다.

후쿠오카 문화재 탐방

다자이후 덴만구는 8~12세기에 규슈의 행정중심지였던 다자이후에 있는 신사로, 학문의 신을 모시고 있어 매년 수험철이 되면 전국에서 학부모와 가족들이 참배하러 오는 명소입니다. 이 코스에서는 다자이후 덴만구를 비롯해 후쿠오카 내의 문화재를 둘러보고 온천을 체험할 수 있었습니다.

인류와 지구를 위한 항해,
피스&그린보트

동아시아 평화와 환경을 위한 항해에 동승했다. 넓고 푸른 바다 물결은 한일 참가자들에게 지난 70년간 무엇을 했는지 그 거친 항로를 되묻고 있었다.

이영란
〈KTX Magazine〉 편집장

〈KTX Magazine〉 2015년 9월호 게재 기사

ⓒ환경재단

메르스(MERS)의 칼날은 매서웠다. 매월 예정된 '편집장 동행 여행'은 국내 여행 동호회와의 예약이 줄줄이 취소되는 바람에 두 달간 쉴 수밖에 없었다. 7월 중순, 9월호도 진행이 어려울지를 타진하던 즈음 환경재단으로부터 피스&그린보트 취재요청이 들어왔다. 크루즈 여행은 그간 〈KTX Magazine〉에서 별로 다루지 않은 분야인 데다 환경과 생태, 그리고 동아시아 평화를 위한 항해라는 면에서, 무엇보다 인류 건강을 위협하는 바이러스의 심각성을 절감한 터라 기꺼이 동행을 약속하고 9박 10일간의 여정에 동참했다.

출항 당일 KTX를 타고 부산역을 거쳐 부산 국제크루즈터미널에 도착하니, 크고 멋진 오션드림호가 참가자들을 기다리고 있었다. 설레는 마음을 안고 탑승한 선내에서 가장 먼저 실시한 프로그램은 안전교육이었다. 구명조끼 착용법은 물론 긴급상황 시 대응방법, 피난 시 이동경로, 기적 소리 및 비상벨 소리까지 재연해 안전의식을 고취했다. 실제로 크루즈 기간 동안 오션드림호가 선내 안전을 가장 우선시한다는 사실을 몇 번 경험할 수 있었는데, 깨질 염려가 있는 유리병은 이동식 테이블 위에 올려놓지 못하게 한다든가, 승무원들이 피난훈련을 별도로 실시하는 등 우리가 겪은 '세월호'의 아픔을 다시 한 번 생각하게 만드는 계기가 되었다.

일요일 저녁 부산항을 출발한 피스&그린보트는 첫 번째 기항지인 러시아 블라디보스토크를 향해 1박 2일간 순항을 계속했다. 휴대전화와 인터넷이 되지 않아 뭔가 허전한 듯한 낯설음은 이내 디지털 이전의 아날로그 감각을 회복시켜 주었고, 참가자들 대부분은 마치 고3 수험생처럼 매일 발행되는 뉴스레터의 스케줄 표에 동그라미를 표시해 가며 여러 강의실을 분주히 오갔다.

잠시 쉬는 틈에는 믿기 힘든 광경이 펼쳐지기도 했다. 수십 마리 돌고래 떼가 내가 탑승한 오션드림호와 경주하듯 곁을 빠르게 지나간 것이다. 푸른 바다를 오래 바라보노라면 무심히 지나가는 새 한 마리도 반가워지게 마련이다. 그런데 돌고래 떼라니, 크루즈 내내 이번 항해가 유례없이 순조로웠던 이유는 바로 돌고래들이 주고 간 행운의 인사 때문이 아닌가 싶다.

블라디보스토크 항구에 도착한 시간은 오전 7시경. 시베리아 횡단열차가 출발하는 도시이고 만 이틀 만에 보는 육지라 무척 반가웠다. 서둘러 트레킹 준비를 마치고 하선을 기다리는데 러시아 입국 절차가 더뎌 오전 11시가 넘어서야 러시아 땅을 밟아 볼 수 있었다.

총 8개 기항지 프로그램 중에서 우리 취재팀이 선택한 것은 새로운 관광지로 떠오르는 루스키 섬 트레킹. 러일전쟁 이후 구소련의 군사시설을 숨겨 둔 곳이어서 오랫동안 민간인 출입이 통제되었다가 개방된 지 얼마 되지 않은, 자연생태가 잘 보존된 섬이라고 했다. 비가 내리는 바람에 비포장 산책길이 진흙탕이 되어 발걸음을 무겁게 했지만, 화산재만 섞였더라면 제주 사려니 숲과 꼭 닮았을 법한 촉촉한 흙과 우리나라 섬에서 자주 보던 식물들이 지천이라 무료하지 않게 걸을 만했다. 루스키 섬의 진짜 매력은 해수욕이라는데, 아직 인간의 숨소리가 익숙하지 않은 바닷가 파도는 낯선 외국인들의 발걸음에 화들짝 놀라 달아났다. 거기에 신비한 운무가 그 수줍음을 덮어 버리고 나니 걷는 내내 정글을 탐험하는 듯한 기분이 들었다. 여든넷의 일본인 남성 참가자는 젊은이 못지않은 걸음과 활력으로 노익장을 과시했는데 언어의 장벽에도 불구하고 함께 힘든 길을 걷고 나니 어느새 길벗이 되고 이웃집 할아버

ⓒ이영란　　　　　　　　　　　　ⓒ환경재단

지가 되어 친근하게 서로를 챙겨 주었다.

　놀랍게도 트레킹 끝 지점에서 만난 섬은 한반도 북한 지형과 닮아 러시아 인들이 '북조선 섬'이라 부른단다. 그 섬이 보이는 해안에 앉아 문득 150여 년 전 이곳에 뿌리를 내리고 살던 고려인들이 고향 바다와 가까운 이곳에서 망향의 한을 달랜 것은 아닌지 얕은 설움이 밀려왔다. 현지 가이드의 설명과 달리 군사요충지로서의 흔적은 좀처럼 찾아볼 수 없었는데, 이미 자연의 흙과 풀이 인간의 탐욕을 덮어 준 덕분일 것이다. 섬이 아팠던 상처만큼 오랫동안 이곳에 평화가 유지되기 바라며 루스키 섬을 떠났다.

　이틀 뒤 육지 소식이 궁금해질 무렵 두 번째 기항지인 홋카이도 오타루에 도착했다. 몇 번의 강의를 통해 미래 한일관계에 대해 새로운 관심을 갖게 된 나로서는 일본 기항이 남다르게 다가왔다. 우리 팀이 선택한 기항지 프로그램은 일본에서 손꼽히는 국립해안공원, '샤코탄 블루'를 걷는 코스.

지난 100여 년간 여성들이 출입할 수 없었던 가무이 곶에 가기 위해 해안 산책길을 1시간가량 걸었다. 이날 역시 기상이 좋지 않아 투명한 바다의 진면목은 보지 못했으나 특산물인 부드러운 아이스크림은 그 아쉬움을 달래기에 충분할 만큼 맛있었다.

어느덧 크루즈 코스가 중반을 넘어섰지만 선상 강의 열기는 식을 줄 몰랐다. 전국 시도에서 환경과 기후변화 업무를 관장하는 공직자, 기업 임직원들과 함께 듣는 〈선상리더십 과정〉도, 대기업의 후원으로 참가한 131명의 어린이를 위해 마련된 〈어린이선상학교〉도 놓치기 아까워 열심히 쫓아다니다 보니 오후 6시 이후 강의를 들을 때는 잠이 쏟아졌다. 혹시 무료할까 봐 가져온 USB에는 영화 50편이, 침대 머리맡에는 단편소설집 두 권이 있었지만 다시 입국할 때까지 깊은 잠을 재웠을 뿐이다. 저녁마다 선상에 마련된 간이 술집에서 마시는 '달밤의 생맥주 한잔'의 유혹을 거절하지 못한 나의 과오도 있겠지만 최근 몇 년간 오랜 강의를 연이어 들을 교육기회가 적어 지력소모가 꽤 컸던 것이다. 그래서 나가사키에 도착하기 하루 전날은 오전 프로그램을 모두 포기하고 11층에 마련된 야외 스파장과 선베드를 오가며 홀로 무념무상을 즐기는 시간을 가졌다. 예상외로 달콤하고 소중한 나와의 대화 시간이었다.

크루즈가 끝나 갈 무렵인 여행 7일째. 이번 코스의 최대 관심사였던 나가사키에 8월 9일 오전 7시에 입항했다. 마침 70년 전 원자폭탄이 투하된 날이어서 일본 아베 총리가 10시 추모식에 참석한다는 소식이 들렸지만, 나는 '하시마' 외에는 아무런 흥미가 없었다. 하시마(군함도)는 일본인들이 바다 밑 석탄

ⓒ김종관　　　　　　　　ⓒ전진우　　　　　　　　　　　　ⓒ이석우

을 캐기 위해 만든 인공 섬이다. 당시 섬은 거주지와 작업장으로 구분되었고, 한때 5,300여 명이 거주하여 이들을 위한 아파트와 학교가 건설될 만큼 큰 호황을 누렸다. 그러나 이들 중에는 매일 죽음을 각오해야 할 정도로 힘든 석탄 채굴을 위해 한국과 중국에서 강제 동원된 사람들도 있었다. '조선인 강제노동'에 희생된 우리나라 노동자 122명의 넋이 떠도는 가슴 아픈 섬이었다. 올해 7월 유네스코 세계문화유산에 등재된 섬이라며 자랑스러워하는 일본 참가자들과 달리, 섬이 가까워질수록 한국 참가자들의 표정은 어두워질 수밖에 없었다. 더욱이 태풍 예보로 파고가 높아 섬에 들어갈 수 없다는 사실이 확실시된 이후로는 모두 침묵하며 멀리서 하시마를 바라보았다. 약식으로나마 혼자 그분들을 위한 위령제를 지내려던 내 계획도 무산될 뻔했는데, 마침 환경재단 최열 대표가 하시마에 가장 가까운 바다 위로 하얀 조화를 던져 주어 조금 위로가 되었다.

강제징용된 우리나라 사람들이 통한의 눈물을 흘리며 지켜보았을 그 바다.

파도가 몰아치는 선착장에서 고향을 생각하며 눈물 흘렸을 우리 동포들. 향과 소주, 꽃이 던져진 바닷물은 우리 노동자들의 눈물이고, 높은 파도는 그분들의 생애 마지막 무덤처럼 보였다.

20여 분 후 하시마가 시야에서 점점 멀어질수록 마음은 슬픈 역사에 점점 가까워졌다. 할 수만 있다면 내가 탄 배에 그 슬픈 영혼들을 태우고 고국 땅으로 정중히 모셔 가고 싶은 마음뿐이었다.

부산 귀항 전날에는 후쿠오카에 하선해 규슈올레 가라쓰 코스를 걸었다. 제주올레를 벤치마킹한 트레킹 코스임을 입증하듯 제주도 바닷가 코스를 걷는다는 착각이 들 정도로 주변에 펼쳐진 전경이 제주도와 비슷했다. 이번 코스에서는 일본의 고령 남성 참가자 한 분과 20대 젊은 여성 참가자 한 분이 함께 걸었는데, 9일간을 함께해서인지 자주 듣는 일본어 단어가 귀에 쏙쏙 들어왔다. 역시 언어는 생활 속에서 익혀야 한다는 진리가 다시 증명된 것이다.

트레킹 코스는 모모야마덴카이치 휴게소에서 시작되었다. 여기서부터 약 40분간 편안한 숲길과 조용한 시골마을을 지나니 말차와 일본 전통과자를 맛볼 수 있는 '차엔 가이게쓰'가 시야에 들어왔다. 16세기 일본 무사들이 즐긴 다도를 엿볼 수 있는 다실과 일본식 정원 관람도 말차의 맛처럼 담백하고 정갈했다. 다음은 하토 곶 '소년 자연의 집'에서 휴식 및 점심식사 시간을 가졌다. 누구를 보든 인사를 아끼지 않고 작은 티끌 하나 떨어뜨리지 않는 일본 청소년들의 모습이 어여뻐 한참을 물끄러미 지켜보았다. 가라쓰 코스에서 가장 수려한 경관을 자랑하는 하토 곶은 화산폭발로 생긴 주상절리와 푸른 바다를 동시에 볼 수 있고 해송이 만든 숲길도 걸을 수 있어 남녀노소에게 사랑

©김종관

©환경재단

©김종관

©김종관

받는 코스다. 산책길 중간에는 바다가 내려다보이는 오토캠핑장이 마련되어 있다.

해안 산책 마지막 지점, 하토 곶 해수욕장 주변에는 빼놓지 말고 들러야 하는 곳이 두 군데 있다. 하나는 목욕을 즐길 수 있는 하토 곶 국민숙사다. 숙박도 가능한 이곳에는 아담한 욕장이 마련되어 있는데 한쪽 벽이 해안을 볼 수 있는 투명 유리창이어서 마치 노천 온천을 하는 듯한 기분이 든다. 다른 하나는 작은 가게가 옹기종기 모인 소라구이 포장마차이다. 소라와 오징어, 전복을 즉석에서 구워 주는데 쫄깃하게 씹히는 맛이 좋았다. 이 고장 할머니들이 직접 운영하기 때문에 인상을 찌푸리게 만드는 상술이나 호객행위, 바가지 요금 등은 찾아보기 어렵다. 이날 우리 일행은 아쉽게도 11.2킬로미터 가라쓰 코스를 완주하지 못했다. 36도를 넘나드는 무더위가 그간 쌓인 피로를 부추겨 자칫 건강을 해칠지 모른다는 걱정에서였다.

ⓒ김종관

ⓒ환경재단

러시아에서 일본으로 향하는 바다 중간쯤이었던 것으로 기억한다. 찬 바닷바람 불어오는 오션드림호 위로 뜬 붉은 달과 바다를 한없이 올려다보던 나에게 필요한 건 따뜻하고 향내 짙은 커피나 그동안 미처 만나지 못한 사람들에 대한 그리움이 아니었다. 요 근래 내 얼굴 위에 가득한 달빛을 받으며 이렇게 조용한 순간을 오롯이 가져 본 적이 있었던가. 누구의 시선도 의식하지 않고 차분하게 달과 일치되는 느낌을 받아 본 적이 있었던가 하는 탄식이었다.

여기에 덧붙여 이번 크루즈가 내게 준 가장 큰 선물은 그동안 인지하지 못한 내 안의 푸른 청춘과 회색빛 시듦을 동시에 만나게 해 화해시켜 준 일이었다. 끝으로 환경과 생태 관련 강의를 여러 번 들은 소감은 인류의 미래 환경과 기후, 평화를 위해 우리가 소소히 할 일은 지금의 자연을 조용히 바라보고 쓸 수 있는 만큼만 욕심 없이 빌려 쓰다가 다음 세대에게 고스란히 전해 주는 것이 아닐까 하는 생각이었다. 사람의 손길이 닿지 않을수록, 그 어떤 논리로도 정당화될 수 없는 핵과 원전이 지구에서 사라질수록 자연은 스스로 정화하며 태고의 아름다움을 찾아갈 것이기에.

ⓒ한정훈

한반도에서 사라진 한국 표범의 마지막 서식지

신동호
(전) 〈경향신문〉 논설위원

데자뷰와 자메뷰. 처음인데 낯익고, 다시 왔는데 낯설다. 러시아 프리모르스키 지방, 우리가 연해주라고 부르는 땅이 그렇다. 이국정취에 흠뻑 젖었다가도 마치 오래 떠났던 고향에 온 느낌이 드는 신비한 곳이다.

연해주는 우리의 과거다. 멀게는 고조선, 옥저, 고구려, 발해의 영역이었고, 가깝게는 150년 전 고려인이 이주해 자리 잡은 터전이었다. 2007년 7월 그 흔적을 찾으러 연해주에 온 적이 있다. 목적지는 우수리스크 시에서 서쪽으로 두 시간 정도 차로 달리면 닿는 중국과의 접경지역, 체르냐치노와 시넬리코보 마을이었다.

선조의 흔적이 켜켜이 쌓인 땅

당시 체르냐치노 유적지에서는 고려인 집터와 그 아래 발해시대의 무덤, 또 그 아래 옥저시기의 쪽구들이 모습을 드러냈다. 20여 명이 발굴현장을 지켜보면서 "우리 중의 누군가가 이 무덤이나 집터 주인의 후손일 수도 있지 않겠느냐"며 묘한 감상에 젖었던 기억이 지금도 생생하다. 시넬리코보 마을 앞을 흐르는 솔빈 강가의 암벽 위에 있는 발해

성터에도 올랐다. 이 시넬리코보-1 발해 보루는 이번 피스&그린보트 항해 중에 발굴을 한다는 소식을 들었다. 그래서 더욱 감회가 새로울 수밖에 없었다(항해를 마친 뒤인 9월 9일 국립문화재연구소는 1차 발굴에서 말갈 건물지와 웅덩이, 우물 위로 발해 토기와 입방체 유물, 당나라 동전인 개원통보 등이 수습됐다고 발표했다).

이번 연해주는 방문은 그때와 정반대였다. 과거가 아니라 미래로의 시간여행이었다. 시베리아 호랑이와 아무르 표범의 서식지를 찾는 기항지 프로그램에 참가하기로 했기 때문이다. 북한·중국과 접경지인 연해주 최남단 하산스키 군과 나데즈딘스키 군에 걸쳐 있는 '표범의 땅 국립공원'은 러시아 정부가 2012년 4월 5일 아무르 표범의 개체군을 보호·보전하기 위해 지정한 국립공원이다. 기존의 케드로바야 파드 자연보호구와 바르소비 연방야생동물보호구, 보리소브코 고원지역 야생동물보호구 등 3개 자연보호구를 통합하고 중국과의 접경지대에 있는 표범 주요 서식지를 더해 경기도 면적의 약 4분의 1에 달하는 2,620제곱킬로미터를 단 한 종의 야생동물을 위한 땅으로 내준 것이다.

이곳이 우리의 미래인 까닭은 한반도의 잃어버린 자연의 마지막 보전지이기 때문이다. 아무르 표범은 우수리 표범, 동북아 표범, 극동 표범, 만주 표범 등 다양한 이름을 갖고 있지만 100년 전까지만 하더라도 한국 표범, 조선 표범, 고려 표범 등으로 더 많이 불렀다고 한다. 아무르 표범은 연해주 남부, 중국 만주, 한반도에 걸쳐 널리 분포했는데, 그중에서도 산악지형이 이어진 한반도에 가장 많았다. 일본인 엔도 기미오遠藤公男가 조선총독부 자료를 조사해 밝힌 바에 따르면, 1915년부터 1942년까지 일제의 해수구제害獸驅除 정책에 의해 한반도에서 사살된 표범의 수만도 624마리에 이를 정도였다. 러시아 동물학자들은 아직도 아무르 표범을 한국 표범이라고 부르면서 한반도를 그 원류지로 추정한다고 한다.

하지만 한반도 야생 표범은 1962년 경남 합천 오도산에서 포획된 개체가 공식적으로 마지막이다. 지금은 한반도와 중국 동북부에 살던 표범은 거의 자취를 감췄고, 러시아 연해주 남서부와 북한·중국 접경지대에서 겨우 명맥을 유지하고 있다. 2007년 세계자연기금(WWF) 등의 조사에서는 19~26마리만 확인되어 30마리 정도가 생존하는 것으로 추정됐다. 그래서 아무르 표범은 대형 고양잇과 동물 가운데 가장 심각한 멸종위기에 처한 종으로 여겨지고 있다. 국제자연보전연맹(IUCN)은 1996년 아무르 표범을 야생에서 절멸할 가능성이 대단히 높은 위급종(CR)으로 분류했다. 아무르 표범의 생존 전망은 연해주 시호테 알린 산맥 일대에 200~300마리가 서식하고 있는 시베리아 호랑이보다도 훨씬 나쁠 정도다.

한국 표범이 왜 연해주에?

우리가 간 곳은 표범의 땅 국립공원 가운데서도 방문자 센터가 있는 바라바시 생태공원이었다. 블라디보스토크 항에서 23명이 버스로 2시간을 달려 방문자 센터에 도착했다. 우리는 중간에 고려인 강제이주 열차가 출발했던 라즈돌나야 역을 통과하고 솔빈 강率賓江, 중국에서는 수이푼 강綏芬河으로 부르는 라즈돌나야 강을 건넜다. 방문자 센터에서 도시락으로 점심을 먹고 간

ⓒ신동호   ⓒ신동호   ⓒ박재갑

단하게 설명을 들은 뒤 트레킹에 나섰다. 공원지역임을 알리는 대형 안내판
에는 표범 그림과 개체수를 알리는 50이라는 숫자가 크게 쓰여 있었다. 안내
인은 2년 전 50마리였는데 지금은 59마리로 늘어났다고 했다. 개체수가 조금
씩 회복되고 있다는 청신호였다.

　오랜 사냥금지구역으로 유명한 케드로바야 파드 자연보호구 간판도 눈
에 띄었다. 케드로바야 파드는 잣나무의 골짜기라는 뜻이다. 잣나무 역시 한
반도를 주서식지로 하는 특산종이다. 학명이 ‘*Pinus koraiensis*’이고 영어명이
‘Korean pine’이다. 남획과 개발로 한국 표범 서식지가 연해주로 올라갔듯이
기후변화로 한반도 온난화가 계속되면 잣나무의 식생대도 북상할 것이다. 결
국 연해주는 한반도 자연의 미래가 마지막으로 보존될 곳이 아닌가 하는 생
각이 들었다. 그러니 가는 곳마다 데자뷰를 느끼는 것도 억지라고 할 수 없다.

　1.6킬로미터를 걸어서 마침내 표범이 출현하는 장소에 이르렀다. 사슴·노

루·멧돼지 등 표범의 먹이동물에게 먹이를 주는 곳이었다. 먹이를 먹으러 오는 동물을 관찰할 수 있는 움막이 설치되어 있었다. 이런 곳이 공원 안에 60개소가 있다고 한다. 먹이는 콩과 건초, 여러 가지 곡물이다. 먹이동물이 부족한 염분을 보충할 수 있게 나무 그루터기 위에 소금도 쌓아 놓고 있었다. 여름에는 가래나무 열매 등이 많기 때문에 먹이를 주지 않는다고 한다. 간혹 먹이를 먹으러 오는 먹이동물을 사냥하기 위해 표범이 이곳에 내려오는 것이 목격되기도 한다. 공원 측에서 표범 먹이를 직접 주는 법은 없다. 표범의 본능을 잃어버리지 않게 하기 위해서다.

골짜기를 벗어나 산 중턱의 표범 동굴로 올라갔다. 표범이 잠깐씩 쉬어가는 곳으로 진짜 표범이 나타나는 곳이다. 안내인이 동굴에 돌을 던져 표범이 없는 것을 확인한 뒤 우리를 가까이 오도록 했다. 이 일대에 표범 동굴이 세 곳 있다고 한다. 동굴 입구에 다녀간 지 일주일도 안 된 표범의 발자국이 발견됐고 안에는 짐승의 뼈 등 표범이 머물다 간 흔적이 남아 있었다. 동굴 안은 겨울에도 영상 2도 정도로 따뜻하다고 한다.

단 한 종의 동물을 위한 국립공원

동굴 앞 양쪽 나무에는 카메라가 설치되어 있었다. 표범이 나타나면 열과 움직임을 감지해 180도 회전하면서 촬영한다. 카메라를 양쪽에 설치한 것은 표범의 몸 좌우 무늬가 달라서다. 표범은 사람의 지문처럼 각자 고유한 무늬를 갖고 있다. 표범의 땅 국립공원에는 이런 카메라가 300대 설치되어 있는데, 2명이 카메라 배터리를 교체하는 데만 꼬박 6개월이 걸린다고 한다. 안내인은

©pixabay.com

©pixabay.com

©신동호

이 동굴에 표범 2마리가 한 달에 한 번씩 번갈아 나타난다고 알려 주었다.

호랑이는 매우 넓은 영역을 필요로 하는 동물이다. 대략 시베리아 호랑이 수컷은 1천 제곱킬로미터, 암컷은 400제곱킬로미터를 필요로 한다. 인간과의 충돌이 불가피하다. 반면 표범의 행동반경은 호랑이의 5분의 1 수준(수컷은 155~300제곱킬로미터, 암컷은 33~136제곱킬로미터)으로 상대적으로 좁다. 그런데 왜 동북아시아에서 호랑이보다 표범이 더 심각한 멸종위기에 처했는지가 의문이었다. 이번 표범의 땅 국립공원 트레킹을 통해 궁금증이 풀렸다. 호랑이에 비해 몸집이 작은 표범은 겨울에 눈이 많이 내리는 시호테 알린 지역에서 살아가기 어렵다. 그래서 생존할 수 있는 최북단 한계지점인 지금의 서식지로까지 내몰린 것이다.

고려인이 다시 연해주에 돌아오듯이 아무르 표범, 아니 한국 표범도 다시 한반도로 돌아올 수 있을까. 야생에 표범이 살 수 있는 환경은 우리가 꿈꾸고 가꾸어야 할 가장 바람직한 자연이다. 연해주 표범의 땅 국립공원은 그런 꿈을 꿀 수 있게 희망의 싹을 틔우는 곳이다. 단 한 종의 동물을 위해 경기도 4분의 1에 해당하는 땅을 국립공원으로 지정한 러시아의 정책이 고맙고 부럽다는 생각이 들었다.

ⓒ신동호

2015년 여름 동북아 지중해에서 노닐다

김민주
리드앤리더 대표

2014년 11월에는 피스&그린보트를 타고 동중국해를 돌아다녔는데 이번 8월에는 동해, 즉 동북아의 지중해를 돌아다녔다. 항해 내내 쟁반에 담겨 있는 물처럼 바다가 잔잔해 배 타기에 그지없이 좋았다. 이 기간 서울에는 폭염주의보가 내려졌지만 우리는 바닷가만 돌아다녀서인지 동해의 정박지 항구들이 그리 덥지는 않았다.

첫 번째 기항지였던 블라디보스토크에서 내가 선택한 프로그램은 마트료시카 인형 만들기 체험이었다. 준비된 물감들로 직접 나무인형에 색을 칠하는 것이었는데, 기대한 것보다 훨씬 집중하여 참여할 수 있었다. 처음에는 참가한 30여 명의 사람들이 마치 경쟁하듯 색을 칠했는데, 15분 정도가 지나니 점차 두 갈래로 나뉘었다. 한 갈래 사람들은 마음대로 잘 안 되었는지 채색을 포기했고, 나머지 한 갈래 사람들은 더욱 열심히 마무리 채색을 했다. 나는 끝까지 작업을 했는데 생각보다 작품이 잘 나왔다. 나의 마트료시카 인형은 이제 우리 집 장식장 선반에 떡 하니 자리 잡고 있다. 직접 만든 것이니 만큼 기억에 오래 남을 것 같다.

두 번째 기항지였던 홋카이도의 오타루는 고풍

©김종관

©환경재단

©김종관

스러운 도시였다. 1890년대부터 석탄광산과 청어잡이로 크게 번성한 곳이다. 상업이 크게 발달하여 부자가 많았다고 한다. 이 도시의 대표적인 상점가인 사카이마치도리에는 과거 전성기의 건물이 그대로 유지되어 있다. 이 거리에는 유리공예관이나 제과점, 카페가 즐비하여 쇼핑을 하기에 좋았고, 맛있는 일본 전통과자, 센베, 케이크, 초콜릿을 먹으며 이야기를 나누기에도 참 좋았다. 태엽을 감으면 음악이 나오는 오르골도 눈에 띄었다. 캐나다 밴쿠버에 있는 올드타운에 가면 15분마다 스팀을 내뿜으며 소리를 내는 유명한 시계가 있는데, 오타루 거리의 중심지에도 이를 본 딴 시계가 관광명소로 인기를 끌고 있었다. 오타루는 원주민이었던 아이누족의 언어로 '모래밭 안에 있는 강'이란 의미이며, '언덕 위의 마을'이라는 별칭도 가지고 있다.

홋카이도는 인구 550만 명이 살고 있지만 공장이 거의 없어 살기에 쾌적한 곳이다. 물론 겨울에는 눈이 많이 오지만 오타루처럼 해안지역은 생각보다는 많이 춥지 않다. 오타루 인근의 삿포로는 지난 20년 동안 일본인이 살고 싶은 도시로 자주 선정되곤 했다. 홋카이도와 혼슈 사이에 해저로 이어진 세이칸 터널이 뚫려 예전에 비해 교통이 좋아졌지만 신칸센은 아직 들어서지 않고 있다. 눈 때문에 그런지 1층을 주차장으로 쓰는 집들이 눈에 많이 띄었다. 겨울에 눈이 많이 오면 차가 다니는 도로에 그려진 교통 표지가 보이지 않을 것을 염려해서인지 정지선, 중앙선 같은 표지판이 보도에 수직으로 세워져 있었다.

세 번째 기항지였던 나가사키에서는 원래 군함도를 보는 프로그램에 참가하기로 했는데, 출발 전에 모이는 시간을 잘못 알고 그만 일행을 놓치고 말았다. 선내에서 일행을 기다리다 이상한 기분에 리셉션에 문의했더니 이미 일행이 떠난 후였다. 마침 히말라야 산 16좌를 모두 등정한 엄홍길 대장도 늦게 나와 둘이서 나가사키의 여기저기를 자유롭게 돌아다녔다. 우리는 이렇게 만난 것은 운명적인 만남이라고 농담 삼아 말했다.

우선, 나가사키 짬뽕 원조집에서 짬뽕을 먹기로 했다. 그런데 식당이 개점하기까지 1시간 정도가 남아 근처에 있는 공자 사당에 들렀다. 중국이 자국의 문화를 전 세계에 알리고자 세계 여러 지역에 세웠다는 공자 사당은 현재 일본에도 14곳에 위치해 있다. 공자 사당에서 시간을 많이 보낸 탓에 우리가 가기로 했던 식당에 오니 너무 많은 사람들이 대기하고 있었다. 무려 1시간을 기다리고서야 우리 차례가 되었다.

식사 후 나가사키 현 미술관으로 향했는데, 승려이자 소설가, 평화활동가, 작가로 다양하게 활동하는 것으로 유명한 93세 일본인 여성의 작품이 전시되어 있어 열심히 감상했다. 햇볕이 쨍쨍 쬐는 더운 날씨에도 불구하고 택시를 타고 데지마까지 갔다. 이 지역은 400여 년 전, 네덜란드인들이 일본과 교역을 하던 곳으로, 일부러 해자를 파서 그 지역을 섬으로 만들었다고 한다. 외국인의 경우 특별히 허가를 받아야 일본 영토로 들어올 수 있도록 관리하기 위한 조치였다고 한다. 1945년 나가사키가 원폭 피해를 입었을 때 이곳 또한 모두 부서졌는데, 최근 다시 복원되어 많은 관광객이 방문하고 있다. 근처를 둘러본 후 선물 가게에 들러 400년 전 모습을 담은 도자기를 몇 개 구입했다.

마지막 기항지는 후쿠오카였다. 후쿠오카 서쪽에는 사가 현이 있는데 우리는 마을길 따라, 산길 따라, 바닷길 따라 사가 현의 규슈올레를 걸었다. 그곳에는 우리나라 충남의 당진唐津과 똑같은 이름의 '가라쓰'라는 마을이 있었다. 바로 이곳에서 임진왜란 당시 왜군들이 출항했다. 바로 근처의 섬에서는 백제 무령왕이 태어나기도 했다. 역사적으로 사가 현은 백제와 밀접한 관련을 맺고 있다.

배에서 며칠을 함께 보내는 탑승객들은 크게 두 가지 유형으로 나뉜다. 하나는 친한 사람들과만 어울리는 유형이고, 다른 하나는 새로운 사람들과 어울리는 유형이다. 친한 사람들과만 어울리면 더욱 돈독해질 수는 있지만 새로운 사람들을 알게 되는 기회는 갖지 못한다. 반면 지속적으로 새로운 사람들을 사귀면 조금은 어색하고 피곤할 수 있지만 많은 것을 경험하고 나눌 수 있다. 나는 후자를 높게 평가하지만 선택은 개인이 할 일이다. 나는 아주 많다고는 할 수 없지만, 피스&그린보트를 통해 새로운 사람들과 이야기를 나누며 서로에 대해 알 수 있어서 행복했다.

드넓은 바다에 비하면 작은 배였지만,
그 안에서는 바다를 집어삼킬 수 있는
무한한 가능성이 피어났다.

모두가 '조선통신사'였다

바다 위에서 본 영화
〈에도시대의 조선통신사〉

신이화
〈에도시대의 조선통신사〉
한국어판 프로듀서

부산항을 출발한지 벌써 4일째인 8월 5일. 드디어 영화 〈에도시대의 조선통신사〉를 상영하는 날이 밝았다. 이른 아침 갑판 끝에서 명상을 했다. 눈을 감자 전날 방문했던 러시아 블라디보스토크의 풍광이 떠올랐다. 다시 흥분이 밀려왔다. 눈을 떠보니 일본 미야자키에서 오신 할머니가 명상을 하는 나의 캐리커처를 그리고 있었다. 할머니와 눈이 마주쳤고 서로 살짝 웃었다. 할머니가 "어제 블라디보스토크에서 봤죠?"라며 말을 걸었다.

"저도 한 장 그려 주세요." 서울에서 온 남자가 김이 모락모락 나는 커피를 손에 든 채 포즈를 취했다. "뭐야? 뭐야?" 지나가던 한국 초등학생들이 할머니가 그린 그림을 들여다보았다. 그림 주위로 순식간에 사람들이 모여들었다. 그날 아침의 그 장면이 에도시대, 그리고 조선통신사와 연결될 수 있다는 것을 그때는 알아차리지 못했다.

신의로 교류한 '조선통신사'

조선통신사는 1607년부터 약 200년에 걸쳐 조선에서 일본으로 파견된 정치·경제·문화 사절단이다. '통신'通信은 두 나라가 서로 신의信義를 통해 교류

한다는 의미다. 도요토미 히데요시(1536~1598)가 임진왜란을 일으킨 이후 국교를 단절했던 조선과 일본은 전후처리와 국교회복을 목표로 서로 노력했고, 그 성과로 조선통신사의 일본 방문이 성사됐다. 이 과정에서 에도시대 300번藩 중 하나였던 쓰시마 번은 국서를 위조해 '일본이 사죄한다'는 내용을 조선에 보냈고, 조선은 문서가 가짜가 아닐까 의심하면서도 사절을 보냈다. 일본은 나중에 국서 위조 사실을 밝혀냈지만 묵인했다. 두 나라의 큰 이익을 위해 '작은 일'을 눈감아 준 현명한 판단이었다. 쓰시마 번이 중개하는 조선과의 교류는 그대로 이어졌다. 조선통신사도 발길을 이을 수 있었다. 전쟁에서 일본에 억류된 조선인들의 인도를 요구하려던 당초의 목적은 방문을 거듭함에 따라 문화교류로 그 성격이 바뀌었다. 시간이 흐르며 전쟁의 상처는 조금씩 아물었고 정치인과 외교관뿐만 아니라 학자, 의사, 화가와 음악인도 사절단에 포함됐다. 12차례 파견된 조선통신사는 평균 4~500명에 이르는 대규모 사절단이었다. 조선통신사와 일본인을 태운 배는 시모노세키에서 교토까지 이동했다. 한국인과 일본인을 태운 2015년 '피스&그린보트'처럼.

영화 〈에도시대의 조선통신사〉

돌아가신 아버지 신기수 선생은 1970년대 초반 고서古書 시장에서 두루마리 그림 하나를 발견했다. 그것이 아버지의 인생을 송두리째 바꿨다. 그림 속 일본인이 호기심과 동경의 눈빛으로 조선통신사를 바라보는 모습을 보며 아버지는 이를 영화로 만들어야겠다고 생각했다. '임진왜란으로 불구대천不俱戴天의 원수가 된 두 나라가 어떻게 전후 10년도 지나지 않아 통신사가 왕래하게 됐을까?', '당시 일본 민중은 조선통신사를 어떻게 맞이했을까?' 등의 궁금증이 일어나면서, 왜곡된 역사교육을 받았던 아버지는 눈앞이 환해지는 느낌이었다고 하셨다. 몇 년 뒤 전체길이가 120미터에 달하는 선명한 색깔의 또 다른 두루마리 그림이 발견됐다. 조선과 일본을 합쳐 4,600명이라는 대규모 인원이 참가한 1711년 제8차 조선통신사 일행을 묘사한, 그림이라기보다는 '생생한 기록영화'였다. 아버지는 이 두루마리 그림을 날실로 삼아 일본 각지에서 발견된 다른 그림과 사료를 씨실로 엮으면 최고의 영화를 만들 수 있으리라 확신했다.

조선통신사는 두 나라의 문화교류에 소용돌이를 일으켰다. 통신사 일행은 마치 요즘의 한류스타와 같은 대접을 받았다. 조선통신사가 일본 민중에까지 끼친 영향은 막부의 예상을 뛰어넘어 후대에 계승돼 지금도 일본의 전통축제 등에 남아 있다. 촬영진은 쓰시마, 오사카, 에도東京 등 조선통신사가 지나간 지역을 찾아다니며 한일 문화교류의 기록과 유적을 고스란히 카메라에 담았다.

촬영은 쉽지 않았다. 1970년대만 해도 조선통신사를 알고 있는 사람은 많지 않았다. 통신사를 중국의 사절단으로 여기는 사람들도 있었다. 게다가 부정적인 이미지가 강했던 '조선'의 통신사였기에 촬영과정은 더욱 험난할 수밖에 없었다. 어렵게 소장자의 허락을 얻고 이를 하나하나 연결하는 일은 메이지 유신 이후의 상처를 치유하는 작업이었다. 일본 왕실의 위패가 있는 교토 센뉴지泉桶寺에 소장된 〈조선통신사 환대도〉 병풍은 7차례나 찾아가 설득한 끝에 간신히 촬영을 허락받았다. 당대 일본화의 대가인 가노 마스노부가 1682년에 그린 화려한 이 8폭짜리 병풍은 묵직한 감동을 주며 영화의 마지막

ⓒ환경재단

을 장식한다.

　에도시대 260여 년 동안 12차례나 일본을 찾은 조선통신사의 발자취는 메이지 유신 이후 일본 정부의 정책으로 한동안 역사에서 사라졌지만, 이 영화로 다시 세상에 알려지게 됐다. 영화는 〈아사히신문〉의 사설로 소개됐고, 사설이 영화의 광고지 역할을 하면서 일본 전역에서 자발적인 상영의 물결이 이어졌다. 한국에서도 1979년 〈동양방송〉(TBC)을 통해 전국에 방송됐다. 1980년에는 마이니치 영화콩쿠르에서 2위를 차지했고, 문부성 영화로도 선정되며 큰 화제가 됐다. 아버지는 당시 상황을 "마치 마른 벌판에 불길이 번지는 기세였다"라고 묘사했다. 영화 상영 후 일본 각지에서 자료 발굴 제보가 잇달았고 아버지는 어디든 마다않고 달려갔다. 인생을 바쳐 수집한 '역사의 증거'는 현재 100점이 넘는 세계 최대의 조선통신사 자료 '신기수 컬렉션'으로 오사카박물관에 남아 있다.

　이전까지 극히 소수의 학자만 관심을 가졌던 조선통신사는 이 영화로 인해 일반인의 관심을 얻었고, 일본 역사 교과서에도 실리게 됐다. 임진왜란부터 메이지시대의 정한론征韓論이 나오기까지 암흑과 다름없었던 한일교류사에서 조선통신사가 다시 주역으로 등장한 것이다. 통신사를 중국 사절로 설명했던 사찰들은 안내문을 바꿨고, 통신사가 지나갔던 곳곳에 기념비를 세웠다. 영화가 나온 이듬해 쓰시마에서는 170년 만에 조선통신사

행렬이 재현돼 지금까지 이어지고 있다.

　조선통신사가 왕래하는 동안에도 빛과 그림자는 공존했다. 하지만 서로에게 큰 불행을 가져온 전쟁의 상처를 치유하며 200년 동안 평화를 유지했던 조선과 일본. 그 중심에는 조선통신사가 있었다. 36년 전에 만들어진 이 영화는 시간을 뛰어 넘어 한일 양국 우호에 대한 희망을 침묵으로 웅변한다.

피스&그린보트와 조선통신사

2015년 8월 5일 오후 1시. 7층에 있는 선상 극장 '브로드웨이'가 인파로 북적였다. 전날 밤 늦게까지 술을 마시며 이야기를 나누던 한일 대학생들도 피곤한 눈을 비비며 '보러 오겠다'던 약속을 지켰다. 아버지의 영화를 한국도 일본도 아닌 바다 위에서 양국의 사람들과 함께 보리라고는 상상도 하지 못했다.

　영화가 끝난 뒤 나는 관객들에게 한 장의 그림을 소개했다. 에도의 서민이 지나가는 조선통신사 행렬에 뛰어들어 사인을 요구하는 〈마상휘호도〉였다. 이 작품은 막부의 공식화가 하나부사 이쵸가 '조선통신사와 접촉하면 안 된다'는 금지령을 어기고 민중이 조선통신사와 교류하는 장면을 포착한 한 장의 스냅사진 같은 그림이었다. 생전에 이 그림을 가장 좋아하셨던 아버지는 "항상 민중에게 시선을 맞추라"고 말씀하셨다. 현재 일본에서 볼 수 있는 조선통신사 관련 마츠리(축제)나 인형은 조선의 '문화'가 일본의 '전통'으로 계승되고 있다는 증거다. 공식적인 역사에 기록되지는 않지만 자유롭게 행동할 수 있는 민중이 있었기에 가능한 일이다. 영화가 끝난 뒤 많은 사람이 말을 걸어 주었다. 기분 좋은 흥분이 밀려 왔다.

한 장의 그림과 한 소절의 글을 통해 조선통신사와 교류하는 당시 일본 민중의 모습이 아침에 갑판에서 목도한 장면과 겹쳤다. 그 할머니, 정말 멋있었다. 할머니의 그림 덕분에 에도시대나 지금이나 모든 개인이 조선통신사라는 것을 다시 한 번 깨달았다. 수많은 조선통신사를 태운 피스&그린보트가 끝없이 너른 바다여행을 이어 나가기 바란다.

하나부사 이초, 〈마상휘호도〉,
오사카역사박물관 소장,
'신기수 컬렉션' 중에서.

ⓒ신이화

'한일공동 프리허그', 참가자를 하나로 만들다

김만석
한국자산관리공사
사진/ ⓒ김만석

환경재단에서 주관하는 피스&그린보트에 중학교 3학년 아들과 단둘이 다녀왔다. 큰 뜻 없이 한국도로공사 남궁성 박사님의 초대로 오션드림호에 올라타긴 했지만, 고등학교 진학을 앞둔 아들과 멋진 추억을 만들고 싶기도 했고, 결정적으로 공부보다는 게임에 아주(?) 관심이 많은 아들에게 자존감을 키워 주고 더 넓은 세상을 보여 주고 싶었다.

4인실 방에는 내 또래 남자 직장인 권순정 연구원과 대학생 고우청 군, 우리 부자가 함께 머물렀다. 처음에는 어색했지만 그 어색함을 숙명으로 받아들이자 점차 나는 내 또래 남자와, 아들은 대학생 형과 친해졌다. 환상적인 게스트와 크루즈 여행을 같이하며 다양한 인문학 강연, 세미나, 공연 등에 참가하고 기항지를 다녀온다는 것에 마냥 즐겁고 행복하기만 했다. '나만 이렇게 행복해도 되는 걸까?'라는 죄의식이 들 정도로 말이다.

한참을 바다만 바라보았다. 광복 70주년 및 한일 수교 50주년을 맞아 더욱 의미 있는 2015 피스&그린보트는 한국인과 일본인 각각 550여 명, 총 1,100여 명의 참가자를 태우고 출발했다. 첫 기항지인 블라디보스토크를 향해 한일 참가자가 함께 오션

드림호를 타고 동해를 건너고 있다는 사실이 새삼 의미심장하게 다가왔다. 불현듯 이런 뜻깊은 행사에서 '행사의 달인' 김만석이 아무 기획도 하지 않는다니 있을 수 없는 일이라는 생각이 들었다. "일본인 참가자 약 70%가 혼자 참가했다"는 스태프의 말에 자주기획으로 프리허그를 하기로 결심했다.

　행사를 하려면 주변의 도움이 필요했다. 우선 룸메이트 권순정 연구원과 고우청 군에게 행사 취지를 설명하고 도움을 청했다. 다음은 프리허그 행사를 함께 진행할 파트너 설득에 나섰다. 양미성 님 등 환경재단 스태프에게 행사와 관련한 협조를 부탁드렸다. 그리고 나와 선내가족으로 맺어진 미키 양에게 포스터를 부탁했는데, 흔쾌히 청을 들어줘서 미술 선생님답게 멋진 포스터를 만들어 주었다. 운 좋게 서미지 아티스트도 포스터를 꾸미는 데 일조했다. 다음으로 아들과 함께 아고라를 점령한 중·고등학생들에게 홍보를 도와달라고 요청했고, 김홍신 작가님과 장사익 선생님, 최열 대표님께도 참여해 줄 것을 부탁드렸다.

드디어 자주기획 한일공동 프리허그 행사 당일! 내가 직접 쓴 시나리오를 읽으며 행사에 참여한 한일 참가자들에게 한일공동 프리허그 행사의 취지를 설명했다. 한일공동 프리허그 행사는 광복 70주년, 한일수교 50주년을 기념하고 한일 간의 아픈 과거사를 치유하며, 나와 미키가 선내가족이 된 것처럼 피스&그린보트에 함께 탄 한국인 550명, 일본인 550명이 하나의 가족이 되어 동아시아의 밝은 미래를 함께 만들어 가자는 의미에서 기획했다는 내용이었다.

나는 일본인을, 미키는 한국인을 꼬옥 안아 주는 프리허그 행사 스타트!

예상외로 많은 분들이 행사에 참여했고, 이는 감동과 웃음이 함께한 의미 있는 시간이 되었다. 사진을 담당해 준 룸메이트 권순정 연구원, 남궁성 박사님, 참가자를 모은 선내 키즈 패밀리 한별이네, 재완이네, 종연이네, 예찬이네, 승현이네, 선내 일본 가족들, 지연 샘, 박종필 친구, 포스터 제작을 담당해 준 미키와 서미지 아티스트, 홍보와 프리허그 시범을 담당한 김태한과 남궁종연, 진행과 통역을 도와준 환경재단과 피스보트 스태프, 함께 참여해 준 김홍신 작가님, 장사익 선생님, 콧털마술사, 삼성전자 윤준열 대리, 박혜진 통역 스태프 등 한일 참가자 모든 분들께 감사드린다.

이번 크루즈는 정말 특별한 여행이었다. 고등학교 진학을 앞둔 아들과 평생 잊을 수 없는 소중한 선물과도 같은 멋진 추억을 만들었다. 서로 다른 사연과 국적과 생각으로 피스&그린보트에 탑승한 수많은 사람들이 배 안에서 만나 서로의 언어와 문화를 배우고, 함께 식사하고 춤추고 노래하며 즐거운 시간을 공유했다. 서로를 존중하며 어느새 가족이 되고, 친구가 되고, 동료가

세상 어디에도 없는
천국의 마을에
다녀온 기분이다.

되는 모습을 보며 한일관계가 '가깝고도 먼 나라'에서 '가깝고도 더욱 가까운 나라'로 변모할 수도 있겠다고 생각한 소중하고 행복한 시간들이었다.

일상으로 돌아와 여행을 다시 돌이켜 보니 오션드림호에서 보낸 열흘이 마치 천국에서 보낸 꿈 같은 시간처럼 느껴진다. 적대적 민족 감정을 가질 수도 있는 한일 양국 시민 1,100여 명이 함께 배 위에서 보내는, 세상 어디에도 없는 천국의 마을에 다녀온 기분이다.

이 배에 탑승한 한일 참가자들처럼 언젠가는 북한 참가자, 중국 참가자, 러시아 참가자들이 함께하는 동북아 평화의 시대가 열리길 기대한다.

えんさかほい, 영차영차 선내 일본어!

박수정
다문화가족 언어발달지도사
사진/ ⓒ박수정

피스&그린보트가 9박 10일간의 여정을 마쳤다. 글을 쓰는 지금은 여행을 다녀온 지 한 달이 되어 가지만, 부랴부랴 짐을 싸고 여행 당일 서울에서 부산 영도의 국제크루즈터미널로 내려가 오션드림호를 처음 봤을 때의 느낌을 잊을 수 없다. 첫 크루즈 여행이기도 했고, 바다 한가운데를 거대하게 차지한 배를 보니 출발하기 전부터 설렜다. 각각의 기항지 투어뿐 아니라 다양하게 마련된 선상 프로그램 역시 피스&그린보트만의 또 다른 매력이었다.

그중에서도 이번 여행에서 기억에 남은 것은 선내에서 5일 동안 들었던 '일본어 수업'이다. 다른 나라에 가면 살아남기 위해(?) 현지 언어를 직접 부딪쳐 가며 배우게 되는데, 이번에는 한국에서 활동하는 일본어 선생님이 직접 수업을 해주셔서 더 재미있게 공부할 수 있었다. '언젠가는 배워야지'라고만 생각했던 일본어를 배 안에서 열심히 배웠던 추억은 잊을 수 없을 것이다.

えんさかほい 日本語, 영차영차 일본어!

피스&그린보트에서는 선내에서 진행되는 다양한 프로그램 일정을 담은 선내신문을 매일 발행한다.

123

여행 세 번째 날, 선내신문을 보니 박지연 선생님의 〈한국인을 위한 일본어 강좌〉 프로그램이 있었다. 기대 반 호기심 반으로 수업에 들어갔는데, 나처럼 처음 일본어를 접한 사람들도 많아 어렵지 않게 시작할 수 있었다. 일본 스태프가 함께 참여해 수업 진행을 돕거나 원어민 발음을 들려주기도 했다.

충 다섯 번의 일본어 기초수업을 들었다. 인사 표현인 'おはようございます'(오하요고자이마스), 'こんにちは'(곤니치와), 'こんばんは'(곰방와)부터 시작해서 식당에서 일본인을 만났을 때 자기소개 하는 법, 식사를 하거나 여행지에 갔을 때 현지에서 필요한 표현까지 차근차근 배울 수 있었다.

여행을 하면서도 무언가에 몰입할 수 있는 순간이 있어 정말 좋았다.

右往左往 日本語, 우왕좌왕 일본어!!

피스&그린보트에서는 기항지를 제외하고는 휴대폰과 인터넷을 사용할 수 없었다. 갑자기 통신이 단절되니 평소였다면 검색하면 그만인 단어도 찾아보기 어려웠다. 그런데도 바로 실전으로 돌입해 일본 사람들과 한마디라도 대화를 해보겠다며 수업 때 받은 프린트를 들고 열심히 돌아다녔다.

배 안 다른 쪽에서는 일본 참가자들을 대상으로 하는 한국어 강좌가 동시에 열렸다. 초반에는 각각의 언어를 배우고 이후에는 배운 단어나 문장을 활용해 한국인과 일본인이 교류하는 시간을 가졌다.

시간이 지날수록 수업을 듣는 사람이 늘어났고, 외국인들도 몇몇 참여했다. 열심히 따라하는 열정만큼은 다들 대단했고, 나 역시 열심히 일본인들과 많은 이야기를 나누었다. 일본인들이 상대방의 말을 잘 들어 주고 맞장구도

おつかれさまでした!
수고하셨습니다!

잘 처주었기 때문에 더욱 재미있게 대화를 이어 갈 수 있었다.

すくすく日本語, 쑥쑥 일본어!!!

어떤 언어를 배우든지 학습을 처음 시작하는 '왕초보'라면 상대방이 무슨 말을 하는지 알아듣고, 아는 단어를 조합해서 상황에 맞는 말을 해보고 싶을 것이다. 여기저기서 들리는 일본어가 이해되고, 배웠던 표현을 선내방송이나 여행지에서 알아들었을 때의 뿌듯함이란! 그렇게 여행기간 내내 일본어가 귓가에 맴돌았다. 어느새 시간은 금방 지나갔고, 피스&그린보트에서 쌓은 공감대 때문인지 일본어는 더욱 친숙해졌다. 한국으로 돌아와서는 얼마 전부터 기초단어를 열심히 공부하고 있다.

새로운 언어를 배우는 것은 그 나라의 다양한 문화를 접하고 이해하는 과정이기도 하다. 언어를 통해 일본을 좀더 가까이 느낄 수 있었다. 일본어를 배우며 재미를 느꼈던 순간과 하고 싶은 말이 당장 나오지 않아 아쉬웠던 순간은 모두 소중한 추억이 되었다.

현재 나는 다문화가정 아이들에게 한국어를 가르치는 일을 한다. 그동안은 한국어를 '열심히' 가르쳤지만 이제는 학습자들이 새로운 언어를 처음 배울 때의 심정을 알았으니 이들과 함께 '공감'하고 싶다. 이제 한국에서의 일상에서도 여행에서 얻은 활력을 이어 가려 한다. 다시 한 번 모두 모두 정말 수고하셨습니다!(おつかれさまでした!)

급이 다른,
이건 특급 자원봉사야!

송진우
피스&그린보트 스태프

사실 자원봉사에 대해 돌이켜 보면 좋은 기억을 찾기 어려웠다. 중학교 시절, 소방서로 자원봉사를 하러 간다며 남모를 사명감에 들떴던 그때, 소방서에서 한 일이라곤 고작 치약으로 화장실을 청소하는 것이었다. 치약이 그렇게도 쓰일 수 있다는 데 놀랐지만, 첫 자원봉사에 대한 기대가 워낙 컸던 터라 실망할 수밖에 없었다. 이후 봉사활동 자체에 회의감이 들어서, 학창시절이 끝날 때까지 절대 봉사활동을 하지 않았다.

그런 내가 몇 년 만에 다시 자원봉사에 지원한 것이 바로 피스&그린보트 스태프였다. 또다시 예전처럼 화장실 청소나 하다 오는 건 아닌지 걱정이 앞섰지만, 그보다 나를 더 강하게 끌어당긴 건 '이 배를 타고 싶다'는 욕심이었다. 러시아 블라디보스토크와 일본 홋카이도, 나가사키, 후쿠오카를 거치는 9박 10일의 크루즈 여행. 해외에 나갈 좋은 기회일 뿐만 아니라 경비까지 무료이니, 탐나지 않을 수 없었다. 처음 봉사활동을 했던 때처럼 화장실 청소만 하는 한이 있더라도 일단 타보고 싶다는 마음이 앞섰다. 서둘러 지원 서류를 작성해 환경재단으로 보냈고 합격 소식이 도착하기를 손꼽아 기다

ⓒ전진우

ⓒ송진우

렸다. 며칠 밤을 설쳤던 것 같다. 배에서 내가 필요한 자리가 있기를, 꼭 합격하기를…바라면서.

사수 日 "첫날이 가장 힘들다."

8월 2일 아침. 부산 국제크루즈터미널에서 피스&그린보트 크루즈를 마주했다. 배는 수증기를 한껏 머금어 빵빵하게 부풀어 오른 뭉게구름 같았다. 가까이 다가가면 하늘마저 가리는 거대한 크기는 내 마음을 들뜨게 하기 충분했다. 입항 전날 어떤 배를 타게 될지 막연하게나마 그려 봤지만, 그런 상상이 초라해질 정도로 배는 장엄하고 웅장했다. 선내도 만만치 않았다. 온통 금빛으로 도금된 실내 장식과 바닥 전체를 에워싼 카펫은 흡사 호텔 로비를 연상시켰다. 공연장에 마련된 무대시설과 유리 조명도 기대 이상이었다. 8층 갑판에는 파랗게 펼쳐진 바다를 배경으로 물놀이를 즐길 수 있는 수영장과 간단히 커피와 술을 마실 수 있는 바(bar)도 마련되어 있어, 감탄이 나오지 않을 수 없었다. 그러나 설렘은 오래가지 않았다. 선내로 진입하자마자 내가 해야 할 일, 즉 업무가 본격적으로 시작됐기 때문이다.

가장 먼저 할 일은 배의 구조를 외우고 익숙해지는 것이었다. 물류를 관리하고 각 공연장과 강연장의 장비세팅을 담당했던 터라 다른 직원들에 비해 업무 반경이 넓었다. 불과 몇 분 전까지만 해도 나를 구름 위에 올려놓을 정도로 설레게 했던 배의 웅장한 규모가 반드시 숙지해야 하는 업무로 다가오니 여간 골치가 아픈 게 아니었다. 아직 함께 일할 스태프들의 이름조차 제대로 알지 못하는데 선내 사무실, 주요 공연장, 편의시설 그리고 전체적 구조까지 외우려니 머리가 터질 것 같았다. 게다가 일면식도 없던 일본 스태프들의 얼굴을 익히고 공연장비인 빔 프로젝터, 마이크, 음향시설 등을 조작하는 방법까지 배워야 했다. 생각할수록 멘붕(?) 그 자체였다. 배에 오른 지 1시간 남짓 흘렀을까. 무거운 짐이나 소품을 옮긴 것도 아니고, 제대로 된 업무가 시작된 것도 아닌데 이미 나는 낯선 것에서 오는 피로감에 녹초가 돼 있었다.

그제야 전날 나와 업무를 함께할, 군대로 치면 사수 격인 이도열 선생님이 왜 "첫날이 가장 힘들다"고 조언했는지 이해가 됐다. 첫째 날의 마지막 일정이었던 한일 공동회의까지 마치고 숙소로 돌아오니 어느새 시간은 자정을 넘겨 새벽 1시에 가까워지고 있었다. 쓰러지듯 침대에 눕자 수면제라도 들이킨 것처럼 졸음이 쏟아졌다. 넘실거리는 파도에 가볍게 흔들리는 침대는 마치

아기 때 누웠던 요람같이 포근하고 안락했다.

이런 경험을 할 줄이야!

나는 대학에서 국어국문학을 전공하는 학생이다. 그렇다 보니 자연히 글과 언어를 다루는 일을 자주 접하게 된다. 교정되지 않은 글의 띄어쓰기와 맞춤 법을 바로잡는 소일거리부터 시작해 신문이나 문집 만드는 일에 참여하기도 했으며, 청소년을 대상으로 국어수업을 진행하기도 했다. 그런데 이번에 참 여한 봉사활동에서는 내게 익숙한 일이 단 한 가지도 없었다. 물류를 관리하 는 것에서부터 공연장비를 준비하는 것까지 모든 걸 배에서 새롭게 배워야 했다. 다행히 전문가가 할 만큼의 복잡하고 난해한 일들이 아니었기에 손쉽 게 배울 수 있었다. 처음 해보는 일이었던지라 흥미롭기도 했다.

　업무 중 특별했던 건 〈찔레꽃〉을 부른 소리꾼 장사익 선생님과 '괜찮아 잘 될 거야'란 멜로디와 가사로 유명한 가수 이한철의 공연을 준비하고 도왔던 일이다. 사실 공연을 TV로 보거나 관객으로 참여하기만 했기 때문에 한 번 의 공연을 위해 그렇게 많은 사전 연습과 음향, 무대시설, 조명 등의 시설장 비가 필요한지는 전혀 알지 못했다. 아마도 이번 계기가 아니었다면 앞으로 도 영영 알 수 없었을 것이다. 음향 상태를 조금이라도 더 좋게 만들기 위해 끊임없이 볼륨을 낮췄다 높였다 하며 점검하고 또 점검한 이창진 PD와 가수 들의 모습, 관객들이 아무도 없는 빈 공연장에서 그들의 동선과 호응을 상상 하며 준비한 리허설, 작은 실수도 남기지 않기 위해 공연 막바지까지 놓을 수 없었던 긴장감, 저녁밥까지 거른 채 전념해야 했던 공연이 끝난 뒤 빈속을 채

워 준 시원한 맥주까지. 그땐 할 줄 아는 게 많지 않아 이리 뛰고 저리 뛰느라 몸도 고생했고 혹여나 실수는 하지 않을까 싶어 신경을 곤두세우느라 머리도 지끈거렸지만, 고생한 만큼 가장 인상 깊은 추억으로 남았다. 리허설 중 운 좋게 무대 바로 앞에서 들을 수 있었던, 텅 빈 공연장을 특유의 울림으로 꽉 채워 주신 장사익 선생님의 노래는 아마 두고두고 잊지 못할 것이다.

하선하기 전날, 우연히 한 여성분과 같이 식사를 했다. 이런저런 얘기를 주고받다 보니 그분도 이번 피스&그린보트 자원봉사를 신청했던 지원자였음을 알게 되었다. 자원봉사자로 탈 수 없게 되자 승객으로라도 참가하고 싶어 이 배에 올랐다고 했다. 그 말을 듣자 기분이 묘했다. 꽤 많았을 지원자 중 하필 내가 뽑혔다니…. 신기한 기분은 제쳐 놓고 우선 너무도 다행스러웠다.

만에 하나 떨어졌다면 이런 소중한 인연을 만나지도, 진귀한 경험을 해보지도 못했을 게 아닌가. 승객들이 후쿠오카 관광을 떠나 조용해진 배 안을 산책 삼아 한 바퀴 도는데, 각각의 장소와 공간마다 새겨진 추억들이 떠올라 자꾸만 눈에 밟혔다. 자원봉사자이기에 겪을 수 있었던 다사다난했던 지난 10일간의 일들이 모두 정말 소중하게 남았다.

이젠 자원봉사란 소릴 들어도 더 이상 화장실 청소를 떠올리지 않는다. 대신 배를 타고 태평양을 누볐던 피스&그린보트가 떠오른다. 그 짧았던 10일이 몇 년간 바뀌지 않았던 자원봉사에 대한 내 인식을 변화시켰다. 돈을 받고 하는 노동이 아닌, 돈을 주고도 하지 못할 경험이라고 말이다. 후기를 쓰다 보니 자원봉사자로서 내가 도움을 준 게 아니라 도리어 값진 선물을 받은 기분이다. 다가오는 겨울방학에도 이런 재미난 경험을 다시 할 수 있을까. 일단 틈틈이 시간 날 때마다 인터넷을 기웃거려야겠다. '어디 또 피스&그린보트 같은 자원봉사 없나?' 찾으면서 말이다.

고마워요
세이지 할아버지,
고마워요
피스&그린보트!

황승업
샤롯데 드리머즈
사진/ ⓒ황승업

일본에 처음 방문한 건 고등학교 2학년 때인 7년 전 여름이었다. 첫 일본 여행이라는 것과 부모님 없이 형과 둘이서만 해외여행을 떠난다는 사실에 어엿한 어른이 된 것 같은 기분이었고, 한편으로는 가본 적 없는 장소에 대한 기대감에 한껏 들떴다. 우리는 소풍 가기 전날처럼 설레며 함께 밤을 지새웠다. 그런데 고대하며 도착한 도쿄에서 형과 나는 그동안 경험하지 못한 새로운 문제에 봉착했다. 우리는 꿀 먹은 벙어리가 되어 있었다. 일본어를 몰라 현지의 친구들과 말이 통하지 않았던 것이다. 일본어를 잘하지 못해도 계산이나 숙박 장소를 찾는 것 등은 쉽게 할 수 있었지만, 말을 하지 못해 생기는 답답함은 해소할 수 없었다. 해외여행 경험이 있는 사람이라면 누구나 한 번쯤은 겪어 보았으리라. 여행은 재미있게 잘 다녀왔지만 현지에서 만난 친구들과 이야기하지 못한 아쉬움은 못내 마음에 남았다. 그래서 나는 일본어를 배워야겠다고 마음먹었다.

어느덧 시간이 흘러 나는 스물다섯이 되었고, 대학생 대외활동 프로그램 '샤롯데 드리머즈'에 참여하여 여름방학 기간 동안 '피스&그린보트'를 통해 세 번째로 일본에 방문하게 되었다. 이번 여행을 준비하면서 내가 가장 매력적이라고 생각한 것은 한국인들뿐만 아니라 배에 타고 있는 일본인들과도 교류를 할 수 있다는 점이었다. 지금까지 일본에 갈 때마다 정작 일본인들과는 대화를 할 수 없었던 터라, 이번 여행은 대화를 통한 교류에 중점을 두고 준비했다. 그동안 틈틈이 익혔던 일본어 실력을 발휘할 기회라는 생각이 들었다. 그렇게 또래 일본인들과의 만남과 함께할 활동을 기대하며 설레는 마음으로 배에 올랐다.

배를 타는 것에 대한 걱정은 우리들을 러시아와 일본으로 데려다 줄 오션드림호의 엄청난 모습을 보니 씻은 듯이 사라졌다. 부산을 출항하던 저녁, 가수 이한철 씨의 명곡 〈슈퍼스타〉와 함께 기다리던 출항식이 진행되었다. 같이 여행을 떠난 샤롯데 드리머즈가 입은 빨간색 단체복과 한일 스태프분들이 입은 파란색 옷이 조화를 이루었고, 어깨동무를 하고 음악에 맞추어 몸을 흔들 때 앞으로 시작될 9박 10일간의 여정이 기대보다 더욱 의미 있는 경험이 될 것이라고 직감했다.

많은 명사들의 강의와 공연, 다양한 프로그램으로 하루하루 지루할 틈이 없었지만 그래도 원래의 목표를 생각하면 못내 아쉬웠다. 7년 전에도 하지 못했던 일본 사람들과의 대화 기회가 생각보다 많지 않았기 때문이다. 이따금 복도를 지나가다 우리를 향해 선내 프로그램에서 배운 한국어로 인사하는 일본인분과 스태프분들에게 한두 마디 정도로 인사하는 게 고작이었다. 이번 크루즈 여행에 개인이 아닌 샤롯데 드리머즈의 일원으로 참가한 터라 활동에 약간의 제약이 있었기 때문이다.

그러다 기회가 찾아왔다. 우리를 태운 오션드림호가 블라디보스토크와 홋카이도를 지나 나가사키로 향하고 있을 무렵, 아침식사를 하기 위해 평소에 가던 4층 식당이 아닌 8층 옥외 식당에 처음으로 나갔을 때였다. 우리 옆자리에 할아버지 한 분이 앉으셨다. 그분은 세이지라는 일본인 여행객이었는데, 그분이 한국어로 인사하신 것을 계기로 우연치 않게 말문이 트여 짤막한 대화를 나누게 된 것이다. 나는 서툰 일본어로 자기소개를 했고, 그분은 우리에게 어떻게 이 배에 오르게 되었냐고 물어보셨다. 준비했던 것과는 다르게 금방 입이 얼고 말았지만 손짓, 발짓을 동원해 위기를 모면했다. 그러자 그분은 "앞으로 남은 여행기간 동안 후회 없이 여행을 즐기다 가라"는 귀중한 조언을 주셨고, 다시 만나자는 기약 없는 약속을 하며 헤어졌다.

　그런데 인연이었는지 그날 점심에 식사를 하고 방으로 돌아갈 때 우연히 그분과 다시 마주쳤다. 홀로 식사를 하고 계시기에 실례를 무릅쓰고 인사를 드렸다. 세이지 할아버지께서는 나를 기억하셨지만 낯선 한국 이름이 어려워서 내 이름까지는 알지 못하시는 듯했다. 나고야에 사시는 옆집 아저씨 같은 푸근한 인상의 세이지 할아버지는 은퇴 후 세계여행 중이라고 했다. 연세를 여쭈어 보았는데 생각보다 많으셔서 놀랐다. 세이지 할아버지는 대화 중간중간 나의 잘못된 일본어를 바로잡아 주셨고, 그러는 동안 정이 들어 헤어지기가 아쉬웠다. 할아버지는 저녁에 다시 만나 함께 맥주라도 한잔 하자고 제안하셨지만 단체활동이 있어서 그 약속은 지키지 못한 채 이별하게 되었다. 나는 할아버지와의 대화에서 얻은 자신감으로 남은 일정 동안 좀더 적극적으로 배 안의 외국인들과 대화하려고 노력하였고, 현지에서도 가게에서나 시내에서 만나는 일본인들에게 먼저 말을 걸어 이야기를 나눌 수 있었다.

　이후 배에서 내리기 전 할아버지의 연락처라도 알고 싶은 마음에 안내데스크와 피스&그린보트 스태프에게 문의하였으나 개인정보는 공개할 수 없다고 하여 아쉽게도 감사의 인사를 드리지 못했다. 혹시 이 글을 보신다면 자신감을 주셔서 감사하다고 전해 드리고 싶다. 2015년 여름, 나에게 소중한 추억을 만들어 준 피스&그린보트 관계자분들과 함께 여행한 샤롯데 드리머즈 멤버들, 멘토님들 그리고 스쳐 지나가듯 이야기한 외국인 친구들에게도 감사하다는 인사를 보낸다. 언젠가 다시 그들과 함께 오션드림호를 타고 여행을 떠날 수 있기를 바란다.

낯선 공간,
낯선 사람과
낯선 무언가를
느낀다면

송다연

9박 10일간의 짧다면 짧고 길다면 긴 여행, 어떠하셨는지요. 어느덧 3주가 지나고 저도 다시 학생의 본분으로 돌아갈 준비를 하고 있습니다. 여행은 언제나 깨달음을 얻는 과정이었는데 이번에도 역시 많은 것을 느꼈습니다. 특히 여러 사람들과 이야기를 나누면서 배우고 느낀 점을 공유하고 싶습니다.

여행에서 가장 처음 마주쳤던 사람은 룸메이트 언니들입니다. 저는 4인실을 사용했는데, 좋은 분들을 만나서 즐겁게 이야기를 나눴습니다. 다문화 관련 일에 종사하는 분께는 다문화의 실제적인 문제에 대한 여러 깊은 생각을, 출판계에서 일하셨던 분께는 출판사 일에 대한 이야기를 들을 수 있었고, 광고, 기획 쪽에 관심이 많은 분께는 전시회를 기획한 경험을 들었습니다. 배 안에서 〈선상리더십 과정〉 연수를 받으신 공무원 분들과도 대화를 나누었습니다. 다문화, 출판, 기획, 공직 등 막연하고 피상적으로 느껴졌던 분야였지만, 실제로 그러한 일을 해보았거나 깊은 흥미가 있는 분들의 이야기를 들으니 무척 생생하고 재미있었습니다. 참 다양한 사람들이 있고, 다양한 일을 한다는 사실을 여행 때마다 깨닫습니다.

　어떻게 사는 것이 만족스러운 삶일지 생각해 보신 적이 있나요? 저는 지금까지 답을 내리지 못하고 있었는데, 이 배에서 당장 내일 죽어도 여한이 없다는 분을 만났습니다. 자신의 삶에 만족한다고 그렇게 단호히 말하는 분은 처음 보았습니다. 그분은 자신이 하고 싶었던 일을 남들 눈치 보지 않고 하셨다는 점에서 용기가 있었고, 그 점을 스스로도 높이 평가하셨습니다. 만족스러운 삶에는 여러 가지가 있겠지만, 그분처럼 사는 것도 하나의 방법이 될 수 있겠다는 생각이 들었습니다.

　은퇴한 교장선생님 부부도 보았습니다. 그분들도 교사로서 은퇴할 때까지 일한 것을 참 만족스러워하셨습니다. 하나의 직업에 평생을 매진하는 삶 역시 의미 있어 보였습니다.

　사람들은 각자의 삶을 선택합니다. 방법은 다를지라도 그 선택에 후회하지 않고 만족하는 사람들이, 평범할지라도 제각각 특별한 사람들이라는 생각이

들었습니다.

저는 작년에 이어 두 번째로 피스&그린보트에 참가했는데, 이번에는 작년에 비해 강의를 정말 열심히 들었습니다. 작년에는 정해진 부수만 리셉션에 두었던 선내신문을 방 안에 나누어 준 것이 그 계기가 되었습니다. 매일 신문을 확인해서 강의를 확인하고, 멋있는 분들의 강의를 들을 수 있었습니다. 쉬는 시간에는 그분들께 다가가서 같이 이야기를 나눌 수도 있었는데, 굉장히 친절하게 오랜 시간을 들여 답변해 주신 분도 계셨습니다. 이 여행이 아니었다면 결코 얻지 못했을 소중한 경험입니다.

특히 두 개의 강의를 듣고 많은 생각을 했습니다. 두 분의 작가님께서 각각 하신 강의였습니다. 한 작가님께는 소설을 읽고 무엇을 느껴야 하는지를, 다른 작가님께는 문학작품을 읽는 법을 질문했습니다. 사실 두 분께 문학작품을 읽는 법에 대해서 같은 질문을 한 셈인데, 두 분의 대답이 달랐던 점이 인상적이었습니다. 앞의 작가님께서는 "소설을 읽고 주인공이 되어 감정이입만 하면 된다. 두껍고 읽기 어려워 보이는 책을 재밌게 읽는 사람들은 그냥 그 책에 공감이 되어서, 재밌어서 읽는 것뿐이다. 이해가 안 되는 글을 억지로 읽을 필요는 없다"라고 하셨습니다. 그런데 다른 작가님께서는 "작가가 말하고자 하는 중심 주제가 있고, 그것을 이야기 안에서 찾아낼 수 있어야 한다. 그냥 줄거리를 이해하면 그것은 이야기지 문학작품이 아니다"라고 하셨습니다. 어렸을 때 이해가 안 되었지만 읽었던 책이 있는데, 나이가 들고 나서 다시 보니 굉장히 쉽게 읽혔다고도 말씀하셨습니다. 이렇게, 같은 질문에도 사람마다 다른 답을 합니다. 그렇다고 해서 두 작가님 중에 한 분이 틀렸다고 생각하는 것은 옳지 않고, 각기 다른 맥락에서 다르게 이해해야 한다고 결론 내렸습니다. 세상에는 객관적인 정답은 존재하지 않고, 개개인의 주관적인 정답이 각각 옳은 것 같습니다. 사람을 이해하는 폭이 조금이나마 넓어진 것 같습니다.

마지막 날 저녁, 출항 전부터 새벽까지의 시간 역시 소중했습니다. 출항식을 하기 전, 룸메이트 언니들과 갑판에 나와서 테이블에 앉아 이야기를 하고 사진을 찍었습니다. 곧 부산으로 돌아가야 한다는 아쉬움에 더욱 선명하게 그 모습들이 가슴에 남았습니다. 정말 여행이 끝난다는 것이 느껴지던 순간, 언니들과 했던 이야기를 둘러싼 바닷바람에서는 산뜻한 향이 났습니다. 그날 저는 밤을 새웠는데, 갑판 위에서 본 밤바다와 달이 참 예뻤고, 마지막 밤을 아쉬워하는 아저씨들의 7080메들리 합창이 끊이지 않았습니다. 배는 소리 없이 부산을 향해 움직이고 있었습니다.

여행을 갈 때 어디를 가는지는 중요하지 않다고 생각합니다. 나와 다른 낯선 사람과 여러 이야기를 하거나 낯선 공간에서 낯선 무언가를 느낄 수 있다면, 그곳이 바로 여행지입니다. 그런 면에서 이번 피스&그린보트 프로그램은 제게 분명한 여행이었습니다. 참 많은 것을 느꼈고, 저의 내면의 변화를 조금은 찾을 수 있었습니다. 다른 분들도 모두 여행에 자신만의 의미를 조금씩 부여할 것이고, 그 의미가 어떤 것이든 옳다는 것은 알 수 있습니다. 여행은 끝났지만 나중에 나이가 들어도 저는 이 여행을 기억하고, 배운 것들을 소중하게 생각할 것입니다.

어떻게 사는 것이 만족스러운 삶일지
생각해 보신 적이 있나요?

Ⓒ환경재단

3장.

우리들은
그곳에 있었다

피스&그린보트 특별 프로그램

어제의 여행은 오늘의 꿈이 되었고,

내일의 꿈은 여행이 되었다.

PEACE & GREEN OCEAN DREAM
N
W E
S
TO SCHOOL ON THE SEAS

바다 위의
작은 교실,
어린이선상학교

어린이선상학교
항해일지

박성아 · 박선미 · 박효진
환경재단
어린이선상학교 스태프

✓ 입학식

모든 것이 처음. 피난훈련, 그리고 너희들과의 만남도!
피스&그린보트를 타기 위해 부산 국제크루즈터미널로
하나 둘 오는 너희 모습에 "내가 너희 선생님이야!" 하고
말 걸고 싶었어. 배를 타는 너희는 어떨까? 겁도 나고 설
레기도 하겠지?

승객들이 모두 탑승하고 안전을 위한 피난훈련까지
하는 걸 보니 정말 우리의 여행이 시작되나 봐. 늠름하게
구명조끼도 입고 구명정 앞으로 가는 너희들의 모습이
아주 멋져!

그렇게 뒤에서만 바라보다가 드디어 어린이선상학교
입학식에서 선생님들과 너희가 인사를 했어. 아직은 서
로가 어색하지만 마지막 날에는 어떤 느낌이 들까? 반가
워 친구들! 9박 10일 동안 함께 이 배에서 좋은 추억 많이
만들어 가자.

8. 3. MON / 둘째 날

☑ **아슬아슬 지구를 구해줘**/ 윤순진
☑ **우리가 그리는 아시아 평화**/ 임옥상
☑ **마술**/ 곽준영

모여라, 친구들

1교시.

배에서 잔 첫 날, 잠은 잘 잤니? 밥은 많이 먹었어? 선생님도 긴장했는지 눈을 감았다 뜨니 아침이었어. 본격적으로 수업이 시작되는 오늘, 눈을 비비면서도 강의실로 오는 너희 모습은 호기심이 가득해 보였어. 서울대학교 윤순진 교수님이 지구를 지키기 위해 우리가 할 수 있는 가장 작은 것부터 알려 주셨지? 친구들이 꼼꼼히 필기하며 수업을 듣는 적극적인 모습에 윤순진 교수님도 칭찬을 아끼지 않으셨단다!

2교시.

이야, 너희들의 창의적인 모습에 놀랐어! 형형색색 테이프가 이렇게 멋진 작품으로 탄생하다니! 나의 손, 친구의 손을 그리고 테이프를 이용해서 그 안에 여러 가지 색으로 채우니 아주 예쁜 걸개그림이 완성되더구나! 이 수업에서 창의적으로 표현하는 너희를 보며 오히려 선생님이 너희들에게 배워야겠다는 생각을 했어. 임옥상 선생님 얼굴에 테이프를 붙이면서 친구들과 놀이 하듯 수업을 해서인지 너희들과 임옥상 선생님의 얼굴에 웃음꽃이 피었더구나. 사실 준비물 포장하는데 너무 무거워서 힘들었지만 아주 잘 가져왔다는 생각이 들었단다.

자, 이제 신나게 놀 시간이야! 커다란 비눗방울 속에 들어간 기분이 어떨까? 선생님은 너무 커서 못 들어갈 것 같아. 긴장이 풀렸는지 환하게 웃는 너희 모습에 선생님도 웃을 수 있었어. 너희들이 날마다 새로운 경험을 통해 하루하루 추억을 쌓아 가는 것을 보니 정말 대견해. 남은 기간 더 많은 것을 보고 느낄 수 있도록 도와줄게.

ⓒ현정희

ⓒ이석우

8. 4. TUE / 셋째 날

☑ **기항지 1. 블라디보스토크**

쁘리비옛! 러시아!

이틀 만에 배에서 내리는 날, 그것도 러시아 땅을 밟는 날이야. 많이 뛰고 싶었지? 맘껏 뛰어 놀자. 쁘리비옛! 인사를 나누자마자 러시아 친구들이랑 손을 잡고 춤추는 수줍은 모습이 귀엽다, 정말. 어때? 러시아 친구들을 만나서 이야기도 나누고 싶은데 쉽지 않지? 선생님도 외국어를 잘하고 싶다고 생각했어. 그래도 너희들끼리는 통하는 것이 있는지 게임하면서 엄청 가까워지는 모습이 매우 부러웠어. 처음에는 눈도 잘 못 마주치더니 손잡고 다니면서 음식을 나눠 먹더라? 선생님은 주지도 않고. 흥!

너희가 피스&그린보트를 타지 않았다면 러시아라는 큰 대륙을 밟고 "쁘리비옛!" 인사를 하는 날이 있었을까? 한국에 돌아가 바다를 보면 러시아의 바다가 떠오르고, TV에서 러시아가 나오면 귀 기울이게 될 너희들이 떠오른다! 그 기억 귀퉁이에 선생님도 있을까? 열흘간 너희의 선생님이 될 수 있어서 행복했어. 고마워 친구들!

©신영태

©한경희

©환경재단

©피스보트

©피스보트

©피스보트

©환경재단

8. 5. WED / 넷째 날

☑ **선내 백일장**/ 김연수, 은희경, 이광호, 황지우
☑ **마술 교실**/ 곽준영

크루즈는 낭만과 환상을 싣고

1교시.

배 위에서 글을 쓴다면 얼마나 낭만적일까? 상상해 본 적이 있다.

오늘은 어린이선상학교 아이들이 선내 백일장을 했다. 세종대왕님이 보셨다면 호통을 치실 만큼 세상의 모든 말을 줄여서 쓰고 친구에게 답장을 보낼 때도 'ㅇㅇ'이나 'ㅇㅋ'으로 끝내는 아이들은 앞에 계신 황지우 선생님이 얼마나 유명한 분인지는 관심이 없었다. 선생님이 해주시는 '시 쓰는 법' 강의도, 한예종 대학생들이었다면 고개를 끄덕이며 열심히 필기했을 텐데, 우리 어린이선상학교 친구들에게는 조금 어려운가 보다. 아이들이 연신 하품을 한다.

그래도 머리를 쥐어뜯어 가며 각자의 모양대로 글을 썼다. 기대 이상으로 많은 친구들이 글을 완성했고, 두세 작품씩 내는 친구들도 있었다. 시를 쓰며 배에서의 이야기를 되돌아보는 소중하고 뜻깊은 시간이었다.

2교시.

오후 수업은 콧털마술사와 함께하는 마술시간이다. 항상 관람객으로 보기만 했던 마술을 직접 해보는 시간! 모든 궁금증과 비밀을 알아내려는 듯 아주 적극적인 자세로 수업을 들었다. 눈앞에서 잘렸던 끈이 다시 붙고 색종이 속에 있던 물건이 사라진다. 아이들은 콧기름을 발라가며 베테랑 마술사인양 배운 걸 선생님과 친구에게 선보인다. 어린이선상학교의 추억도 마술처럼 친구들에게 행복한 시간이 되기를 바란다.

ⓒ이하나

8. 6. THU / 다섯째 날

 8. 7. FRI / 여섯째 날

☑ **기항지 2. 홋카이도**

홋카이도는 달콤해!

지난 러시아 투어에 이어 홋카이도 기항지 투어가 기대
되는 모양이다. 아이들은 활기가 넘쳤다. 홋카이도에서
삼성과 현대 어린이들은 생 캐러멜을 만들고 강원랜드
어린이들은 아이스크림을 만들었다. 낙농업과 축산업이
발달한 홋카이도의 목장에서 동물과 교감하고, 특산품인
우유로 생 캐러멜과 아이스크림을 만들어 친구들과 함께
먹으니 더 달콤한 것 같았다.

☑ **애니메이션 만들기** / 우이 다카시
☑ **우리가 '그린스타'** / 김연수, 이한철

우리는 꿈꾸는 그린스타!

1교시.

　아이들을 마음껏 꿈꾸게 하는 우이 다카시 선생님! 꿈
에는 한계가 없다며 내일 하고 싶은 꿈부터 몇 년 후의 꿈
까지 종이에 그리게 하시고, 모든 아이들의 꿈을 애니메
이션으로 만들어 주신다고 했다. 배에서는 애니메이션으
로 된 완성작을 볼 수 없었지만 꿈이 없어지고 있다는 요
즘 아이들에게 꿈을 생각하고 그리게 해주는 소중한 시
간이었다.

2교시.

　오후 수업은 가수 이한철 선생님과 작가 김연수 선생
님이 함께하는 〈우리가 '그린스타'〉! 우리 친구들이 일일
작사가가 되어 이한철 선생님의 노래 〈슈퍼스타〉에 가사
를 넣어 보는 시간이었다. 처음에는 어렵고 힘들었지만,
나의 이야기가 신나는 기타와 젬베에 맞춰 노래가 되는
시간은 〈슈퍼스타 K〉처럼 감동적이었다. 기적을 노래하
라, 그린스타!

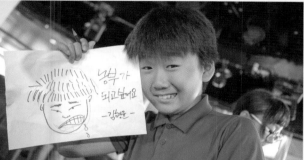

3장 우리들은 그곳에 있었다

8. 8. SAT / 일곱째 날

☑ **글로벌 인재가 되는 길** / 조명진
☑ **보물찾기** **일본어 교실**
☑ **백일장 첨삭** / 김연수, 은희경, 이광호, 황지우

오션드림호는 달리고, 우리들의 하루도 달리고!
이틀째다. 배에서 보내는 가장 긴 시간이다. 조명진 박사님께서는 '글로벌 인재가 되는 길'이라는 주제로 우리 아이들을 위해 여러 이야기를 해주셨다. 생각만 하지 말고 행동으로 옮겨야 한다는 말씀부터 영어 공부하는 방법까지, 조금 어렵지만 아이들에게 꼭 필요한 이야기들이었다.

아이들 몸이 근질거릴 것 같아서 오늘은 다양한 프로그램을 준비했다. 쉴 틈 없이 놀다 보면 밤이 되고, 그러고 나면 나가사키에 도착하겠지. 오전 수업에 이어 진행된 프로그램은 보물찾기다. 멸종위기동물 그림이 인쇄된 종이 40장을 8층과 9층 곳곳에 숨겼다. 멸종위기동물을 찾아서 구해 주자는 취지의 놀이!

수업 직후 공지를 듣자마자 아이들이 벌써부터 문 쪽으로 달려가고 난리였다. '출발'을 외치자 130명의 아이들이 삽시간에 뛰어간다. 뛰다가 일본인 승객을 다치게 하지는 않을지, 동물을 구한다고 여기저기 뒤지다 시설을 망가뜨리지는 않을지 걱정했지만 아이들은 질서를 잘

지켜 주었다. 동물을 구한 아이들에게 선물을 주자, 작은 것인데도 아이들 얼굴에 웃음이 가득했다.

보물찾기에 이어 일본어 교실을 진행했다. 스태프 고하늬 님이 일일 선생님으로 나섰다. 일본어 회화 표현이 적힌 인쇄물을 나눠 주며 강의 시작! '안녕하세요?'하고 인사하는 법부터 '출구가 어디입니까?'라고 기항지에서 쓸 수 있는 표현까지 설명해 주셨다. 아이들은 노트에 일본어를 한글로 꼼꼼히 적었다. 선생님의 지시에 맞춰 일본어를 따라하는 소리가 우렁찼다.

30분가량 진행된 강의가 끝나고, 주변의 일본인들에게 이름, 출신, 직업을 묻는 실습에 나섰다. 외국인에게 말을 거는 것이 무섭다며 쭈뼛대던 아이들은 한 사람과의 인터뷰에 성공하자 재미가 붙었는지 그다음부터는 거침이 없었다. 2~3명 정도를 인터뷰해 오라고 했는데, 6~7명과 대화한 아이들도 적지 않다. 인터뷰에 응한 일본인 어르신들과 피스보트 직원들에게 감사했다.

저녁을 먹고 스타라이트에 다시 모였다. 5일에 진행한 어린이선상학교 백일장 결과를 아이들에게 전달하기 위해서다. 황지우 시인 외에 김연수 작가, 은희경 작가, 이광호 편집장, 총 네 분의 선생님께서 아이들의 글을 읽고 일일이 첨삭을 해주셨다. 아이들을 보고 직접 이야기를 나누고 싶다며 스타라이트에 오셨다.

아이들과 1:1로 대화를 하거나, 면담 전 퀴즈를 통해 아이들의 흥미를 돋우거나, 글쓰기의 기초를 다시 강의하시는 등 선생님별로 각기 다른 모습을 보여 주셨다. 한 가지 공통점은 아이들이 생각을 글로 잘 표현할 수 있으면 하는 애정 어린 마음이 선생님 모두에게서 느껴졌다는 것이다. 준비한 2시간을 꽉 채운 선생님과 아이들만의 시간이 이어졌다.

8. 9. SUN / 여덟째 날

✅ **기항지 3. 나가사키**

뜨거운 나가사키 속 낭만적인 네덜란드
일본의 남쪽 거의 끝, 나가사키에 가까워졌음을 뜨거워진 공기로 알 수 있었다. 기항지에 발을 내딛기 전부터 걱정이 컸다. 체감온도가 30도에 달하는데, '하우스 텐 보스'라는 테마파크에 갈 계획이었기 때문이다. 오랜만에 땅을 밟는 아이들이 테마파크에 가서 더위를 먹지는 않을지 우려되었다.

하우스 텐 보스에 가기 전 '에너지파크관'에 들렀다. 하우스 텐 보스는 설립단계부터 에너지 사용을 고려하여 지어졌다고 하는데, 에너지파크관에서 영상과 시설을 보면서 관련된 내용을 공부할 수 있었다. 덥기도 하고 내용이 조금 어려웠는지 아이들의 표정이 밝지 않았지만 버스가 하우스 텐 보스로 향하기 시작하자 금세 깔깔 웃기 시작한다.

하우스 텐 보스에서 보낸 약 5시간. 네덜란드의 작은 마을에 온 것 같은 기분에 아이들도 선생님들도 즐거웠다. 일본의 전통 귀신과 요괴가 가득한 시설에 들어간 아이들이 선생님도 한번 들어가 보시라며 우리를 잡아끌었다. 빡빡한 일정에 지친 마음이 잠시 사그라든다. 나가사키 짬뽕도 먹고 친구들과 여유를 즐기는 아이들의 모습이 보기 좋았다. 아이들을 만날 때마다 밥은 먹었는지, 물은 마셨는지 거듭 물어봤다. 그 덕분인지 다친 아이들 없이 무사히 돌아왔다.

ⓒ환경재단

ⓒ환경재단

8. 10. MON / 아홉째 날

 8. 11. TUE / 마지막 날

☑ **기항지 4. 후쿠오카**

☑ **집으로 … !**

일본의 역사를 느끼다, 그리고 아쉬운 마지막

마지막 기항지인 후쿠오카. 높이 16미터의 목좌불상이 있는 도초지, 세계 최대의 청동와불상이 있는 난조인, 일본 학문의 신을 모시고 있는 다자이후 덴만구에 갔다. 마지막 기항지의 마지막 방문지는 자연사박물관이었다. 영화 〈박물관이 살아있다〉 속에 있는 것처럼 박물관에 들어가자마자 티라노사우루스의 뼈가 아이들을 반겼다. 아이들은 다양한 생물을 보고 느끼며 놀이공원에 온 것처럼 즐거워했다.

어린이선상학교의 마지막 프로그램, 어린이선상학교 수료식! 아이들이 풍선으로 직접 수료식 장소를 꾸미고 공연도 준비했다. 아이돌 그룹 부럽지 않은 오프닝 공연이 진행되자 분위기가 고조되었다. 이어 아이들과 선생님들이 9박 10일간의 소감을 말하기 시작했는데, 그동안의 기억들이 생각나서인지 몇몇 아이들의 눈가에 눈물이 반짝였다.

안녕 친구들! 어린이선상학교를 기억해!

오션드림호가 마지막 목적지인 부산에 도착했다. 9박 10일간의 추억을 뒤로한 채 이제 모두가 집으로 돌아갈 시간이다. 배를 나서는 아이들을 지켜보는 감회가 새롭다. 처음 배를 탈 때만 해도 마냥 어린아이들 같았는데 지금은 의젓한 모습이 보인다. 집으로 돌아가서도 피스&그린보트에서 보낸 시간 잊지 말고 항상 씩씩하고 건강하게 자라길! 그동안 너희들과 함께해서 즐거웠다.

©한경재단

©한경재단

2015 피스&그린보트 어린이 선상학교

2015년 8월 2일(일) – 8월 11일(화)

부산(한국) – 블라디보스토크(러시아) – 홋카이도(일본) – 나가사키(일본) – 후쿠오카(일본)

주최 환경재단   후원 SAMSUNG   지원 사랑의열매

ⓒ환경재단

그동안 너희들과 함께해서 즐거웠다.

글 속으로 한 걸음,
아이들 마음속으로
또 한 걸음

어린이선상학교 백일장 지도 소감

이광호
도서출판 〈레디앙〉 대표

나는 그곳에서 아이들이 걸어 다니는 것을 본 적이 없다. 아이들은 거의 항상 삼삼오오 짝을 지어 뛰어다녔다. 한곳에 멈춰 재잘대다가 곧 다른 장소로 이동할 때는 참새처럼 폴짝폴짝 날아다녔다. 열흘 동안 바다는 착했다. 달의 인력이 사라진 듯 대양의 표면이 '비단결' 같은 날도 있었다. 11층 높이의 크루즈는 뛰어다니는 아이들을 싣고 바다 위를 미끄러졌다. 부산을 떠나 배가 닿은 첫 육지는 블라디보스토크였으며, 삿포로를 거쳐 나가사키를 향했다. 나는 나가사키를 향해 가는 배 위에서 난생처음 보는 아이들 30명과 2시간 가까이 함께했다. 배에 오르기 전까지, 배가 출항한 지 며칠이 지날 때까지, 이런 일이 내게 닥쳐올 계획은 전혀 없었다. '이런 일'은 황지우 시인의 '대책 없는 사랑' 때문에 생긴 것이다, 라고 나는 생각한다. 무대책과 사랑 사이에, 사랑이 먼저 있었으므로 대책은 어떻게 해서라도 만들어져야 했으며, 어렵게나마 마련됐다. 사연은 이렇다.

황지우 시인은 부산을 떠난 지 나흘째 되던 8월 5일 피스&그린보트에 탄 한국 어린이를 '무려' 130여 명이나 앞에 앉혀 놓고 〈선내 백일장〉 프로그램을 진행했다. 아, 아이들에게 백일장이라는 이름의 글쓰기는 신나는 크루즈 위에서는 일어나서는 안 될 일이었다. 하지만 어쩌랴. 아이들은 길게 혹은 짧게, 시 또는 산문을 써서 냈다. 이것을 읽어 본 황지우 시인, 태산 같은 걱정이 생겼다. '이 풍진 세상을 헤쳐 나가는 데 글로 자기를 표현하는 게 얼마나 중요한데, 아이들의 글을 보니 걱정이다. 지금보다 훨씬 더 나아지지 않으면 안 되겠다. 우리가 할 일을 찾아 해야겠다'는 게 그의 생각이었던 것 같다. 그래서 그는 후배 문인인 소설가 은희경 씨와 김연수 씨를 '차출'했다. 여기까지였다면 나는 이런 일이 벌어지고 있는지조차 몰랐을 터. 하지만 이번 크루즈에서 처음 만난 황지우 선생은 나를 찍었다. "자네도 같이 하게나."(헐~) 그가 내준 과제는 아이들의 글을 읽고, 일대일로 만나서 교정을 해주라는 것이었다.(허걱!) 황지우 시인 객실에 모인 4명은 이 문제를 어찌해야 할지 자못 진지하게 논의했다. 몇 가지 이견이 부딪치기도 했으나, 결론은 4명이 전체 아이들 수를 넷으로 나눈 뒤 한 팀씩 맡아서 일대일 대화를 하자는 것이었다. 교정과 훈육 대신 긍정 평가를 중심으로….

이렇게 해서 8월 8일 오후 6시부터 8시까지, 피스&그린보트 8층 스타라이트에서 나는 30명에 이르는 아이들을 만나게 된 것이다. 그 전날 7일, 저녁 술한잔을 포기한 채 선실에서 아이들이 쓴 글을 읽었다. 내겐 기회비용이 적지 않았던 셈이다. 초등학생들이 쓴 글을 유심히 읽어 본 것은 초등학교(당시는 국민학교) 다닐 때 이후 처음이었다. 과제물을 제출하기 위해 읽을 때와 감동과 즐거움을 얻기 위해 읽을 때, 소설 읽기의 맛은 달라질 수밖에 없다. 아이들 글도 마찬가지다. 그냥 읽으면 몇 초 걸리지 않을 분량을 과제를 생각하며 읽으니 오래 걸린다. 그러다 보니 과제를 잠시 잊고 글 속으로 한 걸음 더 들어가게 된다. 사람에게 깊이 들어가는 것이다. 그렇게 되면 칭찬이나 긍정 평가는 억지로 찾아내야 하는 숙제가 아니라, 자연스레 끄집어 낼 수 있는 반가운 물건이 된다.

삐뚤빼뚤 글씨에 세 줄을 겨우 넘은 글이었다. 그냥 읽으면 5초가 채 안 걸린다.

외국에 처음으로 오니 아주 황당함

그래서 긴장이 된다.

하지만 기대 이상으로 너무 재밌었어

기분 좋음

이 짧은 글을 5분 이상 '감상'하고 있으면, 아이 마음의 흐름이 보인다. 난생 처음 외국여행을 하면 애나 어른이나 당황스런 일을 마주하게 되는 것은 당연한 일. 이 아이는 '아주' 황당할 정도로 어떤 사건을 겪었을 터, 그래서 긴장이 됐을 것이다. 하지만 '장난감을 받고서 그것을 바라보고 얼싸안고 기어이 부숴 버리는, 내일이면 벌써 그를 준 사람조차 잊어버리는 아이처럼' 황당함과 긴장은 이내 사라지고 즐거워하는 아이의 환한 모습이 보인다. 첫 외국여행을 앞두고 신나는 상상 속에 얼마나 설레고 기대됐을까? 그런데 기대 '이상'으로 재미있어서, 기분이 좋아졌다. 이 글을 쓴 어린이의 긴장은 길면 24시간, 짧으면 2~3시간 정도 이어지지 않았을까? 이와 함께 글쓰기 공부가 너무

©강원랜드

싫은, 하지만 하지 않을 수 없는 아이의 심사를 읽는 것도 재미 있다. 한참 읽은 후에 내가 직접 적어 준 독후감이다.

아주 짧은 글 속에 수민이의 여러 가지 마음 상태를 표현했네요. 황당했고, 긴장했고, 그런데 너무 재미있어서 기분이 좋고. 만약 에 수민이가 친구에게 얘기를 했다면 무엇이 황당했고, 무엇이 재 미있었는지, 왜 긴장됐고, 기분이 좋았는지 설명해 줬겠지? 나도 글을 읽으며 그것이 궁금했는데…. 말하듯 글을 쓰면 어떨까?

아이들의 글감은 다양한 가운데, 집중된 부분이 있었다. 글쓰 기 전 프로그램이었던 러시아 어린이들과 만남이 인상적이었던 지, 가장 많은 아이들(8명)이 그것을 소재로 삼았다. 이 만남의 반응은 다양했고, 그 다양함을 읽는 것은 즐거웠다. "키가 너무 크고, 덩치도 커서 무서웠다"(여기에 대한 나의 코멘트는 "만약 글 쓴 사람의 한국 친구가 키도 크고 덩치도 컸으면 무서웠을까? 듬직했 을까?"였다)는 이야기, '몸짓과 영어'로 겨우 소통하면서도 즐겁 게 춤을 춘 기억을 끄집어 낸 이야기, 부끄러워서 아무 말 못하 고 돌아온 것을 후회하며 다음부터 그러지 말아야겠다는 아쉬 움과 질책을 표현한 이야기까지 얼굴 생김만큼 다른 각양각색 의 반응이 나왔다. 그다음으로 많이 쓴 소재는 크루즈에 대한 전 반적 소감(7명)이었으며, 바다나 갈매기, 식당, 큰 배 등 개별적 소재를 다룬 아이들이 소재별로 1~2명씩 있었다. 러시아 아이들과의 만남을 소재로 한 아이 중에 한 명에게 크게 칭찬을 해줬다. 그 이유는 유일하게 짝꿍이었던 러시아 어린이 이름을 썼기 때문이었다. 글은 구체적인 게 좋다.

더 소개하고 싶은 글이 있지만, 원고 분량이 제한돼 이만 줄인다. 아이들이 글을 다 읽고 나니 황지우 시인의 걱정이 너무 큰 것이 아니었나 하는 느낌이 들었다. 내용을 떠나 상당수 아이들의 글이 기본적인 분량이 됐다. '창작의 산고'가 느껴지기 충분한 분량이었다. 크루즈 중인 아이들이 그 정도만 해주면 난 만족이다.

이 글 맨 앞부분에 아이들이 뛰어다니는 모습을 묘사했다. 한데 솔직히 말하자면, 아이들과 8층에서 만나기 전까지 난 아이들이 뛰는지 걷는지 몰랐다. 보이지 않았다. 아마 글을 통해 아이들을 만나지 못했다면, 글보다 엄연한 현실인 아이들이 뛰어다니는 것을 보지 못했을 수도 있다. 아는 만큼, 사랑하는 만큼 보인다는, 보는 행위가 갖는 의미를 생각하게 만든다.

돌고래   강민우

태평양 한가운데에서
피스보트와 경주하는 돌고래

돌고래 가족 친구들과 모두 나와
수영 실력 뽐내지

물살에 밀려나는 작은 물고기를
간식 삼아 힘내어서 경주하네

바다와 친구들   이지혜

바다 노을을 보니 이쁘다.
파도 소리를 들으니 시원하다.
배 타고 친구들과 노는
내 마음이 시원해진다.

> 정말이에요. 바다 노을은 색깔이
> 선명하고, 그 안에 빛을 숨기고 있는 것
> 같아요. 노을, 바다, 배, 친구… 시원하게
> 즐겼으면 좋겠네요. - 은희경

나만의 똥강아지   허예진

바다를 보러 나갔다
엄청난 바닷바람
마침 똥강아지가 생각났다
나만의 똥강아지

바닷바람이 놀아 달라고
바다만 보지 말라는
귀여운 똥강아지 같았다

머리도 만지고
다리도 만지고
팔도 만지고
내 몸을 핥는
귀여운 나만의 똥강아지

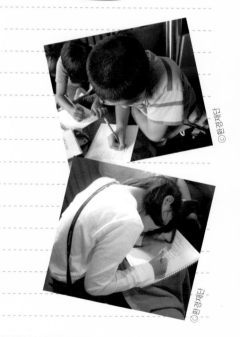

현대자동차 선생님과
친구들의
꿈 같은 여행기

유일한 · 김유빈 · 양지인 · 오지원
현대 어린이선상학교

안녕하세요. 저희는 전라북도 고창군 고창읍에 거주하는
어린이선상학교 참가자입니다. 지난 2015년 8월 2일부터
10일까지 9박 10일간, 인솔교사 1명과 아동 3명이
피스&그린보트 어린이선상학교에 참여하여 눈으로 보고, 듣고,
경험했습니다. 소감문은 아이들의 느낌을 바탕으로 선생님이
적었습니다. 현대자동차그룹과 한국아동복지협회의 후원으로
참가할 수 있었습니다. 지원해 주신 모든 분들께 감사드립니다.

© 양일헌

우리가 크루즈 여행을 간다는 것은 꿈만 같은 일이었다. 크루즈 여행은 TV나 인터넷에서만 볼 수 있었고, 어린이가 가기에는 돈이 많이 들고 어려워서, 어른이 되어야만 갈 수 있는 것이라 생각했기 때문이다.

기다리던 그날, 설렘 반 두려움 반으로 시작한 여정에는 친한 형과 친구, 선생님이 함께였다. 선생님께서는 여행에서 남는 것은 사진뿐이라며 단체사진을 많이 찍어 주셨다. 당시에는 귀찮고 놀고만 싶어 도망도 갔는데, 이제와서 사진을 보니 그때로 돌아간 듯 설레던 마음과 기억이 떠올라 가슴이 두근거린다.

크루즈에서 배정된 방은 4층 4050호였다. 넓고 푸른 바다가 한눈에 들어오는 창문이 있고, 양 옆으로 2층 침대가 있는 방이었다. 모든 것이 마냥 신기하고 재미있었다. 옷장에는 주황색 구명조끼가 있었는데, 승선 후 비상시 긴급대피훈련을 받을 때 필요했다. 훈련장소에는 다들 주황색 구명조끼만 입고 왔는데 우리만 외투를 입고 나왔다. 잠시 창피했지만, 차가운 바다에서 살아남으려면 외투를 꼭 입어야 된다는 스태프 말에 뿌듯함을 느꼈다.

러시아 블라디보스토크, 일본 홋카이도, 나가사키, 후쿠오카 등 총 4곳의 기항지를 경유하는 이번 크루즈 여행은 오랜 시간 배를 타고 망망대해를 가로질러 가야 했다. 그 사이 선내에서는 각종 프로그램들에 참여할 수 있었다. 우리는 어린이선상학교에 참가해서 오전과 오후에 1시간 30분 정도의 수업을 받았다. 환경을 주제로 유명 강사의 강연을 듣기도 하고 다른 곳에서 온 아이들과 함께 어울릴 수도 있었는데, 가장 기억에 남는 프로그램은 환경에 대해 다시 생각해 볼 수 있게 해준 윤순진 교수님의 〈아슬아슬 지구를 구해

쥐〉강연과 콧털마술사의 〈마술 교실〉, 그리고 임옥상 화백님의 〈우리 손으로 그리는 아시아 평화〉라는 미술 프로그램이었다.

배 안에서 가장 기억에 남는 시간은 어린이선상학교 수업을 마친 후, 현대 어린이선상학교에 참가한 12명과 크루즈에 함께 탄 일본 어린이들이 교류하는 시간이었다. 나루토를 보며 익혔던 일본어 단어도, 학습시간에 배운 일본어 문장도 막상 일본 어린이 앞에 서니 전혀 생각나지 않았다. "곤니치와." 일본 어린이가 먼저 인사를 해주었을 때 뭐라고 설명하기 어려운 감동을 받았다. "곤니치와." 일본 어린이가 한 말을 그대로 따라하며 보디랭귀지를 하니 뜻은 통했다. 어색한 첫 만남을 뒤로하고 각종 단체게임을 하다 보니, 우리는 어느새 함께 축구를 하는 친구가 되었다. '공'으로 하나가 되는 우리를 경험하자 더 이상 외국인이 무섭지 않았다.

기항지에서는 방문한 지역마다 각각 기억에 남는 일들이 있었다.

ⓒ 야일한

ⓒ 야일한

ⓒ 환경재단

ⓒ 환경재단

첫 번째 기항지인 러시아 블라디보스토크는 사람의 모습, 건물, 간판만 보더라도 우리와 다른 곳이었다. 우리가 찾아간 보이스카우트 캠프장에서는 춤과 노래로 환영하는 러시아 어린이들을 만났다. 갑자기 배지를 달아 주더니 손을 잡아 이끄는 아이들이 당황스럽기만 했다. 쭈뼛거리기도 전에 러시아 아이들과 섞이게 된 우리들은 손에 손을 잡고 춤을 추며 어색함을 날려 버렸다. 말은 통하지 않았지만 크루즈 안에서 쌓은 보디랭귀지 실력을 발휘하자 금세 아이들과 소통이 되었다. 처음 먹는 러시아 음식은 생각보다 맛있었다. 릴레이 게임도 했는데, 게임도 재미있었지만 게임에서 받은 쿠폰을 간식으로 바꾸어 먹을 수 있어서 더 좋았다.

ⓒ피스보트

ⓒ유일한

두 번째로 기억에 남는 기항지는 나가사키였다. 우리는 하우스 텐 보스라는 곳을 갔는데, 네덜란드를 본 따서 만든 테마파크였다. 자연친화적으로 설계되었다는 정화시설도 방문해 설명을 들었지만, 조금 어려웠다.

이곳이 기억에 남는 이유는 밥을 먹기 위한 원정대를 꾸려 자유롭게 음식을 사먹었고, 게임장에서 3D게임과 사격을 마음껏 할 수 있었기 때문이다. 스나이퍼를 꿈꾸며 딱총을 쏘는 우리들의 모습은 사진으로도 멋있게 보인다.

©유일한

©유일한

가영이와 예진이의 난생 처음 크루즈 이야기!

오가영 · 허예진
삼성 어린이선상학교

가영: 예진아. 우리 9박 10일 동안 피스&그린보트 여행을 다녀왔잖아. 처음엔 어땠어?

예진: 음, 처음엔 넓은 초원처럼 바다가 쭉 보이고, 집보다 큰 배가 눈앞에 보였어. 그래서 입이 쩍 벌어졌어. 처음 타는 거니까 어색하고 긴장도 됐는데, 친구들이랑 와서 괜찮았어.

가영: 나도 맨 처음에는 크루즈가 뭔지도 잘 몰랐는데 … . 배를 처음 타서 어색한 것도 있었는데 5일쯤 지나니까 익숙해지고 편해지더라.

예진: 맞아, 가족 없이 9박 10일이니까 나중에는 보고 싶을 수도 있을 것 같았는데, 그래도 신나는 마음으로 출발했어. 가는 길에 수영도 하고 노니까 육지보다 더 좋더라.

가영: 언제가 제일 재미있었어?

예진: 음.. 러시아에 갔을 때? 러시아 사람들하고 말이 안 통해서 답답하긴 했지만, 그래도 러시아에 간 건 진짜 특별한 경험이었던 것 같아. 그리고 일본 나가사키에 갔을 때! 일본은 지진이 많이 일어난다고 해서 걱정했는데, 나가사키는 놀 거리도 많고 살 거리도 많아서 제일 재미있었어. 너는?

ⓒ오가영·허예진

ⓒ강원랜드

가영: 나도 나가사키에서 하우스 텐 보스 갔을 때가 제일 기억에 남아. 처음에는 전망대에 올라가고, 강에서 배 타고 한 바퀴 돌면서 사진 찍고. 그리고 놀이기구도 타고, 나막신도 구경하고. 정말 재미있었어.

예진: 나가사키 짬뽕도 먹고 싶었는데 줄이 너무 길었어. 그치?

가영: 응, 그래도 대신 먹은 함박스테이크가 맛있었잖아.

예진: 맞아, 맞아. 또 기억에 남는 게 있어?

가영: 그리고 하우스 텐 보스에서 버스를 탔을 때, 일본은 뒤로 타서 앞으로 내린다는 게 정말 신기했어. 이번 여행을 다니면서 러시아와 일본에도 우리나라와 비슷하거나 같은 것도 많고, 우리나라와 다른 것들도 있다는 것을 알았어.

예진: 나는 또 올 수 있으면 가족들하고 꼭 같이 오면 좋겠다고 생각했는데.

가영: 나도. 첫 여행이었는데 많은 곳을 돌아다니면서 즐겁고 보람차고, 후회가 하나도 없는 여행이었던 것 같아.

예진: 보내 주신 원장 선생님과 삼성 SDS 선생님들께 고맙다. 그치?

가영: 응! 선생님들 감사합니다!

예진: 감사합니다!

다시 돌아가고 싶은
세 남자와의 여행

박구룡
삼성전자
김예준, 박찬휘, 염슬기 인솔교사
사진/ ⓒ박구룡

몇백 년은 한곳에서만 살아왔던 듯, 내딛는 한 걸음 한 걸음 낯선 출발. 서로 미리 만나지 못했기에 몹시도 어색했던 첫 만남….

더위가 한창이던 2015년 서울의 여름, 그렇게 낯섦과 어색함 그리고 기대와 설렘이 교차하는 표정으로 네 남자가 열차에 몸을 싣고 부산으로 떠났습니다.

예준이는 활발하고 다정한 친구입니다. 선내 가족 만들기에 참여해서는 처음 써보는 일본어를 곧잘 외워 만나는 사람마다 줄줄 읊어 많은 이들의 감탄과 사랑을 받았습니다. 그렇게 정이 들어 일본 마지막 기항지에서 일본 가족들이 모두 하선하고 나자 그 좋아하는 밥도 먹지 못할 정도로 꺼이꺼이 한참을 울었답니다. 서울로 돌아가면 저와 함께 일본어를 공부하자고 약속했습니다.

찬휘는 똘똘하고 건강한 친구입니다. 오타루 목장의 잔디밭에서 온몸이 땀에 젖을 정도로 축구를 하고도 배에 와서 다시 뛰어다니고, 객실에서 장난을 치느라 저를 힘들게 했지만, 그 에너지가 저와 주변 사람들을 기쁘게 했습니다. 잔디밭에서는 그렇게 뛰더니 수영장에서는 벽에만 붙어 있어 많은

박찬휘

김예준

3장 우리들은 그곳에 있었다

염슬기

이들을 즐겁게 했습니다.

슬기는 신중하고 매력적인 친구입니다. 처음에는 말이 너무 없었지만, 점점 주변 사람들과 소통하는 법을 배우면서 친구를 만들어 뿌듯했습니다. 러시아 캠프에서는 미모의 여학생이 프로그램 내내 팔짱을 끼고 손을 잡고 다녀서 저를 비롯한 많은 친구들의 부러움을 한 몸에 받았습니다. 지금쯤은 러시아어를 배우고 있을 것 같습니다.

앞으로 예준이는 밝은 모습 그대로 더 다정다감한 사람이 될 것이고, 찬휘는 좀더 넓은 세상에 관심을 가질 것이며, 슬기는 다른 사람들과 더 멋지게 소통하는 사람이 될 것입니다. 짧지 않은 기간에 사고 없이 건강하게 지낸 세 녀석에게 고맙고, 선생님이라는 제게도 정말 많은 것을 배우게 해주어 또 고맙고, 이 세 녀석과 함께 9박 10일간의 여행을 같이하신 모든 분께 고맙습니다.

언젠가 다시 함께 이 배를 타자고 약속했는데, 그 날이 언제일지, 그동안 녀석들은 얼마나 더 멋진 사람이 되어 있을지, 배에서 내린 후 한참이 지나서도 매일매일 기대하게 됩니다.

파도   조라희

창문 너머에 있는 파도들
물소리를 내며 서로 부딪히네

시원한 푸른 빛깔로
차악- 차악-
소리를 내네

시원하게 머리를 푼 사람처럼
서로 손을 맞대며
우릴 보고 손 흔드네

차악- 차악-
노래를 하네

> 푸른 빛깔의 파도소리가 너무
> 시원하게 들리네. 이 여름, 꼭
> 기억해. - 김연수

더운 여름날에
시끄럽다   박지현

집 앞에는 도로에 자동차가
띠디띠, 빵빵

옆집에는 수다 떠는 소리가
속닥속닥, 호호호, 하하하

따뜻하면서도 더운
여름날이 시끄럽다

> 간단하지만
> 주변상황이 잘
> 그려져 있네요.
> 자동차 소리,
> 사람들의 기척,
> 그리고 그 모든
> 것을 감싸는
> 여름날! - 은희경

꿈만 같았던 러시아   오지원

길고 길던 항해 끝 도착한 곳 러시아!
태어나서 처음 온 러시아에서
한 발짝 한 발짝 걸어가
재밌을 것 같고 두려울 것 같고
그리고 또 그곳이 낯설고 또
여기 러시아에 온 내가 기쁘고 고맙다.
여기 러시아에 문화랑 음식 등
다양한 것을 해 보니 기쁘다.
하지만 시간이 짧아 아쉽고
때론 또 오고 싶은 생각이 든다.
꿈인 것 같지만 현실인 곳
러시아

> 어떤 음식과 문화가 있었는지도
> 궁금하네. 잘 읽었어!- 김연수

천진난만, 천방지축,
무한 잠재력 아이들과
피스&그린보트

최갑종
강원랜드
사진/ ⓒ강원랜드

세 번째 항해를 하는 강원랜드 어린이선상학교가 2015년 7월 10일~11일 사전캠프를 거쳐 8월 2일, 드디어 출항한다.

4시 50분 삼척·태백 차량이 죽서루에서 출발한다는 소식이 들렸다. 이 시간에는 참가자 모두가 이른 아침 단잠에서 깨어나 여행 직전의 설레는 마음으로 각자의 짐을 챙겼을 것이다.

5시에는 정선·영월 차량 역시 출발한다는 소식이 들렸고, 강원랜드 어린이선상학교의 국내 이동 여정이 본격적으로 시작되었다. 부산까지 가는 길에 단양휴게소에서 아침식사를 했다. 사전캠프의 결과인지 그리 서먹해 보이지는 않았지만, 그래도 얼굴 표정에서는 여행에 대한 설렘보다 두려움이 많이 보였다. 돌아올 때는 환한 미소가 가득한 얼굴로 만들어 주리라 다짐했다.

부산에 진입하여 부산역 주변의 부두를 지나가면서 아이들은 저 배가 우리 배다, 아니다 저기 먼 곳에 있는 더 큰 배가 우리 배다, 하면서 경쟁하듯 재잘댔다. 탑승할 배에 대한 기대감과 여행의 두근거림이 버스에 가득했다.

크루즈터미널 근처의 부산해양박물관 푸드코트

에서 점심식사를 하면서 우리가 타고 갈 오션드림호를 가리켜 주었다. 아이들의 흥분한 소리가 이번 여행에서 최고점을 찍은 듯했다.

터미널에 도착하니 이미 다른 기관 참가자들은 짐을 보내고 출국수속을 마쳤다고 했다. 하염없이 기다리는 시간이 이어졌다. 날씨는 덥고, 정신은 하나도 없었다. 아이들을 챙겨야 하는 선생님들이 보호자가 힘들다는 것을 실감하는 순간이었다.

무사히 전원이 선박에 탑승해 휴식을 취하는데, 탑승자 안전교육을 알리는 방송이 들렸다. 각자 방 옷장에 있는 구명 도구를 손에 들거나 목에 걸치는 등 가장 편한 방법으로 갖추고는 집결장소로 이동했다. 안전교육이 1시간 동안 이어졌다.

교육을 마치고 전년도의 경험을 살려 강원랜드 참가자 방 옷장에 구성원 현황 및 프로그램을 출력하여 붙여 주었다. 휴대전화를 쓸 수는 없지만 대신 각방에 비치된 전화로 방 번호를 누르면 연결된다고도 일러 주었다. 망망대해에 나가는 순간 그토록 사랑하던 휴대전화는 무용지물이 되고, 각 방의 전화가 유일한 소통수단이 된다.

저녁식사 중 출항식이 시작되었다.

첫째 날, 어린이선상학교 입학식이 열렸다. 이어 아이들을 위한 과자파티를 열어 주고, 선생님들과 미팅하는 시간도 가졌다. 멀리 부산항의 불빛이 점점 어두워졌다.

둘째 날 일정은 내내 선상에서만 이루어졌다. 9층 데크 식당에서 식사를 하면서 수평선을 바라보는데, 떠오르는 태양의 타오르는 모습이 오늘도 무더운 날씨가 이어질 것이라고 예고하는 듯했다.

어린이선상학교에서는 오전에는 서울대학교 환경대학원 윤순진 교수가 '지구를 구해줘'라는 주제로 환경교육을, 오후에는 임옥상 화백이 미술 참여 수업을 진행했다. 미술에 재능이 탁월하고 감각이 남다른 아이들을 여럿 발견하는 순간이었다. 자동차 디자이너부터 만화캐릭터 디자이너까지, 아이들 머릿속 꿈의 범위는 한없이 넓었다.

우리는 자체 프로그램으로 10층 데크에서 풋살 시합을 했다. 스킨십을 통해 아이들이 서로 더욱 친밀해지도록 하기 위한 프로그램이었는데, 적극적인 아이와 소극적인 아이의 구분이 확연하게 나타났다. 상품으로 우리 회사의 홍보물품(하이하우 인형, 텀블러, 무릎담요)을 우승팀부터 차례로 고르게 하였다. 전년도 아이들은 가장 먼저 인형을 선택했는데, 이번 아이들은 텀블러를 가장 먼저 가져갔다. 그래도 인형은 여전히 인기 있었다.

저녁시간에는 버블드래곤과 콧털마술사의 공연을 함께하고 하루를 마감했다. 아이들은 여기저기 뛰어서 돌아다니고 한 끼 식사를 4층과 9층 양쪽에서 먹으며 배 위의 생활에 차츰 적응했다.

셋째 날, 아침에 눈을 뜨니 구름이 자욱했고, 배는 블라디보스토크 항에 다다르고 있었다. 부두에 있는 출입국심사관의 복장과 가까이 정박한 군함에서 보이는 해군을 보면서 말로만 듣던 블라디보스토크에 왔다는 것을 실감했다. 항구 인접한 곳에서부터 철길이 시작되었는데, 이곳이 바로 유럽횡단열차의 출발지(종착지)라고 했다. 그런데 러시아 입국심사에 너무 많은 시간이 소비

되는 것 같아 답답했다. 배는 항구에 정박한 지 오래인데 하선할 생각을 하지 않았다.

11시쯤에야 겨우 하선하여 윤가 캠프라는 곳으로 이동했다. 바다가 보이는 캠프장에서 러시아 친구들이 환영공연을 준비하고 있었다. 공연을 마치자 어린이선상학교 아이들도 끌어들여 함께 춤을 췄다. 함께 율동을 하고 식사를 하고 게임을 하며, 아이들은 언어의 장벽을 넘어서 몸짓과 표정만으로 소통했다. 나중에 아이들에게 물어보니 처음에는 너무나 어색했고 어쩔 줄을 몰랐지만 어느새 함께 놀면서 즐거웠다고, 꼭 러시아어(영어)를 공부할 거라고 했다.

윤가 캠프에서 형윤이가 발목을 삐어서 식당 앞에 대기 중이라는 소식이 들어왔다. 형윤이는 왼쪽 발목을 잡고 온갖 인상을 쓰고는 가뜩이나 작은 눈을 껌벅이며 통증을 호소했다. 의료진이 현장에 도착하여 살펴보더니 압박붕대로 고정하고 의무실로 이동했다. 두 시간 남짓이 지나니 갑자기 발이 아프지 않다며, 나가고 싶다고 했다.

여행 사흘째에 접어들자 아이들이 경쟁하듯 선생님의 관심을 끌어 보려 야단이었다. 통상 3일차까지 아이들은 선박에 적응하느라 바쁘지만, 여유를 찾으면 선생님의 관심을 독차지하고 싶어 안달이 난다. 5일차부터는 모든 소동이 한풀 꺾이고 친구들과 어울리기 시작하는데, 아이들 성격에 따라 차이는 있다. 넷째, 다섯째 날 저녁, 민혁이도 관심을 받고 싶었던 모양이다. 전날 풋살장에서 무릎에 타박상을 입었는데 아침식사 시간에 친구들과 뛰어다니는 모습을 확인했는데도 의무실에서 진료를 받아야겠단다. 그리고 기항지에서

병원에 가고 싶다고 했다. 결국 오타루에서 담당 선생님이 따로 민혁이와 시립병원에 갔다가 아무 이상이 없다는 진찰 결과를 듣고 선박으로 복귀해 휴식을 취했다. 조금 지나자 사토랜드에 방문하여 아이스크림을 만들어 시식하고, 고기뷔페에서 각자 입맛에 맞는 점심을 먹고, 오타루 시내를 눈에 담고 선박으로 돌아온 아이들이 민혁이에게 자랑을 했다. 역시 아이들은 천진난만하다.

이제 항해는 중반으로 들어갔다. 지난밤 출항한 오션드림호는 이틀 낮을 지내고도 그 다음 날에야 육지(나가사키)에 기항하게 된다. 어린이선상학교에서는 오전에 황지우 시인과의 〈선내 백일장〉, 오후에 콧털마술사의 〈마술 교실〉이 이어졌고, 강원랜드 자체 프로그램으로 〈나만의 티셔츠 만들기〉와 〈풍선아트〉를 진행했다. 또한 '방 꾸미기' 서바이벌 게임을 통하여 평소 정리정돈이 생활화되지 않은 아이들에게 정리정돈과 단합을 가르쳤는데 성과가 대단했다.

여섯째 날과 일곱째 날, 망망대해 너머로 펼쳐진 수평선에 지나는 배도 없고 육지는 더더욱 보이지 않는 고요한 항해가 계속되었다. 데크에서 아침식사와 함께하는 커피 한 잔은 한없이 여유로워서 여행이 주는 매력에 흠뻑 빠져들게 한다.

선생님들과 달리 아이들은 피로회복도 빠른가 보다. 오전에 〈애니메이션 만들기〉를, 오후에 이한철 가수와 김연수 작가가 함께하는 노래 작사하기 프로그램 〈우리가 '그린스타'〉에 이어 강원랜드 자체 프로그램인 〈강원랜드 골든벨〉을 진행했는데, 이제는 아이들이 스스로 즐기고 있음을 느꼈다.

저녁시간에는 참가 게스트 및 기업 사회공헌 담당자와 식사를 하면서 김홍신 작가, 최열 대표와 같은 테이블에서 많은 이야기를 할 수 있었다. 황지우 시인이 진행한 프로그램에서 제출한 아이들의 글이 너무 뒤처지고 문제가 있어 선상에 참가한 작가(황지우, 은희경, 김연수, 이광호)를 모두 한자리에 모아 일대일 교습을 한다는 이야기를 들으며 씁쓸한 마음을 쓸어내렸다.

며칠 전부터 요청받았던 샤롯데 드리머즈 대학생들을 대상으로 하는 딜러 직업체험과 시연을 드디어 실시하였다. 역시 대학생들이라 그런지 집중과 이해가 뛰어나서 감탄이 절로 나왔다. 아이들을 돌보는 선생님으로 참가한 테이블 영업팀 직원들이 아주 중요한 사람들이며, 충분한 역량을 가진 참가자라는 것을 증명하는 시간이기도 했다.

여덟째 날인 8월 9일은 우리가 나가사키에 입항하는 날이자, 70년 전 이곳에 원폭이 투하된 날이기도 하다. 나가사키에서 우리가 방문한 곳은 일본이 전성기에 만들어 놓은 유럽풍 공원인 하우스 텐 보스였다. 그야말로 엄청난 더위와 함께한 일정 탓에 우리 모두는 녹다운되었다.

하우스 텐 보스에서는 아이들이 전날 학습한 일본어를 활용하여 시설 관람과 식당 이용부터 쇼핑까지 모든 것을 스스로 주도하며 즐기도록 했다. 아이들마다 큰 차이를 보였다. 친구들을 잘 설득해서 이끈 아이가 있는가 하면 의견이 맞지 않아 다니던 친구들과 헤어져서 새로운 친구들과 합류를 반복하는 아이도 있었다. 여기서도 애를 먹이는 아이들은 여전히 있었다. 송이는 입장할 때 버스에서 나누어 준 자유이용권을 잃어버리는 바람에 단체사진도 찍지 못하고 관계자에게 재발급을 요청했고, 다은이는 출발할 때가 다 되었는데 휴대전화를 잃어버렸다고 해서 지나온 식당과 상가를 다시 방문하며 확인해야

했다. 우여곡절이 있었지만 결국 하우스 텐 보스 여정은 잘 마무리되었다. 선박으로 돌아오니 이제 선박이 집처럼 편한 모양인지 "집에 왔다"고 말하는 아이까지 있었다. 나가사키 항 야경을 뒤로하며 후쿠오카를 향해 출발했다. 아이들과 함께했던 짧지 않은 시간들을 돌아보며 이들이 훗날 사회경제 활동에 참여하게 될 때까지 해외여행을 주제로 이야기하는 시간이 있을 때 당당하게 이번 어린이선상학교에서 체험한 내용을 이야기해 주었으면 하고 바랐다.

아홉째 날 마지막 기항지인 후쿠오카 항에 일찍 정박했다. 이제 기항지 프로그램에도 제법 익숙해졌는지 하선부터 버스 승차까지 매끄럽게 이어졌다. 여전히 날씨는 무더웠으나 실내 활동이 많은 날이라 다행이었다. 우주과학관과 후쿠오카 시민방재센터 체험을 마치고 쇼핑센터를 들렀다. 아이들은 작지만 소중한 기념품들을 고르고 구입하느라 부산스러웠다. 승철이가 구입한 물건을 언제 개봉해도 되는지 물었다. 가족에게 선물할 것이라는 생각에 한국에서 개봉해야 한다고 대답했는데, 방 친구에게 선물하고 싶은데 여기서 열면 안 되냐고 재차 묻는다.

천방지축이지만 천진난만하고, 순수함과 잠재력을 지닌 아이들이다. 그 잠재력을 높이 사고 싶다. 어릴 적 출발은 모두 같지만 삶의 배경과 환경이 아이들에게 순위를 매기는 것 같아 마음이 많이 편치 않지만 말이다.

이제 아이들은 일상으로 돌아가고 어린이선상학교는 시간이 지남에 따라 기억에서 멀어져 한때의 추억으로 남을 것이다. 우리는 어린이선상학교를 함께한 친구들과의 인연을 오래 간직할 수 있도록 1, 2, 3기가 한자리에 모이는

홈커밍데이를 준비하고 있다.

여행 초기 복도와 선박 구석구석을 질주하며 시끄럽게 만들었는데도 아이들을 예쁘게 맞아 주신 모든 참가자분들께 죄송함을 전한다. 그리고 어린이 선상학교에서 아이들의 생활교사 역할을 수행하며 배운 것이 더 많았다고 이야기해 준 선생님들, 특히 폐광지역 4개 시·군 교육지원청 복지사 선생님들께 꼭 감사의 말씀을 전하고 싶다. 그리고 무사히 여행을 마치고 현실로 돌아간 아이들에게 고맙고, 덕분에 행복했다고 말하고 싶다. 마지막으로 좋은 프로그램을 구성하고 진행해 주신 환경재단 최열 대표님을 비롯하여 모든 스태프에게 감사함을 전한다. 감사합니다.

삶은 여행이다!

조성희
태백교육지원청 교육복지사
사진/ ⓒ강원랜드

9박 10일 여행의 여운이 사라지기 전에 몇 자 적는다.

폐광지역 4개 시·군(태백, 삼척, 영월, 정선)의 아동 44명과 함께하는 피스&그린보트에 인솔교사 19명 중 한 명으로 승선했다. 작년, 재작년에 초등학교에 근무하면서 선상학교 업무를 맡았기 때문에 이 사업에 대해 간략하게나마 알고는 있었다. 그때는 이 사업이 그리 매력적이라고 생각하지 않았다. 교육적 취약아동이 대상자인데, 피스&그린보트 일정은 매우 사치스럽고 호화스러워서 오히려 아이들에게 자신의 현실과 심한 괴리감을 심어줄 것만 같았기 때문이다. 나로서는 배로 여행을 한다는 것도 약간 고민이었다. 10일 동안 배 안에서 생활할 자신이 없었다. 그러나 모든 것은 '기우'에 불과했다. 겉에서 보는 것과 그 안으로 직접 들어가서 보는 것에는 많은 차이가 있었다.

나는 삼척, 영월, 태백 아이 3명과 객실 7049호에 배정되었다. 평소 먹던 집 밥과 사뭇 다른 식당 메뉴에 눈물부터 흘리며 주변 사람들을 당황하게 만든 민서, 붙임성이 뛰어나고 활달했지만 정이 많이 그리웠던 단비, 별 말 없이 조용조용 자기 주변을 챙긴 연화. 각기 다른 성격의 세 아이는 처음엔 서로를 이해하지 못해 곧 잘 다투어서 내가 자주 나서서 중재를 해야만 했다. 시간이 흐르면서 아이들은 자신과 많이 다른 상대를 인정하고 어울리는 법을 하나씩 터득해 갔다. 함께 수업을 듣고, 함께 체험을 하고, 함께 먹고, 함께 자고, 함께 박수치며 깔깔대는 사이, 아이들은 너나 할 것 없이 서로를 챙기고 있었다.

며칠이 지나자 아이들은 속에 품고 있던 이야기를 털어 놓았다. 어릴 때부터 할머니와 살면서 동생까지 챙겨야 하는 책임감에 잔소리가 몸에 배어 조숙해진 아이, 복잡한 가정사에 엄마의 정이 그리운 아이, 그래서 친구의 사랑도 독차지하고 싶어 괴로워하며 서러운 눈물을 훔치던 아이. 말은 안 하고 있지만 다문화 가정이라는 이유로 주변의 시선에 그냥 괴로웠을 아이. 아이들은 가슴 아픈 상처를 한두 개씩 간직하고 있었다. 하지만 내가 할 수 있는 일이란 고작 아이들의 이름을 많이 부르고 사소한 일에 관심을 가지며, 아이들의 이야기를 들어 주고 다독이는 게 전부였다. 그래도 여기서만큼은 내가 아이들의 엄마가 되어 주고 싶었다. 얼마나 좋은 배 위의 엄마였는지는 모르겠지만.

날이 더우면 아이들은 갑판 위 수영장으로 뛰어갔다. 그러면 나는 옆방 선생님들과 함께 오후 3시에 무료로 제공되는 차와 쿠키를 먹으러 달려갔다. 아이들이 선상학교 수업을 듣는 낮 동안에는 정말 다양하고 유익하게 구성된 프로그램에 참가했다. 모든 프로그램에 참가하고 싶어서 몸이 한 개인 것이 억울했다. 낮에는 무게 있는 내용의 열띤 논쟁이 가득했던 강의실이 밤이면 90년대 나이트클럽, 살사댄스 교습소, 노래방으로 변신했다. 아이들을 인솔

해야 했기 때문에 마음껏 원하는 프로그램에 참가할 수는 없었지만 골라 듣는 재미가 있었다. 특히 동시통역이 인상 깊었다. 가끔씩 통역사의 입만 바라보기도 했다. 2개 국어로 강의를 들을 수 있다는 것 자체가 너무나 매력적이고 흥분되는 일이었다.

배 위에서는 틈나는 대로 국적, 생김새, 하는 일, 성격, 생각이 모두 다른 사람들이 어떻게 살아가는지 유심히 살펴보았다. 그러면서 나는 어떤 삶을 살아야 할까를 고민했다. 늦은 밤에는 홀로 갑판에 올라 깜깜한 바다를 바라보며 이런저런 생각에 빠져들었다. '삶은 여행'이라는 주제로 가수 이한철 씨의 콘서트가 있었다. 그렇다. 삶은 여행이다. 그런데 내 삶은 순항하고 있는 걸까? 가족들과 지인들의 얼굴이 하나씩 떠올랐다. 눈물이 나려 했다. '그래 성희야! 이 정도면 잘하고 있는 거야. 앞으로 더욱 파이팅 하자!'를 외치며 내 삶을 돌아보기도 했다. 피스&그린보트가 차갑고 어두운 밤공기를 헤치며 전진하듯이, 내 인생도 앞으로 앞으로 나아가고 있다. 배와 인생은 절대로 뒤로 가지 않는 법이니까. 집으로 돌아와 나의 일상을 살면서도 문득 이 여행의 여운을 곱씹으며 삶을 점검하게 될 테다.

몇 년 후 이 배에 강사로 탑승하게 될 아이가 반드시 있을 것이라는 조명진 박사님의 말씀이 있었다. 피스&그린보트는 어린 탑승자들에게 꿈을 만들어 주고 그 꿈을 이루기 위해서 어떻게 해야 하는지를 보고 느끼게 해준다. 어른들에게는 자신의 삶을 돌아보게 하고 더 멋지고 알찬 삶을 위해 어떤 준비를 해야 하는지를 보여 준다. 일상에서 멀어진 망망대해를 떠돌며 보이는 것은 오로지 철썩이는 파도요, 수평선이요, 하늘의 반짝이는 별뿐인 곳에서 진지하게 '삶'을 생각하게 해준다. 이것이 피스&그린보트의 가장 큰 매력이 아닐까 생각한다.

그 밖에도 피스&그린보트는 삶에 대한 귀한 선물을 품고 있다. 그 선물을 찾느냐 찾지 못하느냐는 탑승자 개개인의 책임이다. 같은 배를 타면서도 얼마나 많은 것을 느끼고 감동을 받아서 자신의 삶의 원동력으로 만들 수 있을지는 사람마다 다르다. 아이들 또한 아직은 어리지만 기나긴 삶의 여정에서 이 여행에서 느낀 것들이 분명 큰 밑거름이 되리라 확신한다.

처음 방을 배정받았을 때는 아이들 생각만 해도 입가에 미소가 절로 그려지게 되리라고는 생각지도 못했다. 집에 가서도 식사 후 '피니쉬'를 거만하게 외칠 것만 같은 아이들. 아이들이 나와 다른 국가의 사람들, 다른 성격의 친구들, 다른 문화를 많이 보고 느끼고 깨닫고 이해했기를 바란다. 그리고 러시아에서 만난 나의 파트너 '이고르'(14살), 홋카이도에서 만난 동향의 대학 후배,

아이들의 서툰 일본어에 열심히 대답해 주었던 멋진 일본 할아버지, 아침마다 객실 청소를 해주던 예쁜 미소의 '마리', 식탁 의자를 매너 있게 당겨 주던 그분들 모두를 잊지 않을 것이다. 일본인들에게 우리의 한복 '치마저고리'를 홍보하자고 아주 많이 용기를 주신 옆방 최 선생님, 이 멋진 프로그램을 기획하고 운영하신 강원랜드 선생님들과 환경재단 직원분들 모두를 결코 잊지 못할 것 같다.

덧붙여, 광복 70년을 맞이하는 한국인과 일본인의 마음은 사뭇 다르겠지만, 한배를 탄 우리는 같은 꿈을 꾸었으리라 생각한다. 우리 후손들에게 밝은 미래를 물려주고, 다시는 가슴 아픈 역사를 만들지 않기를 바라는 꿈 말이다. 그리고 평화와 환경에 대해서만큼은 하나의 마음이 되었을 것이다. 배에 탄 이들의 소망이 반드시 이루어지기를 바란다. 많은 것을 가능하게 해준 환경재단과 피스보트 측에 큰 박수를 보내며 감사를 드리고 싶다.

지금도 내 발밑으로 바닷물이 흐르는 것 같고, 눈만 돌리면 사방에서 온통 푸르른 바닷물이 보일 것 같다. 꿈에서 현실로 돌아온 이상한 나라의 앨리스처럼 한동안 멍한 상태가 지속될 것 같다. 아직도 몸이 천근만근이지만 실없는 미소가 자꾸만 번진다.

인연이란, 실로 코끼리를 끌어당기는 힘

김태영
강원랜드
사진/ ⓒ김태영

김태영
강원랜드
사진/ ⓒ김태영

피스&그린보트 두 번째 탑승

나는 운이 좋은 사람이다. 남들은 한 번 가기도 힘든 회사에서 보내 주는 해외여행, 그것도 크루즈 여행에 두 번이나 참여할 기회를 얻었기 때문이다. 2013년 10월, 아득한 기억 속 한 페이지로 남은 그 열흘간의 추억은 2년이 지난 지금도 가끔 나를 먼 바다로 데려간다.

첫 번째 여행을 마치고 돌아오니 여러모로 참 많이 아쉽고 후회스러웠다. 2013년 당시, 나는 여행 마지막 날이 되어서야 그간 곁눈질로만 훔쳐보던 유성용 님, 김소연 작가님, 정유희 기자님, 이한철 님에게 함께 사진을 찍자고 용감하게 요청하고 명함을 날렸더랬다. 그렇게 끝난 여행에서 가장 아쉬웠던 점은 '왜 낯선 사람에 대한 경계심을 내려놓지 못했을까? 왜 그 망망대해 위에서도 함께 여행했던 어떤 이의 불평이 발바닥 아래 티눈처럼 나를 괴롭히도록 가만히 두었을까?' 하는 것이었다.

타인과 주변의 영향을 매우 잘 받는 편인 나는 이번 여행을 시작하며 두 가지를 다짐했다. '모르는 사람들과 많이 사귀자. 불평하지 않는 시간을 보내고 돌아오자.' 내가 아는 피스&그린보트는 그

커다란 오션드림호와 열흘간
함께 방을 쓴 송이, 큰 민영이,
작은 민영이

랬다. 모르는 사람이라도 말을 걸어오면 반갑게 인사하고 짧은 시간에 친구가 되는, 일상생활 속에서 혈압과 목청을 올리며 핏대를 세웠던 그 문제들이 아무것도 아님을, 아니, 나라는 존재조차도 아무것도 아님을 알게 되는 공간. 적어도 열흘 동안은 나를 둘러싼 그 모든 문제들이 멈추고 피스&그린보트만이 세상의 전부가 되었다.

선생님의 열흘

문득 이런 말이 떠올랐다. 인간은 망각의 동물이라 첫 아이를 낳을 때 그 고통이 너무 심해 '다시는 아이를 낳지 않을 거야!'라고 결심했다가도 이내 그 고통을 잊어버린다고. 생명의 탄생에 비유할 만큼 그리 대단한 일은 아니지만 나는 그 심정이 무엇인지 1퍼센트쯤은 알 것 같다. 아이들과 24시간을 함께 지내는 것은 출산이 기쁨과 고통을 동시에 안기는 것과 유사할 것이라 감히 비유해 본다. "나는 누구? 여기는 어디?"를 외칠 만큼 정신이 쏙 빠지는 힘든 일인 동시에 행복한 일이기 때문이다.

아이들과 함께 생활하기는 피스&그린보트가 생활교사들에게 내준 아주 어려운 과제이다. 나는 2013년에는 6학년, 이번에는 5학년 아이들을 맡았는데, 아이들을 대할 때 고민되는 것들이 한두 가지가 아니다. 아이가 무엇인가 잘못해 혼을 낼 때 어떻게 해야 상처를 주지 않으면서 아이의 행동을 고칠 수 있을까

아이들은 태양이 작열하는 정오에도, 석양이 아름답게 지는 저녁에도 피스&그린보트 풋살장을 누비고 다녔다. 시간이 가는 줄도 모르고 바다 위를 그렇게 뛰고 또 뛰었다.

고민한다. 또 어떻게 해야 좀더 아이들과 친밀감을 느낄 수 있을까, 어떻게 해야 세 아이가 조금씩 서로를 배려하며 왕따를 시키는 일 없이 함께 열흘간 잘 보내도록 도울 수 있을까, 그리고 어린이선상학교에서 각 기업이 담당하는 시간에는 어떤 프로그램을 만들어야 아이들에게 즐거운 추억으로 남을까, 끊임없이 고민하게 된다.

생활교사들은 다들 그렇게 서투른 손길을 아이들에게 내밀고, 아이들은 선생님을 혼란에 빠뜨린다. 그리고 오랜만에 찾아온 온전한 자유를 만끽하며 선내 전체를 자기 집처럼 종횡무진한다.

선내에서 아이들을 돌보며 생활하다 보면 우려되는 점들도 하나둘 눈에 띄게 마련이다. 사회복지사나 교사들은 경험을 통해 아이들을 대할 때 주의해야 할 점을 알고 있거나 자신들만의 교육 비결이 있을 것이다. 그러나 각 기업의 생활교사들은 각자 주어진 분야의 업무를 하다가 갑자기 생활교사라는 낯선 역할을 수행해야 하는데, 열흘간을 꼬박 아이들과 밀착해 생활하기 때문에 인격 전체를 아이들에게 그대로 노출하게 된다. 아이들 교육에 대해 전혀 모르는 생활교사들이 대부분이기에 문제점이 여기저기에서 속출한다. 아이에게 무턱대고 꿀밤을 먹이는 선생님, 아이들이 받을 상처는 생각하지 않고 자신도 모르게 심한 말을 내뱉는 선생님, 밤만 되면 아이들을 방에 두고 홀연히 사라져 버리는 선생님도 있다.

또한 피스&그린보트에는 일본인들도 탑승하고 일본인의 대부분이 비교적 고령인 것을 고려하면, 교사들은 아이들이 조금 더 남을 배려하고 기본적인 매너를 지키며 생활할 수 있도록 최대한 지도하여야 한다. 그런데 그런 책임감은 온데간데없이 순전히 즐기는 게 우선인 생활교사들도 있기에 눈살을 찌푸리게 되는 순간들이 있다. 그래서 참여한 기업은 앞으로 생활교사 선정 방법에 대한 고민, 그리고 열흘이라는 짧지만 긴 시간 동안 지켜야 할 생활교사로서의 태도 등에 대한 교육 문제 등을 해결해야 한다. 더불어 아이들이 선내에서 지켜야 할 수칙이나 매너를 조금 더 잘 익혀서 성숙한 모습을 보일 수 있도록 사전캠프에 이러한 내용을 포함시켜야겠다는 생각도 들었다. 물론 한창 뛰어 놀아야 할 아이들이지만 자율 속에는 언제나 규칙과 책임도 따른다는 것을 공동생활 속에서 배우길 바란다. 그렇게 우리 모두는 피스&그린보트를 앞으로 더 건강하게 오래도록 지속하기 위한 고민을 멈추지 말고 계속해야 할 것이다.

밤 10시, 피스&그린보트에서 다른 사람들이 모르는 우리들만의 은밀한 이벤트가 열렸다. 이는 프로그램을 진행하던 생활교사 선생님의 말 한마디에서 시작되어 엄청난 파급효과를 일으켰다.

"오늘 밤, 방을 가장 예쁘게 꾸민 조를 뽑아서 선생님들이 큰 선물을 주겠어요."

말이 끝나자마자 쏜살같이 방으로 내려간 아이들은 그간 보인 태도와 전혀 다르게 갑자기 방청소를 시작했다. 아마도 자신들만의 공간이라 생각해 그동안 마구 사용했던 방을 누군가가 와서 본다는 생각이 아이들을 움직인 것 같다. 밤 10시쯤 우리 생활교사들은 마치 〈슈퍼스타 K〉의 이승철이라도 된 것마냥 심사표를 가장한 필기도구를 들고 각 방으로 향했는데, 정말 놀라운 광경들을 만나게 되었다.

그날 밤, 아이들은 밤늦도록 분주히 방을 치웠고, 자신들만의 아이디어를 심사위원들에게 어필했다. 방을 '선상갤러리'라는 이름으로 그럴싸하게 꾸미고는 자신이 방의 가장 큰 작품임을 내세우기도 하고, 레스토랑에서 주던 딸기잼과 오렌지잼을 잘 봐달라며 심사위원들 손에 쥐어 주기도 했다. 오션드림호의 방이 이렇게 예뻤던가? 기항지 프로그램으로 낮 동안 힘들었을 법도 한데 아이들의 이런 에너지에 생활교사들도 피곤을 잊고 즐거워했고, 또 하나의 재미난 추억을 만들었다는 생각에 너무나도 뿌듯한 밤이었다.

배 위에서 만난 인연, 인연

처음 피스&그린보트에 참여했을 때 이 여행의 가장 큰 매력은 선내 프로그램에 있다고 단언했다. 일상을 살며 어쩌다 한 번 큰마음을 먹고 먼 길을 가야만 들을 수 있는 강연을 피스&그린보트에서는 매일매일 만날 수 있기 때문이다. 아이들이 어린이선상학교 프로그램에 열중하는 동안 평소에 쉽게 만날 수 없는 분들의 강연을 찾아, 듣고 배우고 느낄 수 있었던 시간들….

이번에는 특히 평소 좋아했던 은희경 작가님과의 만남이 좋았고, 소리를 양탄자처럼 타고 노는 듯했던 장사익 선생님의 공연에서는 꿈을 꾸는 것 같은 느낌마저 들었다. 엄홍길 대장님의 강연은 또 어떤가! 히말라야를 등반하며 수차례 실패와 좌절을 겪고 주변 사람들의 죽음을 눈앞에서 목격하며 겪었을 고통은 말로 표현하기 힘들 것이다. 하지만 결코 포기하지 않고 목표를 위해 자신의 모든 것을 바친 대장님의 강연은 인간의 신념이 모든 것을 이길 수 있다는 확신을 주었다.

피스&그린보트를 네 번째 탑승한다는 정유희 기자님은 자주기획 프로그램으로 봉숭아 물들이기를 진행했다. 봉숭아 가루를 미리 준비해 참가자들이 다 함께 손톱에 물을 들이는 것이다. 어릴 때 밤잠을 설치며 봉숭아물을 들이던 추억이 새록새록 피어났다. 일본인들에게 봉숭아물에 대해 설명하며 일일이 참가자들을 살피던 정유희 기자님의 모습도 무척이나 인상 깊었다. 아직도 내 손톱에는 그때 들인 봉숭아물이 고스란히 남아 있다.

아이들과 함께 아이스크림을 먹으며 V 하는 젤리 선생님

다시 한 번 피스&그린보트에 탑승한다면 나도 정유희 기자님처럼 특색 있는 자주기획 프로그램을 진행하고 싶다. 그런데 아무리 생각해도 봉숭아 물들이기만큼 좋은 것이 없다!

선내에서 맺은 인연 중 기억에 남는 사람을 꼽으라면 누구나 환경재단의 스태프를 꼽을 것이다. 그중에서도 어린이선상학교를 통해 만난 환경재단 소속 젤리 선생님은 아이들에게 단연 인기 짱이었다. 젤리 선생님은 한결같이 친절했고, 아이들을 진심으로 대했다. 한시도 긴장을 늦추지 않고 아이들을 직접 챙기려 애쓰는 모습이 너무 예뻐 보였다. 환경재단 스태프들은 이렇게 각자의 자리에서 늘 제 몫의 최선을 다하는 모습을 우리에게 보여 주었다.

이밖에도 각양각색의 선내 프로그램에서 피스&그린보트의 취지에 따라 환경과 평화를 고민하고 이야기했고, 각 지자체에서 오신 공무원 선생님들도 만날 수 있었다. 아이들을 챙기느라 많은 대화를 할 기회는 없었지만 〈선상리더십 과정〉에 참여하신 분들의 사명감에 놀랐다. 많은 사람들과 만나는 것만으로도 피스&그린보트의 시간은 너무 빠르고도 빨랐다.

기항지의 매력 속으로!

이번 피스&그린보트는 순탄한 항해를 했다. 날씨도 좋고 파도도 잔잔했다. 나는 사람들에게 2013년에 참가했던 경험을 뽐내며 "이 배는 지금 멈춰 있는 것과 같다"는 말을 자주했다. 블라디보스토크에 도착해 버스에 탑승한 우리는 바닷가에 위치한 어느 학교로 향했다. 그곳에 도착하니 뜻밖에도 러시아 어린이들이 한꺼번에 나와 환영의 춤을 추며 우리를 맞이했다. 아는 러시아어라고는 버스에서 가이드 선생님이 알려 준 "즈드라스뜨뿌이쩨!"(안녕!)가 전부인데…. 아이들은 물론이고 함께 간 선생님들까지 눈이 휘둥그레져서

러시아 친구들과 함께 포즈를 취하는 은선이와 민경이

어쩔 줄 몰라 하고 있었는데, 러시아 사람들이 어른이고 아이고 할 것 없이 다가와 손을 잡고 춤을 추기 시작했다. 갑자기 벌어진 상황이었지만 이내 모두들 먼 타국에서 처음 본 그들과 함께 즐겁게 춤을 췄고, 우리는 모두 친구가 되었다.

　살다 보면 자연스레 깨닫는 것들이 있다. 사람과 사람 사이에는 그렇게 많은 말이 필요치 않고 때로 눈빛이나 수줍은 미소 하나만으로도 모든 것이 통한다는 것. 그날 아이들은 정말 어디에서도 할 수 없는 값진 경험을 했고, 우리 아이들도 러시아의 어느 마을에서 친구들과 춤을 추며 시간을 보냈던 그날을 오래 기억할 것이다.

　이 밖에도 기항지 프로그램들은 하나하나 유익했다. 가상의 우주 속에서 별을 보고, 안전교육을 체험하고, 아이스크림을 만들고, 오르골이 유명한 오타루 거리를 함께 걸어 보고…. 물론 피스&그린보트는 선내 프로그램만으로도 충분히 풍성하고 즐겁지만 이번 여행에서 만났던 기항지들은 언젠가 꼭 다시 가고 싶은 나만의 여행리스트에 기록될 만큼 참 좋은 기억으로 남았다.

나침반 삼아 다시 앞으로!

이번 여행을 통해서 나는 또 참 많은 것을 배웠다. 초등학교 5학년, 그 안에 있는 너무나도 거대한 우주를 발견했고, 그 앞에 아무것도 아닌 나 자신을 발견했다. 두 번째 참여한 피스&그린보트에서 보낸 9박 10일은 발견하고 돌아보고 새로운 꿈을 만든 너무나도 소중한 여행이었다.

헤어짐을 아쉬워하던 마지막 날, 절대로 울 것 같지 않던 악동들의 눈에서 눈물이 흘렀다. 24시간을 붙어 지내며 든 미운 정 고운 정 때문에 선생님들도 모두 울었다. 법정스님의 말씀처럼 인연이란 실로 코끼리를 끌어당기는 힘과 같음을 다시 한 번 깨닫는 시간들이었다. 44명의 아이들, 선생님들, 환경재단 스태프들, 함께 배를 탄 사람들, 멋진 게스트들, 기항지에서 만난 사람들, 그리고 지면에 모두 담지 못한 사람들까지, 이번 여행에서 우리는 참 좋은 사람들을 만났다. 그리고 여행을 함께한 우리 모두는 이제 그 추억을 나침반 삼아 앞으로 나아갈 것이다.

헤어짐이 아쉬워 울다가 토끼눈이 된 아이와 젤리 선생님

우리들은
그곳에 있었다

고하늬
피스&그린보트 스태프

작년 피스&그린보트의 기항지였던 오키나와에서 1년간 교환학생으로 공부하면서 처음 이 프로그램을 알았다. 여행을 좋아해서 방학에는 집에서 자는 날을 손에 꼽을 정도로 돌아다니던 내게 10일간의 크루즈 여행은 말 그대로 '설렘' 그 자체였다. 게다가 한국에서는 문예창작을 전공하고 일본에서는 법문학부에서 일본어를 공부하는 학생으로서 한일관계와 역사를 계속 공부하던 터였다.

지난 3월, 한국에 돌아오자마자 피스&그린보트에 대해 알아보았다. 마침 자원봉사자 모집이 진행 중이었다. 마감일 끝 무렵 겨우 서류를 보냈고, 면접을 보고 오리엔테이션까지 다녀왔다. 고향 여수에서 서울을 오가는 8시간은 전혀 지루하지 않았다. 이전에 발간된 피스&그린보트 항해일지를 도서관에서 전부 빌려 이동시간에 읽었기 때문이다. 머릿속으로는 이미 출항한 다음을 상상하느라 분주했다.

긴 기다림 끝에 드디어 8월 1일. 환경재단 스태프와 자원봉사자들 모두가 부산에서 만났다. 그리고 어떻게 잠이 들었는지도 모르게 드디어 승객을 맞이하는 첫날이 다가왔다.

© 환경재단

© 고하늬

　나는 환경재단 스태프의 형광초록색 조끼를 입고 부산 국제크루즈터미널 입국장에서 승객들의 여권 커버를 체크하고 안내하는 일을 맡았다. 아무것도 모르는 상태로 투입되었기에 입국심사를 받아야 하는 한국인 승객과 후쿠오카에서 먼저 탑승해 기항지 투어를 하려는 일본인 승객이 섞였을 때는 잠시 혼선을 빚기도 했다. 그러나 승객분들은 피스&그린보트를 탄다는 설렘으로 나의 실수에도 활짝 웃으며 잘 부탁한다고 격려해 주셨다. 한국분들이 모두 탑승했다는 사인을 받고서야 오전에 급하게 짐만 두고 나왔던 배에 탑승할 수 있었다. 배에 올라타자마자 환경재단 스태프들이 상주하는 퍼시픽과 우리 어린이선상학교가 진행될 스타라이트 등의 위치를 꼼꼼히 확인했다. 어느새 저녁이 되어 투어에 나갔던 일본인 참가자들이 귀선했고, 한일 참가자가 모두 참여한 출항식과 함께 피스&그린보트는 부산을 떠났다.

　기항지에 나가지 않는 날이면 아침 9시부터 8층 스타라이트에서 어린이선상학교 수업이 진행되었다. 보통 수업은 오전에 하나, 오후에 하나씩이었다.

아이들은 아직 배 생활에 적응하지 못한 데다 130명이나 되어 서로 서먹서먹했지만, 졸린 눈을 비비며 한 명도 빠짐없이 들어오는 모습이 너무도 예뻤다. 수업이 진행되는 스타라이트는 뱃멀미 방지를 위해서 실내온도를 항상 낮게 유지했는데, 담요를 두른 채 고개만 쏙 내밀고 수업을 듣는 아이들의 모습이 꼭 아기새 같았다. 재미있는 마술이나 노래를 하는 수업부터 조금은 딱딱할 수 있는 수업, 지루하다고 느낄 수 있는 백일장 시간까지도 아이들은 정말로 신나게 뛰어 놀았다.

아이들과 함께한 10일 동안 내 기억에 가장 강하게 남아 있는 두 가지를 이야기하고 싶다.

첫 번째는 바로 첫 기항지인 러시아 '블라디보스토크'. 이번 여행의 첫 기항지인지라 스태프들이 모두 바짝 긴장하고 있었는데, 특히 기항지 투어 스태프들의 고생이 많은 날이었다.

어린이선상학교 팀은 러시아 윤가 캠프에서 어린이 교류 프로그램을 진행할 예정이었다. 그런데 러시아 입국심사에 예상보다 시간이 많이 걸렸다. 모든 스케줄이 한 시간 이상 지연되었고, 그 바람에 아이들은 기다림에 지쳐 짜증이 나 있었다.

윤가 캠프에서는 통역 없이 몸으로 부딪치며 교류 프로그램이 진행되었다. 처음 도착한 기항지에서 아직 모든 것이 낯선 아이들에게는 통하지 않는 언어도, 시원한 배에서 나와 더운 바깥을 다녀야 하는 상황도 모조리 스트레스로 다가온 모양이었다. 러시아 측에서 준비한 레크리에이션에 참여하는 것이나, 제대로 설명을 듣지 못한 상황에서 러시아 아이들과 현지 음식을 먹어야 하는 상황도 힘들어 했다. 결국 입에 맞지 않는 음식 때문에 울음을 터뜨리거나, 얼마 먹지도 못한 것을 게우는 아이들까지 생겼다. 오후 레크리에이션에서는 아프다고 꾀병을 부리는 아이들이 속출했고, 전체적으로 분위기가 많이 가라앉았다. 아이들은 그늘로 피신하거나 바닷가로 나가려고 했다.

보다 못한 나와 어린이선상학교 선생님들이 아이들 속으로 뛰어들어가 함께 즐기기로 했다. 오후에는 팀을 나누어 러시아 친구들과 게임을 해서 미션을 통과하면 쿠폰을 받아 간식을 교환해 먹을 수 있게 했다. 러시아어를 할 줄 모르는 건 우리 선생님들도 마찬가지! 손짓 발짓을 하면서 재미있게 프로그램에 참여하자 여자아이들이 따라붙기 시작했다.

"선생님, 뭐하는 거예요?"

호기심이 생긴 아이들이 눈치로 통역을 하는 나에게 다가와 같이 프로그램에 참가했다. 선생님들은 각자 다른 곳에서 게임을 즐겼는데, 우리가 구세주처럼 보였는지 러시아 아이들도 우리 아이들도 달라붙어서 게임에 참여하기 시작했다. 그 덕에 헤어지는 시간에는 작별인사를 할 시간이 부족할 정도였고, 아이들은 친구들에게 줄 선물을 챙겨오지 않은 것이 후회된다고 울상을 지으며 창문에 매달려 손을 흔들기에 여념이 없었다.

두 번째는 보트에 탑승한 지 7일째, 이전 기획이 취소되고, 갑자기 기획한 〈생존 일본어〉 프로그램이 있던 날.

승선 3일째 날, 황지우 시인을 모시고 〈선내 백일장〉을 열었는데, 일본인 500여 명이 탑승했지만 친해지고 싶어도 일본어 한마디 하지 못해 뒷모습만 바라봐야 했다며, 쉽게 꺼내지 못한 속마음을 시로 적은 아이들이 많았다. 그래서 남은 시간 동안 어떻게 하면 아이들이 일본인과 교류할 수 있을지 선생님들이 머리를 맞대고 프로그램을 짜기 시작했다.

자주기획 신청이 마감된 늦은 시간이었지만 환경재단분들의 도움으로 장소를 섭외했고, 한국 측 통역 스태프 박지연 선생님의 성인용 일본어 수업자료를 제공받을 수 있었다. 그리고 선생님들은 아이들이 최대한 쉽고 재미있게 일본어를 배울 수 있도록 새벽까지 어린이용 수업자료를 만들었다.

우리에게 주어진 시간은 단 한 시간. '생존 일본어'를 테마로 처음 20분은 인사말과 자기소개를 가르치고, 아이들이 상대방에게 성함과 직업, 그리고 어디에서 왔는지까지 인터뷰할 수 있게 했다. 이후 20분간 배운 내용을 토대로 8층에서 일본인 참가자를 찾아 실제로 대화하도록 유도했다. 처음에는 어떻게 하냐며 선생님 뒤로 숨더니 막상 인터뷰를 시작하자 재미있었는지 최소 2명 이상이라는 미션을 넘어 주어진 칸이 모자랄 정도로 인터뷰를 해오는 아이들도 있었다. 남은 20분 동안에는 배운 내용을 복습하고 다음날 나가사키에서 자유시간이 길기 때문에 길을 잃어버릴 상황을 대비하여 몇 가지 일본어를 더 가르치기로 했다. 계속되는 수업에 아이들 집중력이 떨어져 어수선해지지 않을까 걱정했는데, 다행히 일본어가 재미있었는지 아이들은 정신없이 수업에 몰두했다.

수업 후 일본어에 자신감이 생겼는지 저녁식사 시간, 식당에서 일본 참가자와 함께 앉아서 인사를 건네거나 자기소개를 하는 모습이 눈에 띄었고, 그런 모습을 보며 우리 선생님들은 흐뭇한 마음에 웃음을 지을 수밖에 없었다. 갑작스러운 인터뷰 요청에 하던 일까지 멈추고는 보고 읽으며 더듬거리는 아

ⓒ한경희

이들의 일본어를 끝까지 들어 주고 아이들이 알아들을 수 있게 천천히 손짓을 섞으며 대답해 주신 일본 참가자들에게 너무 감사할 따름이었다.

여행기간 동안 힘든 일도 많았다. 스태프는 기항지에서 승객들보다 1시간 일찍 승선을 해야 했기에 기항지를 30분밖에 보지 못했고, 저녁에는 일본팀과의 회의, 환경재단 내부 회의, 그리고 팀별 회의까지 하다 보면 잠을 제대로 자지 못하는 날이 허다했다. 하지만 매일매일이 즐거웠고, 재미있는 에피소드들로 넘쳐 났기에 누구 하나 힘들다는 불평 없이 서로 도우며 무사히 항해를 마칠 수 있었다.

10일간 24시간을 함께하는데도 만나면 이야깃거리가 있었고, 지나다닐 때마다 웃음이 꽃봉오리처럼 터져 나왔다. 신기한 건 그 모든 것이 배에서 내리고 일상생활로 돌아온 지금까지도 머릿속에 생생하다는 것이다. 아직도 사진을 보면 아이들의 웃음소리가 들리고 우리 선생님들의 얼굴이 떠오른다.

꿈 같은 10일이었지만 '우리들은 그곳에 있었다'. 1,100여 명의 탑승객들이 각기 여러 가지 생각과 마음으로, 그러나 환경과 평화를 그리는 한뜻으로 보트에 올라탔다. 나 또한 그곳에 있었다는 것이 정말로 자랑스럽고 행복하다. 그리고 벌써 내 마음은 내년 8월, 피스&그린보트를 향하고 있다.

날아다니는 파도   이다연

선생님을 기다리는 객실 안의
새벽
창문을 보자
어머, 파도가 날아다니네?
그런데 친구가 말하기를
"야 저거 갈매기그든!"
내 눈엔 갈매기가 하나의 화려한
파도처럼 보인다.

> '파도'를 '갈매기'로 착각하는 연상작용(파도≒갈매기)이 재밌다.
> 은유는 이러한 적극적인 착각을 통해 새로운, 제3의 의미를 만들어 낸다.
> 보다 참신한 의미가 나오도록 최초의 착각을 더 안으로 뚫고 들어갔으면 좋겠다. - 황지우

사과   봉서현

사과는 얇은 옷을 입고 있다.
그 옷 뒤엔 무언가를 보호하듯 덮여 있다.
그 안에는 무엇이 있을까.
안을 보려고 쪼개고 또 쪼갰다.
그 속에 있던 건 작은 씨.
그걸 보니 사과가 엄마 같이 보인다.
사과나무는 몇 년 동안 커서
열매를 맺는다.
그 사과를 보호하듯 옷을 입히고
두껍게 감싸고 클 때까지 안고 있는다.
엄마는 결혼을 하고 아이를 낳는다.
그 아이가 추울까 옷을 입히고
안아 주고 예뻐해 준다.
20살이 넘고 철들 때까지 보살펴 준다.
사과나무는 엄마 같다.

> 돌고래와 자신의 공통점을 발견했네요. 하하.
> 말이 안 통해서 부끄러움을 타게 되지만, 그 생각이 돌고래라는 친구를 발견하게 해준 거죠!
> - 은희경

돌고래   김윤혁

돌고래는 부끄럼을 많이 타는 것 같다.
아침엔 가고 저녁에도 보여도 흐릿하게 보인다.
돌고래는 우리가 블라디보스토크에 있던 거 같다.
러시아 친구들과 말이 안 통해 나서지 못한 것 같이
돌고래도 우리에게 나서지 못하는 것 같다.

©강원랜드

크루즈 여행을 하면서
지호진

2015년 8월 4일 (화)
나는 황지우 시인을 만나서 좋은 말을
들었어요. 또 알지 못했던 것들도 알게
되었어요. 하지만 그것 말고도 가장
중요한 게 있어요.
바로 바로 뭐냐고요 황지우 시인이
위대하다는 것이에요. 또 시인은 하기
힘든 직업이라는 것도 알게 되었어요.

바로 바로… 시인이
위대하다는 것.
웃음이 지어지는
글이네요. - 은희경

러시아
강준민

러시아에서 아이들이랑 댄스를 했다.
바람이 살살 불었다
바람이 살랑살랑 불다
바람이 러시아 풍경 같다
댄스는 바람처럼, 시간이 조금씩 흘러갔다
멋있는 댄스 춤
안녕~ 안녕~ 안녕을 하면서 떠났다

레스토랑
이도윤

ⓒ환경재단

레스토랑
밥 먹는 시간이다!

아침 점심 저녁
레스토랑 밥은
맛있다.

밥 냠냠 쩝쩝
고기 냠냠 쩝쩝
야채 음 … 쩝쩝

아 맛있어라!!
다음은 언제
먹을까
기다린다

요즘 유행하는
'먹방'을 보는 느낌.
메뉴가 좀더
풍성했으면 좋았을 걸.
밥, 고기, 야채 말고 또
없었나? 야채는 별로
안 좋아하나 보네.
- 이광호

피스&그린보트
선상리더십 과정
'생명·환경·안전'

소개

환경재단은 일본의 대표 NPO '피스보트'와 함께 일곱 번의 항해를
하며 수준 높은 학술행사와 다양한 문화행사를 통해 환경과
평화의 소중함을 일깨우고 아시아 지역의 상생과 화합을 도모하는
민간 국제교류 프로그램을 진행했습니다.

2015년은 광복 70주년이 되는 뜻깊은 해입니다. 과거를 돌이켜
보고, 대한민국의 밝고 건강한 미래를 그리기 위해 생명과 안전에
대한 국민들의 인식변화가 더욱 필요한 때입니다. 이에, 2015
피스&그린보트에서는 작년에 이어 '생명·환경·안전'을 주제로
〈선상리더십 과정〉을 진행했습니다. 일상 또는 재난상황에서의
안전사고에 대비하는 선진 사례를 공유하여 공직자들의 전문성을
함양하고, 이를 통해 올바른 제도를 마련하여 국민들의 안전의식을
이끌 수 있도록 기획된 연수 과정이었습니다.

ⓒ전진아

활동내용

8월 2일 일요일

19:30-20:30	선상리더십 과정 '생명 · 환경 · 안전' 개강식

8월 3일 월요일

09:00-10:30	제1강 극한리더십(엄홍길 휴먼재단 상임이사)
16:00-17:30	제2강 COREA DECODED
	(조유미 레오버넷&웰콤퍼블리시스 대표)

8월 4일 화요일

기항지 프로그램	러시아 블라디보스토크, 블라디보스토크 정부의 환경정책

8월 5일 수요일

09:00-10:00	제3강 기후변화시대, 그러나 재앙은 평등하지 않다
	(윤순진 서울대학교 환경대학원 교수)
16:00-17:30	제4강 하인리히 법칙으로 보는 안전관리의 이론적 토대
	(김민주 리드앤리더 대표)

8월 6일 목요일

기항지 프로그램	일본 홋카이도, '샤코탄블루'와 만나는 여행

8월 7일 금요일

09:00-10:30	제5강 안전 사회 만들기, 안전 선진국 스웨덴에서 배운다 (조명진 EU집행이사회 안보자문위원)
17:45-18:45	제6강 우리 민족의 장엄한 DNA와 발해의 역사 (김홍신 작가)

8월 8일 토요일

09:00-10:30	제7강 한일관계에서 본 리더십(권철현 전 주일대사)
15:00-16:30	제8강 코칭스쿨 '창조성을 이끌어 내는 코칭리더십' (고현숙 국민대학교 경영학과 교수)

8월 9일 일요일

기항지 프로그램	일본 나가사키, 아픈 역사의 군함도, 나가사키 원폭자료관, 평화공원

8월 10일 월요일

기항지 프로그램	일본 후쿠오카, 규슈 지방 온천 명소 유후인&벳부
20:30-21:30	선상리더십 과정 '생명 · 환경 · 안전' 수료식

샤롯데
드리머즈,
젊음을
빛내라

꿈과 열정,
그리고 여유

안웅
롯데백화점

7월의 마지막 날, 그날따라 고된 업무가 계속되었지만 얼굴에서는 웃음이 떠나지 않았다. 곧 시작될 새로운 경험에 대한 설렘 때문이었다. 지난 석 달가량 50여 명의 대학생으로 구성된 샤롯데 드리머즈 친구들과 함께 다양한 활동을 했는데, 이 친구들과 9박 10일간 배 위에서 사람 대 사람으로 소통할 생각을 하니 설렜다. 또한 내 또래 친구들과 저명한 게스트의 강의를 들으며 매력적인 기항지를 여행하는 시간을 함께할 수 있다는 사실은 정말 기적 같고 행복한 일이었다. 이번 피스&그린보트 여행은 그동안 힘든 현실에 가려 잊고 있었던 소중한 가치들을 되찾을 수 있게 하는 계기가 되었다.

피스&그린보트에서의 기억을 더듬어 보면 가장 먼저 떠오르는 건 역시 배 위에서 들었던 좋은 강의들이다. 특히, 각박한 현실 속에서 조금이라도 행복하게 살기 위해서는 어떻게 해야 하는지를 자유롭고 편안하게 이야기하신 은희경 작가님의 강의가 인상적이었다. 무한경쟁 시대에 앞만 보고 달려야 하는 우리들에게는 사치스런 고민일지도 모르겠지만, 작가님의 한마디 한마디를 통해, 행복하게 사는 것을 고민하며 삶에 대해 본질적으로 올바

른 관점을 유지하는 것이 살면서 정말 중요한 것임을 다시금 생각해 볼 수 있었다.

또한, 광복 70주년이라는 테마답게 잊고 있던 역사의식을 고취했던 안병욱 교수님의 강의도 뜻깊은 시간이었다. 강의를 들으면서, 우리의 깊은 역사적 상처에 비해 역사에 대한 관심이 부족하다는 문제의식을 갖게 되었다. 다양한 각도에서 촬영한 백두산 사진은 아직도 뇌리에 선명하다. 교수님의 사진 자랑도 함께.

블라디보스토크, 홋카이도, 나가사키, 후쿠오카로 이어지는 기항지에서의 일정도 의미 있었다. 블라디보스토크에서는 광장의 레닌 동상과 제2차 세계대전 당시 활약했던 잠수함을 그대로 옮겨 놓은 잠수함 박물관이 인상 깊었다. 블라디보스토크의 시민들은 뼈저린 전쟁의 기억을 자랑스럽게 바로 마주하고 있다는 생각이 들었다. 나가사키에서의 일정은 전쟁의 아픔을 직접 피부로 느낄 수 있는 시간이었다. 나가사키에서는 제2차 세계대전이 끝날 무렵

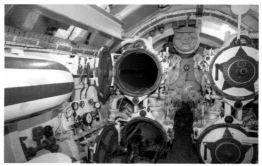

©환경재단

©환경재단

원자폭탄이 투하되면서 수많은 사람들이 죽고 다친 현장을 그대로 보존해 놓고 있었다. 생각해 보면 우리에겐 광복의 기쁨이 되었던 순간이 이들에겐 큰 상처로 남은 셈이다. 아이러니한 상황이지만 '반전'이라는 가치는 공유할 수 있을 법도 한데, 여전히 동아시아 평화라는 말도 안 되는 명목으로 집단자위권을 들먹이는 일본 정부가 이해되지 않는다.

역사의식과 전쟁의 아픔 등 여러 가지 고민거리를 만들어 준 블라디보스토크나 나가사키와는 반대로 홋카이도와 후쿠오카는 여유가 넘치는 곳이었다. 두 번째 기항지였던 홋카이도는 풍부한 유제품을 원료로 만든 다양한 디저트 메뉴가 인상적이었다. '키타카로' 매장으로 들어가 더운 날씨를 달래 줄 아이스크림을 주문했을 때, 친절했던 직원과 시원하고 진한 아이스크림의 맛은 아직도 기억이 선명하다. 거리를 따라 늘어선 가게에서는 털게, 성게, 새우 등 다양한 해산물을 직화로 조리해 맥주와 함께 먹을 수 있도록 판매하고 있었다. 후쿠오카에서는 높고 푸른 하늘 아래 온천에서 피로를 풀 수 있었다. 오랜

ⓒ김종관

활동으로 지친 심신을 달래기에 노천온천만큼 좋은 처방은 없을 것이다. 온천에 몸을 담근 채 겨울에 꼭 다시 방문해 설산을 배경으로 온천을 즐겨야겠다고 생각했다.

기항지를 돌아본 날이면, 다시 출항하는 배 안에서 멀어지는 항구를 보며 그곳에서의 일을 되새기고, 다시 한 번 방문하고 싶다는 생각을 했다. 그리고 찾아오는 밤에는 배에서 우리를 위해 고생하는 크루들에게 짧은 농담을 건네기도 했고, 소중한 시간을 함께하는 친구들과 늦은 시간까지 술잔을 기울이며 기항지에서의 추억과 이제까지 살아온 삶에 대해 이야기했다. 지금 생각해 보면 상상할 수조차 없을 정도로 여유롭고 행복한 시간이었다.

꿈과 열정, 그리고 여유. 피스&그린보트를 탔던 9박 10일 동안 행복한 삶을 위해서는 이 세 가지가 꼭 필요하다고 배우고 느꼈다. 기항지에서나 배 위에서나 저마다 생각과 방식은 달랐지만 모두가 자신의 인생을 정면으로 마주하며 꿈과 열정을 가지고 앞으로 나아가고 있었다. 분명 나도 열심히 살아왔고 앞으로도 열심히 살아가겠지만, 방향이 비틀어지지 않았는지, 내가 정말 행복한 삶을 위해 살고 있는지, 그에 대한 열정이 부족하지 않은지는 계속 생각해 봐야겠다. 그리고 올바른 방향으로 나아가고, 행복한 삶을 사는 데 피스&그린보트에서 보낸 시간 같은 여유가 꼭 필요한 거름이 될 것이다.

바다를 달리는 버스

이윤재
롯데백화점

처음 피스&그린보트에 참여하게 되었을 때는, 심지어는 배에 탔을 때에도 '배를 타고 러시아와 일본에 간다'는 사실이 좀처럼 와 닿지 않았다. 그보다 더 실감이 나지 않았던 건, 휴대전화도 컴퓨터도 인터넷도 없는 생활이었다. 내가 디지털 세상으로부터 단절되어 아날로그만으로 살았던 게 언제가 마지막이었는지 기억도 잘 나지 않았다. 배 위에서 멀미를 하지는 않을까, 일행 중 누가 아프지는 않을까 이런저런 생각에 무거워진 마음을 안고 부산으로 향했다.

택시를 타고 영도항으로 가는 도로 위, 벌써 멀리에 하얗고 커다란 배가 눈에 들어왔다. 10일간 신세질 오션드림호였다. 승선수속을 밟고 실제로 올라탄 배의 실내는 생각보다 더 크고 넓었다. 이 배를 타고 수십 년 동안 전 세계를 돌아다니는 것도 굉장히 낭만적이고 모험 같은 일이겠구나 하는 생각이 들었다.

오션드림호는 바다를 달리는 버스 같았다. 속도를 더 낼 수도 있을 것 같은데 좀처럼 서두르는 법이 없었다. 창 밖 풍경을 보고 즐기라고 일부러 천천히 달리는 것 같았다. 시골 가는 버스에서 창 밖

ⓒ 이윤재

풍경을 볼 때처럼 멍하니 바다를 보고 있으면, 그 자체로 치유가 되는 기분이었다.

배 안에서는 언제든 고개를 들면 하늘, 고개를 돌리면 바다가 보이는 세상이었다. 그 모습은 매일 아침이, 매일 저녁이, 매 순간순간이 달랐다. 새벽녘 어스름이 밝아 오는 모습과 빛깔도 매일매일이 새로웠다. 배가 아니고서는 비행기든 기차든 느껴 볼 수 없을 순간들이었다. 처음에는 그 장면들을 카메라에 담으려다가, 사진에는 담을 수 없는 순간들이라는 걸 깨닫고 내 눈과 마음에만 담아 두려고 오래오래 바라보았다.

좋아하는 작가의 책에서 이런 글을 읽었다.

오늘도 우리는 같은 장소에서 전혀 다른 풍경을 보고 있다. 생각해 보면 다른 풍경이기에 멋진 것이다. 사람이 사람을 만났을 때, 서로가 지니고 있는 다른 풍경에 끌리는 것이다. 그때까지 혼자서 쌓아 올린 풍경에.

— 에쿠니 가오리, 《당신의 주말은 몇 개입니까》중에서.

문득 내 곁에서 나와 함께하는 많은 사람들, 그리고 하늘과 맞닿은 바다를 가만히 보고 있는 다른 사람들을 보며, 이들은 이 순간을 어떤 마음으로, 어떤 풍경으로 보고 있을지 궁금해졌다. 그 풍경이 행복한 기억으로 오래오래 간직되길 소망한다.

하나하나 나열하자면 끝이 없을 만큼 좋은 기억들이다. 항구에서 보는 야경이 아름다워서, 출항을 알리던 뱃고동 소리가 아쉽기도 하고 설레기도 해서, 1일 6식의 식사가 행복해서, 마법처럼 나타났다가 사라진 돌고래가 반가워서, 갑판 위에 부는 바람이 기분 좋아서, 밤에 마신 맥주가 시원해서, 사람들 얼굴이 평화롭고 여유로워서, 그리고 이 값진 순간들을 함께할 수 있는 소중한 사람들이 있어서, 수없이 많은 이유로 행복을 느꼈다.

즐거움이나 행복은 과거에만 머무는 감정이라 현재에는 느끼기 어렵다고 한다. 그 순간순간에는 행복한 줄도 모르다가 지나고 나서 돌이켜 보면, '아, 이때 정말 좋았지, 행복했지' 하면서 그리워한다고 한다. 하지만 배 위에서의 시간은 달랐다. '이 순간들은 나중에 추억이 되겠구나'라고 그 당시에도 느낄 수 있었다. 속이 깊은 시간들이었다. 사람의 일생이 추억을 만들어 가는 게임이고 추억을 많이 만들수록 높은 점수를 받는다면, 아마도 큰 점수를 얻었을 시간들이었다.

다녀온 지 한 달이 훌쩍 지났는데, 눈 감으면 떠오르는 잔상들이 많이 남아 있고, 또 다시 떠나고 싶은 마음에 가끔 꿈도 꾼다. 어제의 여행은 오늘의 꿈이 되었고, 내일의 꿈은 여행이 되었다.

처음에는 걱정이 많이 앞섰다. 하지만 배 위에는 나를 믿고 힘을 주시는 분들이 계셨다. 내가 피스&그린보트에 참여하기 훨씬 전부터 함께해 온 환경재단분들이 계셨고, 나를 도와주기 위해 함께해 주신 롯데백화점과 〈대학내일〉 직원분들이 계셨고, 누구보다도 내가 이끌어야 할 수십 명의 대학생들이 있었다. 혼자 힘으로는 어림없었겠지만, 끝까지 힘이 되어 주신 분들과 잘 따

ⓒ환경재단

하나하나 나열하자면 끝이 없을 만큼
좋은 기억들이다.

라 준 학생들이 있었기에 마음 따뜻한 추억으로 남았다.

삶에서 만나는 중요한 사람들은 모두 영혼끼리 약속을 한 상태에서 만나게 되는
것이야. 서로에게 어떤 역할을 하기로 하고 태어나는 것이지. 모든 사람들은 잠
시 또는 오래 그대의 삶에 나타나 그대에게 배움을 주고, 그대를 목적지로 안내
하는 안내자들이지.

류시화 작가의 책에 나오는 문장이다. 나와 배에서 만나기로 영혼끼리 약
속을 하고, 나에게 배움을 주고, 나를 목적지로 안내해 준 모든 분들께, 이 자
리를 빌려서나마 마음 깊이 감사하다는 인사를 전하고 싶다.

선상의 청춘!
샤롯데 드리머즈

샤롯데 드리머즈는 패션과 유통에 관심이 있는 대학생들을 모집해
이색 마케팅과 사회공헌 등 다양한 대외활동에 참여할 수 있는
기회를 제공하는 프로그램입니다. 롯데백화점은 지난 2011년부터
5회째 이 프로그램을 진행했습니다.

ⓒ환경재단

하얀 크루즈 안에서 샤롯데 드리머즈의 빨간색 티셔츠를 뽐내며 시작한 항해! 일본 참가자들에게는 샤롯데 친구들이 한국의 20대 대학생 대표일 것이라 생각하고 행동 하나, 말투 하나도 신경을 썼던 기억이 나네요. 한일 교류프로그램에 걸맞게 한국인과 열심히 소통하려는 일본인들의 모습이 인상 깊었고, 그 친절함과 소통능력을 배우고 싶었습니다. 그리고 긴 여행 내내 스마트폰이나 전자기기 없이도 좋은 친구들, 멘토님들과 재밌게 놀고 많은 것을 나누면서 소통하는 방법을 배웠습니다. 정말이지 행복했던 제 생애 최고의 여행이라고 말하고 싶습니다!

- 김애리

배에서 지낸 하루하루가 알찼습니다. 엄홍길 대장님의 생생한 히말라야 정복기부터 김홍신 작가님의 우리 역사, 발해 이야기까지, 여러 강연을 들으러 다니다 보니 작은 대학에 온 듯한 느낌도 받았는데요. 돈을 주고도 살 수 없는 값진 인생 이야기와 모르고 지나칠 수 있었던 다양한 주제의 강연을 힘들게 수강신청하지 않고 들을 수 있어 감사했습니다. 이제 매일 밤 갑판에 모여 함께 들어 올렸던 술잔도, 배 주변을 맴돌며 뛰놀던 돌고래 떼도, 잔잔한 수면 위 달빛이 반사되어 아름다웠던 바다도 모두 가슴속 한 장의 사진으로 기억될 추억이 되었네요. 바다가 준 여운은 생각보다 길 것 같습니다.

- 김한얼

아직까지도 샤롯데 드리머즈와 함께 피스&그린보트에서 보낸 시간들이
너무나 생생합니다. 처음 승선한 후 갑판부터 4층까지 이리저리
돌아다니며 감탄사를 연발하던 어린아이 같았던 모습, 걱정과 긴장이
가득한 마음으로 일본인분들과 나눈 대화들(어설픈 제 말을 이해하고 좋아해
주셔서 고마웠어요!), 조원들과 나누어 먹은 향 좋은 구운 옥수수와 눈을 뗄
수 없이 아름다웠던 오타루 운하, 모든 것이 완벽했고, 끝나지 않기만을
바랐던 마지막 밤까지. 터미널로 가면서도 오션드림호 쪽으로 돌아보게
되는 건 아쉬움이 많이 남았기 때문이겠죠. 평생 잊지 못할 즐거운
시간이었습니다.

— 배율희 ─────

스물한 살, 생애 첫 해외탐방. 새로운 사람들과 경험을 어떤 것도 놓치고
싶지 않았습니다. 가장 기억에 남는 것은 엄홍길 대장님의 강연이었어요.
몸 상태가 온전하지 않으면서도 의지와 열정만으로 히말라야 등반에
성공하신 이야기를 들으며, 앞으로 맞닥뜨릴 시련들이 당장은 힘들어도
지나고 나면 나를 좀더 성숙하고 단단하게 해줄 것이라는 확신을 하게
됐습니다. 또 많은 분들과 이야기를 나누고, 배 위에서 혼자 조용한 시간을
보내기도 하며 자신을 돌이켜 보았네요. 한여름 밤의 꿈 같았던 일주일간,
샤롯데 드리머즈 5기 여러분들 덕분에 정말 행복했습니다. 여러모로
수고해 주신 환경재단 관계자분들께도 감사드립니다.

— 서하늘 ─────

제게 평화는 동생과 싸우지 않고 무사히 하루를 보내는 것이었고,
환경은 꼼꼼하게 분리수거를 하는 것이었습니다. 하지만 이번 여행을
통해 정말 많은 것들을 보고 듣고 느끼면서 평화와 환경이 지닌 그
이상의 의미를 깨달을 수 있었습니다. 우리가 사는 세상을 평화롭고
깨끗한 상태로 유지해야만 인간이 더욱 행복할 수 있다는 것이지요.
혼자 여행을 다녔다면 이런저런 생각보다는 관광지에서 사진을 찍기에
여념이 없었을 텐데, 피스&그린보트 덕에 여러 생각도 하고 소중한
사람들과도 관계를 맺을 수 있었습니다. 이러한 변화를 앞으로 행동으로
보여 주고 싶습니다.

― 염정이

샤롯데 드리머즈와 함께한 피스&그린보트! 배 안에서의 다양한
프로그램과 기항지 투어를 통해 지난 역사를 되돌아보고, 한일 양국이
교류하며 향후 아시아의 미래를 함께 고민한 뜻깊은 시간이었습니다.
특히 삶에 대한 태도와 가치관을 생각하게 해준 강연들이 기억에 많이
남네요. 무엇보다 피스&그린보트에서 생긴 재미있는 에피소드, 새로
만난 사람들, 그리고 새로이 쌓은 추억들이 가장 소중합니다. 방에
있는 시간이 아까울 정도로 하루하루를 귀하게 여겼던 9박 10일이었고,
그렇기에 너무도 특별한 기억으로 남아 있네요.

― 이민지

2015년 여름하면 '피스&그린보트'가 가장 먼저 생각날 것 같습니다.
러시아와 일본을 거쳐 부산에 귀항할 때까지 모든 순간들이 너무나
값지고 인상 깊었습니다. 가장 황홀했던 순간은 배 위에서 대자연을
느낄 때였습니다. 갑판 위에서 바다를 바라보면 사방이 온통 수평의
파란색이었습니다. 탁 트인 대양을 느끼며 낮에는 새하얀 구름을 향해
팔을 뻗고, 밤에는 하늘을 수놓은 별들을 감상할 수 있었지요. 자연이
만든 비단 같은 바다 위에서 소중한 인연들을 만나 함께 웃음을 나눌 수
있었고, 러시아와 일본의 문화와 삶을 배울 수 있었던 고마운 시간들.
이번 여행은 제 마음에 소중한 선물로 자리 잡았습니다.

　　－ 이상희

세상에서 가장 좋아하는 영화가 〈타이타닉〉이기에 언젠가는 꼭 크루즈
여행을 하고 싶었는데, 이렇게 빨리 좋은 기회를 얻을 줄은 몰랐습니다.
지난 9박 10일간의 여행은 황홀한 나날의 연속이었네요. 그리고 그
순간들을 함께했던 사람들! 이야깃거리도, 공감할 것도 많았던 샤롯데
친구들과 특별한 공간에서 시간을 함께할 수 있어서 너무 좋았습니다.
〈타이타닉〉 같은 로맨스는 없었지만 디카프리오보다 소중한 사람들을
얻었고, 〈타이타닉〉만큼 인상 깊은 한 편의 영화가 아니었나 싶을
정도로 행복한 시간이었습니다. 롯데 직원분들께도 너무나 감사합니다.

　　－ 이수빈

샤롯데 드리머즈 친구들의 특별한 활동!

피스&그린보트 선상에서는 때 아닌 바느질이 한창이었습니다. 샤롯데 드리머즈 친구들이 롯데 사회공헌 프로그램의 하나로 미혼모를 위한 딸랑이 인형을 만드는 현장이었는데요. 한 땀 한 땀 손을 놀려 천 조각을 깁고 솜을 채우는 과정이 쉽지만은 않았다고 합니다.

아기와 엄마에게 전할 글귀까지 적어 넣은 개성 넘치는 인형을 완성했을 때의 뿌듯함이란!

곧 세상과 만날 아기에게 친구들의 따뜻한 마음까지 전해지면 좋겠네요.

나가사키 기항지 투어를 마친 8월 9일, 배 위에서는 세상에서 가장 사랑스러운 공연이 펼쳐졌습니다. 샤롯데 친구들이 여행이 시작되기 전부터 연습한 장기를 선보이는 자리였습니다. 복도를 걷다가 휘청거릴 만큼 파도가 거센 날이었지만, 친구들의 열정까지 뒤흔들 수는 없었다고 하네요. 무대를 위해 열심히 연습하고, 큰 실수 없이 마무리한 친구들 모두가 빛나는 주인공이었습니다!!

4장

새로운 세상으로
향하는 대문

특별한 여름, 뜨거운 항해를 마치고

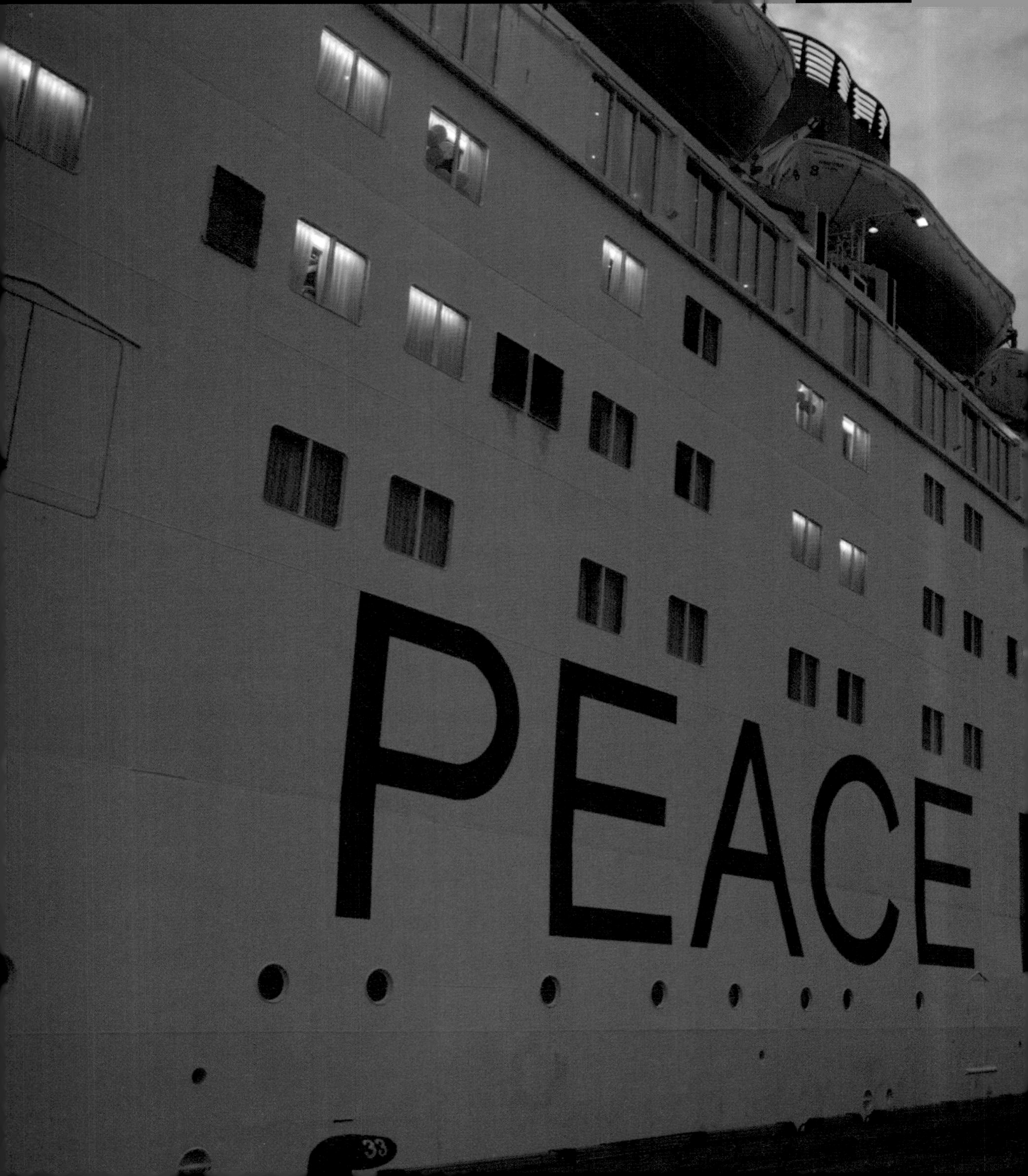
PEACE
33

피스&그린보트는 비상구가 아니라
더 크고 넓은 세상으로 향하는 대문이었다.
내 마음은 보트를 타고 세상으로 열린 대문
밖으로 항해하고 있다.

다시,
뜨거워지다

이효원
뮤지선
사진/ ⓒ환경재단

무덥고 무거웠던 한여름의 바람이 어느덧 기분 좋은 선선한 바람으로 바뀌어, 뚜르르 귀뚜라미 소리와 함께 불어오는 가을이 되었네요. 20여 일 전 피스&그린보트에서 여러분과 함께 하루하루를 보냈던 시간들이 꿈만 같습니다. 잘들 지내시죠?

저는 피스&그린보트의 슈퍼스타, 이한철 선생님 곁에서 연주자 및 코러스로 2년 정도 함께 일한 이효원이라고 합니다. 이번에 선생님의 제안으로 처음 피스&그린보트에 승선했습니다. 먼 이국땅의 항구도시 블라디보스토크부터 후쿠오카까지, 동해를 가로질러 여러 나라와 문화를 만나게 했으며, 그 길에서 스쳐간 많은 인연과 생의 반절이 지나갈 즈음에도 여전히 선명하게 기억될 시간들을 안긴 꿈 같았던 피스&그린보트. 그 기분 좋은 여독에 저는 여전히 취해 있습니다. 이 글을 읽고 계신 여러분들도 저와 다르지 않을 거라 생각합니다. 지금은 다시 각자의 위치로 돌아가 열심히 달리고 있겠지만, 잠시 한숨 돌리며 땀을 훔칠 때 우리가 함께했던 공간과 시간을 떠올리며 웃을 수 있다는 사실에서 새삼 피스&그린보트의 힘을 느낍니다.

사실 이번 여정에 저는 마지막 이별여행이라는

의미를 부여했습니다. 이별 상대는 제가 오랫동안 해온 음악이었죠. 여러분들의 눈에는 제가 당연히 무대 위에서 감정을 쏟아 악기를 연주하고 노래하는 한 명의 뮤지션이겠지만, 피스&그린보트에 승선할 때만 하더라도 저는 '이제 그만 음악을 내려놓아야겠구나' 하고 결론을 지은 상태였습니다. 말로다 표현을 하진 못하겠지만 이상과 현실, 감정과 이성의 경계에서 몇 개월간 수많은 고민을 하다 끝내 지쳐 버렸던 것 같습니다. 그래서 제 여행의 시작은 그리 유쾌하지만은 않았습니다. 배에 승선한 직후에는 배정받은 객실에 처박혀 아무것도 하지 않았습니다. 잠시 뒤 내가 탄 배를 돌아보면서도 전망 좋은 장소는 어디이며 내가 설 무대는 어디인지는 보지 않고, 대신 흡연구역은 어디인지, 술은 어디서 살 수 있는지부터 체크했죠. 맥주 한 입에 담배 한 모금, 한숨을 뿜고…. 터질 것 같은 머릿속을 정리할 무언가를 찾기만 했습니다. 그게 당시 제가 할 수 있던 전부였습니다.

지금 생각해 보면 왜 그랬는지 참 아쉽고, 얘길 늘어놓고 있자니 한편으로는 그때의 제 모습이 측은하기도 하네요. 하지만 지금은 자신 있게 말씀드릴 수 있습니다. 당시 저의 그 패배자 같은 모습을 지금은 웃으며 넘길 수 있다고 말이죠. 이번 피스&그린보트에서 보낸 시간들을 통해 몇 개월간 가득 차 있던 아픔과 고민을 말끔히 씻어 내고 다시 무대를 갈망하며 뜨거워졌습니다. 나만이 할 수 있는 일, 내가 해야만 하는 일들에 대한 열정을 되찾았습니다.

수백 명의 관중 앞에서 제가 제일 존경하는 뮤지션과 그의 음악을 함께 연주하고 노래했습니다. 관중들과 함께 호흡하는 데 언어의 차이는 중요치 않았으며 연령과 성별은 무색해졌습니다. 마음속에 뜨거운 무언가가 자리해 어

저의 여정은 더 이상 이별여행이 아닌
다짐여행으로 바뀌었습니다.

느 순간 모두가 하나가 되었던 그 시간들이 저의 마음을 다시금 두드렸습니다. 보트 안에서 갑작스레 열린 저의 단독공연에도 많은 분들이 찾아 주셨는데, 그분들을 위로해 드릴 심산으로 열었던 자리에서 오히려 제가 커다란 위로를 받았습니다. 그 순간 저의 여정은 더 이상 이별여행이 아닌 다짐여행으로 바뀌었습니다.

과연 어떤 것에 빗댈 수 있을까요? 해피엔딩 영화에서 엔딩 크레디트가 올라가기 전, 경쾌한 밴드음악과 함께 그 화면을 꽉 채운 영화 속 주인공이라면 알까요? 이 자리를 빌려 제일 먼저 함께해 주신 여러분들께 정말 감사하다는 말을 하고 싶습니다. 또한 중간중간 공연을 도와주신 피스&그린보트 스태프 분들에게도 감사하다는 말을 전합니다. 그리고 다짐여행의 첫 번째 계획으로 그때 그곳에서의 뜨거웠던 추억을 음악으로 만들고 있으니 기대해 주세요. 여러분들이 저의 잃어버린 웃음을 되찾아 주신 것처럼 여러분들도 항상 웃음 잃지 말고 사셨으면 좋겠습니다. 정말 정말 감사합니다! 행복하세요!

바람 빠진 풍선에 바람을 넣은 여행

이미연

어린 시절 풍선 하나만 있으면 터지기 전까지 시간 가는 줄 모르고 놀았다. 탱탱한 고무의 탄력과 선명한 색깔이 나를 설레게 했다. 바람을 후후 불어 넣어 얼마나 큰 풍선을 만들지, 모든 결정은 풍선의 주인인 나의 몫이다.

순수한 시절에 대한 추억과 꿈과 희망을 상징하는 풍선. 하지만 크게 불었다가 '푸시식' 하고 바람이 빠진 풍선은 노인의 손등처럼 쪼글쪼글해지고 만다. 바람이 빠진 풍선은 볼품이 없다. 꿈이 없는 삶처럼.

직장생활을 시작하면서부터 내 인생에는 그야말로 바람이 쑥쑥 들어갔다. 터지지도 않고 가라앉지도 않고 팽팽한 긴장을 유지하면서 오묘한 빛으로 시선을 끄는 그런 멋진 풍선이었다. 하지만 30대 중반을 넘어서자 직장생활이 힘겨워 삐그덕 소리가 났다. 집에서는 두 아이의 엄마로 아이들의 풍선에 신경 쓰느라 내 풍선에 바람이 빠지는 것도 모르게 바빴다. 내 풍선에서 바람이 빠질 때마다 남편에게 기대었지만 바람 빠지기는 남편 풍선도 마찬가지였다.

결혼생활 10년, 남편과 나는 과감한 결단을 내렸

다. 소중한 삶에 주어진 단 하나의 풍선에 다시 바람을 넣기로 한 것이다. 우리가 찾은 바람은 '피스&그린보트'였다.

첫 번째 바람. 직장과 육아를 병행하느라 제대로 쉴 수 없었던 우리에게 진정한 '쉼'이라는 바람이다. 배라서 인터넷이 안 된다니 이렇게 고마울 수가! 덕분에 모든 것을 내려놓을 수 있었다. 몸과 마음에게 그동안 수고했으니 푹 쉬라고 손을 내밀 수 있었다. 아무것도 하지 않을 자유를 얻었다. 아이들에게도 말했다. "이제부터 엄마, 아빠도 자유고 너희도 자유야. 하고 싶은 대로 해도 괜찮아." 그랬더니 아이들이 더 좋아했다. 밴드의 연주와 간드러지는 가수의 노래를 들을 때면 시간을 잊었다. 축제와 같은 저녁 공연장에 들어서면, 그것이 마술이든 버블쇼든 장사익 선생님의 공연이든 나이를 잊었다. 망망대해 파도를 보며 멍하니 앉아 있어도 전혀 지루하지 않았다! 정말 놀라운 체험이었다. '인간은 원래 이렇게 자연을 보고 느끼며 살아야 하는 것이구나, 자기 숨을 쉬면서 살아야 하는구나' 하고 깨달았다.

두 번째 바람. 사회, 역사, 문화 전반에 대한 '배움'이라는 바람이다. 지방 소도시에 살면서 유명인의 직강을 듣는 것이 쉽지 않은데, 그동안 책에서 만났던 분들과 직접 만나 강연을 듣고 이야기를 나누게 되다니! 일부러 찾아 읽지 않으면 그냥 넘어가 버렸을 사회문제, 시대를 아우르는 다양한 주제의 강연들은 그동안 잠자고 있던 배움에 대한 갈망을 단숨에 일깨워 주었다. 시사 잡지를 구독하기에 그나마 사회를 보는 눈이 있다고 생각했는데, 이번 기회를 통해 그 눈을 부릅뜨게 된 것이다. 새로운 세상에 대해 알게 되고, 나아갈 방향을 배웠다.

세 번째 바람. 대한민국과 일본, 두 나라의 소박한 사람들과의 '만남'이라는 바람이다. 일어가 되지 않으니 소통이 어려울 것이라 생각했고, 과거사 문제로 불끈하는 나의 반일감정을 어찌 하오리까 걱정도 되었다. 하지만 배에서 만난 일본 사람들은 먼저 마음을 열고 말을 걸어 주었다. 우리의 이야기를 들어 주었다. 눈을 마주보고 미소를 지으며 손을 잡는 것, 그것은 사랑이었다. 사랑보다 더 큰 힘은 없다. 사랑은 만남에서 시작된다. 한일교류를 위한 다양한 프로그램은 결국 사람과 사람의 마음을 잇는 사랑이었다. 200년 동안 일본에 왕래했던 조선통신사처럼, 피스&그린보트는 평화의 시금석으로 역사에 기록될 것이다.

　네 번째 바람. 그동안 보지 못했던 새로운 것을 '봄'이라는 바람이다. 무엇보다 가족을 새롭게 보는 계기가 되었다. 말수가 적었던 남편이 저녁식사 테이블에서 시간 가는 줄 모르고 사람들과 이야기를 나누었다. 아이들이 잠들고 나면, 차를 마시며 오늘 재미있었던 일을 도란도란 밤새 얘기했다. 남편과 24시간 붙어 다니는 것도 모자라 끝없이 이야기를 나누다니, 결혼 10년 만에 이룩한 쾌거였다. 또 자기 물건을 잘 챙기지 못하는 아들이 물건을 단 하나도 잃어버리는 일 없이, 여권이나 아이디카드 등을 스스로 잘 챙겼다. 배 구조를 단 하루 만에 파악하고 빠른 길을 안내해서, 길치에 어리바리한 엄마를 인도해 주었다. 내 아들이 이렇게 멋진 아들이었다니! 우리 집 막내인 딸은 가리는 음식도 많고 부끄러움도 많고 아직도 어디를 가면 안아 줘, 업어 줘 응석이 심한데, 여행 중에는 이것저것 다 먹어 보는 데다 심지어 4층에서 먹고, 9층에서 또 먹는 식성의 발전을 보였다. 기항지 관광 중에는 엄마인 나도 지치는데 씩씩하게 앞장서서 걷고, 응석 한 번 부리지 않는 것을 보니, 그야말로 여행이 아이를 철들게 하는구나! 감동이 밀려왔다. 삼시세끼 밥을 하지 않고 집안 청소를 하지 않고 챙겨야 할 것이 없고 가족 신변 안전에 대해 걱정할 것이 없으니, 숙제도 없고 업무도 없고 마감도 없으니, 가족들에게 할 잔소리가 없어졌다. 맞아, 나는 참 멋진 사람이었지! 나를 새롭게 보게 되었다. 가족들을 더욱 사랑하게 되었다.

9박 10일의 여행을 마치고 집으로 돌아왔다. 맡겨 놓았던 거북이를 찾아와 밥을 주고, 세탁기에 빨래를 돌렸다. 남편은 주변에 나눠 줄 작은 선물들을 챙기고, 아이들은 제 방에서 일기를 쓴다. 눈을 감으면 아직도 배 안에 내가 있다. 풍성한 바람을 불어 넣고 행복하게 웃는 내가 있다. 아, 풍선에 바람이 빵빵하게 들어가서 기분이 참 좋다. 남편의 풍선도, 아이들의 풍선도 모두 최고의 상태다. 이 상태가 아주 오래갈 것 같은 좋은 예감이 든다. 혹시 바람이 빠지더라도 걱정할 것은 없다. 피스&그린보트에 또 오르면 되니까 말이다.

ⓒ강원랜드

마음속에 '여유'와 '사람'을 남기다

허효산
샤롯데 드리머즈

어스름하게 신비한 느낌을 풍기던 새벽의 바다, 해가 떠오르기 시작할 때 점점 반짝여 오던 바다, 햇살을 머금은 상쾌함을 주던 아침의 바다, 해가 가장 높게 떴을 때 쨍쨍한 기운을 내뿜던 바다, 붉게 물들어 마음에 잔잔함을 불러일으키던 바다, 깜깜히 아무것도 내보이지 않아 무섭기도 했지만 오히려 편안함을 주기도 했던 한밤중의 바다···.

피스&그린보트를 생각하면 머릿속에는 제가 봤던 다양한 모습의 바다가 가장 먼저 이렇게 한가득 떠오릅니다. 계속 보이는 별다를 것 없는 바다 풍경이 어쩜 그렇게 예쁘고 신기하고 새롭고 자꾸만 보고 싶던지! 넓게 펼쳐진 바다를 자꾸만 눈에 한가득 담고 싶던 이유는 어쩌면 잃어버렸던 마음의 여유를 그 바다를 바라보며 찾았기 때문인지도 모르겠습니다.

바쁘게, 빠르게, 숨 가쁘게, 여유 없이···. 돌이켜 보면 저의 하루, 일주일, 한 달, 한 학기, 일 년은 바쁘고 빠르고 숨 가쁘고 여유 없이 흘러간 것 같습니다. 즐거운 일들도 물론 많았지만, 그 즐거운 시간들 속에서 과연 마음의 짐이나 걱정 없이 정말 행복하게 웃었던 시간이 얼마나 될지. 하늘을 바라보는 것은 마음의 여유가 있다는 뜻이라는데, 마지막으로 하늘을 본 적은 언제였는지. 나에 대해서, 다른 사람들에 대해서, 또는 그 외에 의미 있는 무언가에 대해서 깊이 있게 생각해 보는 시간을 가진 적은 언제였는지…. 비단 나뿐만 아니라 우리 사회를 살아가는 많은 사람들이 갑갑한 현실과 마주한 채, 마음의 여유를 잃어버리고 살고 있는 것 같다는 생각이 듭니다.

마음의 여유를 잃어버렸다는 사실조차 모른 채 바쁘게 지내던 일상에서 벗어나게 한 것이 이번 여름 피스&그린보트에서 만난 바다였다고 생각합니다. 갖가지 색의 넓디넓은 바다를 바라보고 있자면, 처음에는 '와 바다다! 예쁘다!'라는 생각에 흥분되고 두근거리다가, 볼수록 마음이 잔잔하고 차분해지는 것을 느낄 수 있었습니다. 모든 것을 받아 주기 때문에 '바다'라는 이름이 붙었다는 말처럼 드넓게 펼쳐진 끝없는 풍경과 규칙적인 파도, 바람, 소리, 냄새를 통해 바다를 온몸으로 느끼고 있자니, 나를 다 내맡기고 싶다는 생각이 들 정도로 마음이 편안해졌습니다. 이런 바다를 바라보며 혼자만의 시간을 가지면서 나를 되돌아보기도 하고, 내 주변의 소중한 사람들에 대해 생각해 보기도 하고, 누군가와 함께 진솔한 이야기를 나누기도 하는 동안, 바빴던 일상이나 여러 가지 걱정과 근심들로 무거웠던 마음을 홀홀 털어 버리는 여유를 잠시나마 느껴 볼 수 있었습니다. 일상생활로 돌아온 지금도 피스&그린보트에서 보았던 바다와 그 바다를 보면서 느꼈던 기분들을 회상하면서 마음의 편안함을 얻고 있습니다.

피스&그린보트를 생각하면 그 안에서 경험한 것들과 함께 활동한 '소중한 사람들'과의 추억이 떠오르며 마음이 따뜻해집니다. 함께 나누면 기쁨이 배

가 된다는데, 좋은 강연, 알차고 재미있는 프로그램, 기항지에서의 활동들을 그냥 아무나가 아닌 정말 좋은 사람들과 함께 나누었기 때문에 더더욱 행복하고 의미 있는 시간이 되었다고 생각합니다. 좋은 일뿐 아니라 예기치 못한 사고나 불편한 상황, 힘들고 어려운 활동들도 '좋은 사람들'과 함께했기 때문에 잘 정리하고 웃으며 끝마칠 수 있었던 것이 아닌가 하는 생각이 듭니다.

직접 겪어 봐야 상대가 어떤 사람인지 알 수 있다고 합니다. 저는 샤롯데 드리머즈로 활동하면서 같이하는 사람들이 진짜로 어떤 사람인지, 얼마나 좋은 사람인지 피스&그린보트에서 겪으며 진정으로 느꼈습니다. 원래 알고 있던 상대방의 좋은 모습을 더 깊이 알게 되고, 몰랐던 좋은 부분들도 새롭게 찾고, 매일매일 새로운 모습을 발견하며 한층 더 가까워지고 그들에게 마음을 열 수 있었습니다. 또 아예 이름조차 몰랐던 사람들을 알아 가며 친해지고 새로운 인연을 만들 수 있었습니다. 피스&그린보트 10일 동안의 여정은 마음속에 정말 좋은 사람들을 남겨 준 값진 시간이었습니다.

처음에는 그저 '드디어 내가 크루즈를 타보는구나!' 하며 새로운 경험에 대한 막연한 설렘으로 시작했던 피스&그린보트였는데, 끝날 때는 저의 마음속에 정말 오랫동안 기억될 여유로움과 소중한 사람들을 남겼습니다. 앞으로도 잊지 못할 정말 특별한 여름을 선사해 준 2015 피스&그린보트! Peace, 평화, 그리고 Green, 환경. 평화와 환경을 생각하는 마음에는 자신에 대한 사랑과 함께 살아가는 이들을 배려하는 공존의 법칙이 깃들어 있습니다. 그런 의미에서 배 안에서 제가 얻은 마음의 여유는 저 '자신'에 대한 사랑으로, 그리고 제가 얻은 소중한 사람들은 '우리, 함께'라는 가치의 발견으로 연결되어 진정한 피스와 그린에 한 발짝 다가가는 계기가 되었다고 생각합니다. 행복했던 지난 8월, 10일간의 꿈만 같던 피스&그린보트에서의 추억들이 제가 얻은 여유로움과 소중한 사람들에 대한 기억과 함께 앞으로도 제 마음에 쭉 남아 있기를 바랍니다.

평화와 환경에는
　　　　자신에 대한 사랑과
함께 살아가는 이들을 배려하는
　　　　　　공존의 법칙이 깃들어 있습니다.

엄마와 한별이의
피스&그린보트
Talk, Talk, Talk!

신미란 · 이한별

사진/ ⓒ신미란, 이한별

작년에 〈한겨레〉 광고를 통해 피스&그린보트를 알게 되었고, 사춘기를 겪고 있는 딸과 함께 성장하는 엄마가 되는 계기를 마련하고자 참가했습니다. 이번에는 사춘기가 조금 수그러든 딸이 좀더 성숙해지길 은근히 기대하며 이 배에 올랐지요. 두 번이나 탑승한 피스&그린보트, 어떤 매력 때문에 타게 되는 걸까요?

엄마: 피스&그린보트, 왜 또 가고 싶었어요?

한별: 우리나라가 아니라 근처에 있는 다른 나라들에 가보니까 새로운
　　　문화를 알 수 있었고, 한국인과 일본인, 새로운 사람과 만나게
　　　되어서 정말 재미있었어요. 작년에는 일본 청소년들이 없어서
　　　만남의 기회가 적었는데, 이번에는 작년보다 청소년들이 많이
　　　타서 일본의 또래들과도 소통할 수 있어서 좋았어요.

엄마: 좋지 않았던 점은 없었나요?

한별: 별로 나쁜 점은 없는 것 같아요. 좋은 추억만 남기려고
　　　노력해서 … . 별일 아닌데 혼자 삐져 있었던 적은 있지만 그건
　　　진짜 별일 아니라서요. ^^

엄마: 지난 여행과 이번 여행의 다른 점은 뭔가요?

한별: 작년에는 같이 다니던 사람들이 주로 고등학생이나
　　　성인들이었다면 이번에는 연령대가 낮아진 중고생이라서 놀거나
　　　이야기하는 수준은 작년에 비해 낮아진 걸 느꼈어요. 하지만
　　　지난번은 지난번대로 이번은 이번대로 재미있는 추억을 많이 쌓은
　　　것 같아요.

엄마: 기항지는 어땠는지 궁금하네요?

한별: 블라디보스토크에서 마트료시카 인형을 채색하는 체험을
　　　했잖아요. 인형 안에서 작은 인형이 또 나올 줄 알았는데 안
　　　나와서 조금 실망을 했고, 채색하며 뜻대로 안 나와서 짜증이
　　　났지만 자꾸 보니까 마음에 들었어요. 나중에는 모든 걸 잊고

재미있게 마무리했어요. 그리고 작은 성당에 갔는데 십자가
모양이 특이한 거예요. 다른 종교인 줄 알았는데 나중에 러시아를
상징한다는 걸 알게 됐어요. 홋카이도에서는 시대촌에 갔는데
일본 특유의 건축양식이나 작은 신사들이 너무 신기했어요.
나가사키에서는 네덜란드 테마파크에 갔는데요. 코스가 3번이나
겹친 혜민이라는 애가 있는데, 자유시간 때 그 애랑 같이 이것저것
해봐서 좋았어요. 기념 메달에 이니셜을 새길 수 있어 좋았어요.
그리고 블라디보스토크랑 홋카이도랑 나가사키에서 점심을
먹을 때, 우연 반 필연 반으로 전부 바로 앞에서 혜민이랑 같이
먹었는데 나중에 사진을 보니까 재미있고 신기했어요.

평화공원을 방문한 후에는 원폭으로 피해를 입은 일본인들을
측은한 마음으로 보게 되었고요. 후쿠오카에서는 일본인 치사
언니랑 함께했는데요. 치사 언니는 한국인 친구 때문에 한국어를
배웠다고 해요. 그래서 한국어를 정말 잘하세요. 제가 좋아하는
언니인데 같은 코스라서 너무 좋았어요. 올레길을 삼선 슬리퍼와
함께한 건 좀 특별한 경험이었어요. 점심은 청소년 수련관에서
먹었는데 치사 언니랑 많은 대화를 나눴고, 체육관에서 농구도
해서 재미있었어요. 해변에서 수영을 하려고 했지만 심한 더위
때문에 목욕탕 냉탕에서 언니랑 수다를 떨면서 시간을 보냈어요.

엄마: 친구들과 매번 어떻게 모였어요?

한별: 친해진 뒤로부터는 아고라에 가면 항상 있었어요. 따로 놀 곳이

없어서 그냥 거기서 모였던 거죠. 모이면 우리끼리 게임하거나 바둑 두거나 그랬어요. haha~ (고대 그리스의 도시국가에서 시민들이 모여 다양한 활동을 하는 집회 장소였던 아고라의 위력은 피스&그린보트에서도 여전했습니다.)

엄마: 엄마에게 하고 싶은 질문은 없나요?

한별: 없어요.

엄마: 마지막으로 하고 싶은 말은요?

한별: 정말 즐거웠고, 내년에 또 가고 싶어요. 엄마. 그리고 엣쨩, 태한이, 철컹이, 다경이, 제완이, 다혜, 다히 언니, 한빈이 오빠, 재연이, 성만 오빠 다들 만나서 즐거웠어! 모두들 고마워!!♡

　

엄마도 아이를 키우면서 함께 성숙해지는 것을 느낍니다. 이번 여행을 통해 한별이는 엄마보다 더 사교적이고 성숙해진 것 같습니다. 일상에서 잠시 벗어나 내면으로 침잠해 보는 시간을 가질 수 있었고, 좋은 강의를 골라 듣는 재미가 쏠쏠했으며, 새로운 분들을 알게 되어 행복한 시간이었습니다.

* 이 여행 후기는 한별이와 논의 끝에 가장 자연스럽고 재미있는 질의응답 방식으로 쓰기로 결정하고 한별이가 직접 녹취하여 쓴 것입니다.

피스&그린보트와 함께 발전하다

우기홍
피스&그린보트 통역
한국외국어대학교 강사

2008년 자원봉사 겸 여행이나 할까 하는 가벼운 마음으로 이 배를 처음 탔다. 당시의 배는 후지마루호였고 지금의 배보다 작았다. 통역하고 남는 시간에 여행을 하면 좋을 것 같아 배를 탔지만, 4명의 통역 스태프와 힘들게 고생하며 통역만 했던 것 같다. 기항지를 돌면서 대자연의 풍경을 본 기억은 난다. '힘들지만 재미있네? 다음에 또 할까?' 이런 생각을 하며 나의 첫 항해는 끝이 났다. 2010년, 2011년, 바쁘게 생활하면서도 혹시나 하며 인터넷을 검색해 봤지만 피스&그린보트에 대한 공지는 보이지 않았다. 아쉬움이 감돌고 그때 더 열심히 할 걸 하는 후회가 머리를 맴돌았다.

2012년. 드디어 스태프 모집 공지가 떴다. 다른 스케줄이 있었지만 주저하지 않고 취소한 후, 피스&그린보트에 참가했다. 오션드림호. 나에게 꿈과 희망을 줄 것 같은 좋은 이름이다. 두 번째 승선이지만 다른 배를 타는 거라 조금 걱정이 되었다. 하지만 피스&그린보트에 참가하는 승객들은 모두 열린 마음으로 서로를 이해하려는 분들이기에 통역에 대한 걱정은 그다지 없었다. 이전보다 통역 스태프도 많이 뽑아서 조금 여유가 있었다. 2년을 쉰 영향인지 운영에 조금씩 실수가 보였지만 스태프들은 하나같이 서로를 격려하며 일을 했다. 이를 지휘하면서 항상 웃음을 잃지 않던 환경재단 정태용 국장을 그때 처음 만났다. 나보다 나이는 어리지만 배울 게 많은 친구라고 느꼈고, 그 생각은 2년이 지난 지금도 여전하다. 통역 스태프가 늘어 업무에 여유가 생긴 덕에 일하는 틈틈이 듣고 싶은 기획도 듣고 친구들도 사귀며 좋은 시간을 보냈다. 배에서 내린 순간, 타길 잘했다는 생각이 들었다.

피스&그린보트가 끝나고 얼마 지나지 않아 환경재단에서 후원의 밤을 개최했다. 후원의 밤에 참석해 배에서 사귄 친구와 다시 만났다. 명함을 주고받는데 한 친구가 과자 포장지(이면지)로 만든 명함을 건넸다. 환경 관련 일을 하는 친구였다. 그래, 환경운동을 하니까 이런 세세한 것에도 신경을 쓰는구나 싶었다. 그날 이후 나는 수업시간에 사용하는 자료들을 이면지에 뽑아 갔다. 환경운동에 조금이라고 동참하고 싶다고 모두에게 양해를 구했다. 나의 생활이 바뀌기 시작한 시점이다. 또한 지인들에게 피스&그린보트를 알리고 환경에 대해 관심을 갖자고 이야기하기 시작했다.

2013년에는 환경재단으로부터 통역팀장(CCC)을 맡았으면 좋겠다는 제안을 받았다. 나는 망설임 없이 수락했다. 통역 스태프들의 면접을 보고 팀을 꾸려 배에 탔다. 피스&그린보트에 벌써 세 번째로 참가하는데도 새로운 느낌이었다. 이번에는 내가 통역 스태프들을 지휘해야 하는 입장이었기 때문일 것이다. 동일본 대지진의 영향으로 탈원전, 반핵, 혐한발언 등이 주된 쟁점이 되었다. 통역하면서 후쿠시마 원전이 얼마나 위험한 상태에 이르렀는지, 방송에서 알려 주지 않은 사실들을 알게 되었다. 혐한발언에 관한 강연을 들을

©우기홍

때는 한일 양국이 이 배에서처럼만 살면 정말 행복할 텐데 하는 생각을 해보기도 했다. 매스컴에 휘둘려서는 안 된다고 강조하는 연사의 말에 백번 공감했다.

배에서 내린 후, 나는 전기에 민감해졌다. 쓸데없는 전기는 모두 껐으며 전기세가 얼마나 나오는지 관심 있게 챙기기 시작했다. 내가 정말 무관심했구나 하는 생각이 들었다. 일본의 혐한발언에 대한 내용이 방송에서 이슈가 되면, 나는 한국을 좋아하고 혐한발언을 우려하는 일본인들도 많다는 사실과 함께, 방송에 휘둘려 우리까지 감정적으로 대할 필요는 없다는 말을 자주 했다. 일본 전문가로서 당연한 일일지도 모르겠다. 한국과 일본이 친하게 지내야 나도 잘 먹고 잘살 테니까. 하하.

2014년에 다시 배에 올랐다. 같은 배를 세 번째 타는 터라 배의 구조도 알고 선내 기획이 어떻게 돌아가는지도 알았기에 생활은 한결 수월했다. 스태프들도 그간의 경험과 노하우가 쌓여 좀더 원활하게 프로그램을 운영하는 듯했다. 재일동포 문제에 대한 내용과 탈원전에 관한 내용이 많았다. 배에서 만난 일본인 아저씨 잭키(Jacky)가 캐리커처를 그려 주셨다. 지금도 책상 앞에 놓아 둔 그림을 보면 웃음이 절로 나온다. 좋은 추억이 담긴 물건이라 그런지 항상 힘을 주는 것 같다.

2014년 피스&그린보트가 끝난 후 일본에 출장을 갔을 때는 일본 측 통역 스태프로 참가했던 구와에 씨와 스태프 허미선 씨를 만나 같이 술 한잔 기울이며 배에서 못다 한 이야기를 나누었다. 좋은 추억을 공유한 사람들과 만나는 일은 언제나 즐겁고 행복한 일이다. 그저 웃고 떠드는 것이 아니라 한일관계에 관해 이야기하고 앞으로 일본어를 업으로 삼는 사람들이 어떻게 살아가야 할지를 같이 고민했다.

2015년에는 처음으로 여름에 출항했다. 역시나 기항지가 너무 더워 고생을 많이 했다. 광복 70주년을 맞이하는 뜻깊은 해라 특별기획으로 동아시아 공동체에 대한 논의가 이루어졌다. 피폭, 그리고 재생가능에너지에 대한 강연들이 있었다. 나가사키에서는 간 나오토 전 총리가 원전이 얼마나 위험한 것인지, 후쿠시마 원전이 얼마나 위험한 상태에 있는지에 대해 생생하게 전해주었다. 또한 전 세계에서 재생가능에너지가 원전보다 전력을 더 많이 생산하고 있다는 내용을 통역하면서 깜짝 놀랐다. 한국이 재생가능에너지에 대해 얼마나 무관심하고 무지한지를 깨닫는 순간이었다. 여행이 끝나고 대학으로 돌아가서 나는 학생들에게 수업 내용과 관계없이 이 이야기를 전했다. 모두 잘 몰랐기 때문에 깜짝 놀라는 눈치였다. 환경에 관심을 가지라는 당부와 함께 피스&그린보트에 대한 이야기도 했다.

이렇게 나의 다섯 번째 항해도 끝이 났다. 2년 전에 '그래 10번만 타자'고 생각했다. 절반이 지난 지금 내 생활은 조금씩 바뀌고 있고, 앞으로도 계속 바뀔 것이다. 내가 잘하는 통번역을 활용해 앞으로도 환경교류에 더욱 이바지하며 피스&그린보트에서 배운 것들을 계속 실천하고 노력할 것이다. 이러다 일본어 잘하는 환경운동가가 되는 건 아닌지 모르겠다.

이 자리를 빌려 항상 많은 배려와 도움을 주시는 환경재단 최열 대표님, 이미경 사무총장님, 정태용 국장님 이하 스태프 여러분께 감사의 말씀을 드리고, 배에서 만난 선후배 여러분께도 감사의 말씀을 드린다.

새로운 자극이 된
열흘간의 항해

유지향
피스&그린보트 스태프
사진/ ⓒ유지향

4년째 반복되는 학교생활과 일상에 지쳐 있던 중 환경재단에서 인턴을 하면서 피스&그린보트를 알게 되었다. 처음 들었을 때는 '조금 특별한 크루즈 여행인가 보다' 하는 막연한 생각뿐이었다. 그러나 자료집을 만들고 프로그램 시간표를 짜는 동안 점점 열흘간 바다에 있는 상상만으로도 들뜨기 시작했다. '온종일 바다에 있는 것은 어떤 기분일까? 배에서는 어떤 일들이 일어날까? 일본인 친구를 사귈 수 있을까?' 하는 설렘이 커졌다. 게다가 대학생 자원봉사자로 선발된 동생과 함께 배를 타고 활동하는 특별한 경험에 대한 기대가 피스&그린보트에 어서 타고 싶은 마음을 부채질했다.

본격적으로 배에 오르기 전, 부산으로 내려가서 스태프들과 회의를 했다. 환경재단 직원뿐만 아니라 대학생을 포함한 다양한 자원봉사자, 통역 스태프들까지 모두 모여 "잘해 봅시다" 하는 인사를 나눌 때만 해도 열흘 동안 어떤 일이 벌어질지 예상하지 못했다. 출발하는 날 아침, 출항을 반기는 듯 맑고 화창한 하늘 아래 부산항에 정박한 오션드림호를 보니 '드디어 배를 타는구나!' 하고 가슴이 벅차올랐다. 하지만 그 기분을 만끽하는 시간도 잠시

뿐, 짐을 풀고 탑승객들을 맞이하러 터미널로 향해야 했다. 배를 타고 떠날 생각에 들뜬 마음으로 키트를 받아 가는 탑승객들을 보며 안전하고 즐거운 추억을 만들도록 스태프로서 최선을 다해야겠다고 다짐했다.

모든 참가자가 탑승절차를 마치고 피난훈련을 받은 후, 갑판에서 한국인과 일본인들이 모여 피스&그린보트 출항을 기념하는 행사를 했다. 한국인과 일본인이 함께 평화와 환경을 위하는 마음으로 건배하고 리본을 날리며 9박 10일간의 항해가 경쾌하게 시작되었다. 동생과 나는 축하주 한 잔을 마신 후 신이 나서는 기념사진까지 찍으며 즐거움을 만끽했다. 옆에서 지켜보던 일본인 할아버지께서 우리 모습을 캠코더로 담고 싶다며 다가오셨다. 언어가 달라서 많은 대화를 나눌 수는 없었지만 할아버지와 함께 사진을 찍고 악수를 하는 것만으로도 마음을 나눈 친구같이 친근함을 느낄 수 있었다. 이후에도 식당에서, 프로그램에서, 오가며 만난 일본인들과도 이야기를 나누고 사진을 찍으며 친구가 될 수 있었다.

환경재단 스태프로서 선내 프로그램을 담당하면서 프로그램의 시작과 끝을 책임지고 프로그램이 원활하게 진행될 수 있도록 열심히 움직였다. 보자기 아트 프로그램에서는 보자기가 부족하기도 했고, 강연 프로그램에서는 중간에 컴퓨터가 말썽을 부려 지연되기도 했다. 처음 해보는 진행이라 강연자 소개가 어설프기도 했으며, 일본어를 잘하지 못해서 일본인들의 문의에 제대로 대답하지 못한 적도 있었다. 그렇게 서툴렀고 스태프로서 해야 할 일을 했을 뿐인데도 수고한다고 해주신 탑승객분들께 감사의 말을 전하고 싶다. 참가자들의 따뜻한 말 한마디가 9박 10일 동안 열심히 뛸 수 있게 한 원동력이었다.

그리고 또 하나 큰 힘이 된 것은 고마운 한일 스태프들이었다. 만약 이 일을 혼자 했다면, 절대 버티지 못했을 것이다. 먼저 다가와 괜찮은지, 힘들지 않은지 물어봐 주셨고, 혼자 하기 힘든 일이 있으면 나서서 함께해 주셨고, 처음이라 어색한 일처리에도 격려해 주신 많은 분들 덕분에 힘을 내서 할 수 있었다. 9박 10일 동안 한일 스태프들이 서로 도우며 일했기에 이른 아침부터 늦은 밤 10~11시에 회의를 마치고 '수고카레'를 외칠 때까지 웃으며 지낼 수 있었다. 가족으로 맺어진 스태프와는 지나가다 마주치면 '가조쿠'라고 외치며 하이파이브를 하는 것만으로도 진짜 가족을 만난 것처럼 반갑고 즐거웠다.

나는 이렇게 밖에서는 열심히, 즐겁게 일하는 것을 좋아하는 사람이지만, 서울에 둘이 올라와 같이 사는 동생에게는 그저 바쁘기만 한 언니였다. 방학 때 같이 여행은커녕 서울 구경도 못 나갈 정도로, 함께 시간을 보낸 적이 거의 없었다. 그러나 이번 피스&그린보트에서 같이 일하고, 먹고, 잠들면서 이야기도 많이 나누고 소중한 추억을 많이 만들었다. 어리기만 한 동생인 줄 알았는데 맡은 자리에서 최선을 다하는 모습, 어린아이를 진심으로 사랑하는 모습을 보며 기특했고, 바쁜 언니를 이해하고 배려해 주는 모습에 감동을 느낄 수 있었다.

2015 피스&그린보트는 나에게 '새롭고 좋은 자극'이 되었다. 한국과 일본의 평화를 위하는 강연자의 말씀에 진심 어린 박수를 치는 한국인과 일본인들의 모습은 동북아 평화를 소망하는 데 좋은 자극이 되었고, 누구라고 할 것 없이 열심히 일하는 모든 스태프의 모습은 열정을 가지고 일해야겠다는 다짐에 좋은 자극이 되었으며, 사랑하는 동생과 함께할 수 있도록 친절을 베풀어 주신 환경재단의 배려는 감사하는 마음을 가지게 하는 좋은 자극이 되었다. 이번 피스&그린보트에서 받은 자극들은 앞으로 학교를 벗어나 사회에 나가기 위한 희망과 용기를 얻는 데 좋은 밑거름이 될 것이다. 소중한 경험, 추억, 가르침을 준 환경재단, 피스보트 측에 감사 인사를 드리며 함께해 주신 모든 탑승객, 스태프에게도 다시 한 번 감사하다는 말씀을 드리고 싶다. 평화와 환경을 위한 마음으로 한배를 탄 사람들이 하나의 공동체를 만들어 내는 피스&그린보트, 앞으로도 많은 사람에게 긍정적인 자극을 줄 수 있길 바란다.

이 길 끝에는
뭐가 있을까

박정은
〈스브스뉴스〉 인턴기자 1기
사진/ ⓒ박정은

운동화를 챙기렴

"정은 씨, 잘 다녀와. 운동화 꼭 챙기고."

8월 9일, 나가사키에서 올레길에 오르기로 한 내게 피스&그린보트 사람들은 당부했다. 운동화를 꼭 신으라고, 몇 명씩이나 내게 힘주어 말했다. 나는 대답 대신 열심히 고개를 끄덕였다. 같은 배를 탄 사람들이 뜬금없이 내 신발을 걱정해 주는 데에는 이유가 있었다. 내가 피스&그린보트 첫 기항지인 러시아 블라디보스토크에서 쓴맛을 봤기 때문이다. '그놈의 운동화' 때문에.

나는 블라디보스토크에서 조금 떨어진 루스키 섬 투어를 선택했다. 민간에 공개된 지 불과 3년밖에 되지 않은 천혜의 바다를 눈에 담고 싶었기 때문이다. 다녀오지 못한 여름휴가를 대신할 마음에 설렜다. 반짝반짝 눈부신 해변가에 수건 한 장 깔고 앉아 '힐링'을 하고 오리라는 희망을 품고 크루즈에서 내렸다.

그런데 그 희망은 정말이지 큰 착각이었다. 해변에서 물놀이를 즐기는 코스가 아니라 해안 트레킹 코스였던 것이다. 우거진 숲길을 적어도 두 시간은 걸어야 바다를 볼 수 있다는 가이드의 말에 입이 떡 벌어졌다. 별 수 있나. 나는 물놀이용 여름 샌들을 신고 숲길을 열심히 걸어야 했다. 샌들을 신고 걷는 내게 걱정 어린 시선이 쏟아졌다. 일본인들은 "다이죠부데스까(괜찮으세요)?"라고 물었고, 나는 일부러 더 씩씩한 척했다. 장소에 맞지 않는 차림에 신발까지 엉망이 된 스스로가 부끄러워서, 더 명랑해질 수밖에 없었다.

샌들을 신은 나한테만 험한 길은 결코 아니었다. 모두에게 난코스였다. 우여곡절 끝에 장관이 펼쳐지는 해변에 도달했을 때, 형용할 수 없는 뿌듯함이 밀려왔다. '미끄러운 샌들을 신었는데 넘어지지도 않고, 잘도 왔네'라는 생각이 들었다. 깎은 듯한 절벽과 바닷바람도 '여기까지 오느라 수고 많았다'며 지친 발을 달래 주었다.

걷는 걸 좋아해요?

블라디보스토크 트레킹 코스에서 지겹게 걸었지만, 나는 나가사키에서도 올레길 코스를 택했다. 사람들은 물었다. "걷는 걸 좋아해요?"

고개를 저었다. 나는 걷는 걸 그다지 즐기지 않는다. 아빠가 등산 좀 같이 가달라고 몇 번이나 꼬드겨도 꿈쩍도 안 하는 고약한 딸이다. 나가사키의 우레시노올레 코스는 군함도 코스에서 밀려난 차선택이었다. 결국 나는 루스키 섬 코스 때 배긴 종아리 알이 풀어지지도 않은 채 4시간 코스를 걸어야 했다. 하지만 왠지 싫지 않았다. 오히려 설레는 마음이 더 컸다. 바로, 루스키 섬으로 가는 길이 내게 알려 준 두 가지 때문이었다.

첫 번째, 동행한 사람들과의 유대감이다. 트레킹에 지쳐 말없이 걸어도 곁

에 있는 사람의 발소리에 귀를 기울이는 나를 발견했다. 힘든 길을 함께 걷는 사람의 존재 자체에서 위안을 받은 것이다. 또 초면인 사람끼리 서로 힘들지 않느냐며 격려했는데, 이게 참 힘이 됐다. 그렇게 대화를 이어 간 사람들끼리는 꽤 편해졌다. 그들을 배에서 다시 만나면 그렇게 반가울 수가 없었다.

실제로 블라디보스토크 투어 이후로 배에서 날 알아보는 사람들이 많아졌는데, 모두 루스키 섬 코스를 다녀온 사람들이었다. 그들은 하나같이 웃음을 터트리며 말을 걸었다. "'샌들 신고' 그 힘든 루스키 섬 투어 다녀온 여자애구나?" 그 말에 내가 멋쩍은 듯 웃으면, 그들은 꼭 한마디씩 덧붙였다. "그래도 너 씩씩하게 잘 갔잖아." 그런 긍정적인 인상을 남긴 건 기분 좋은 일이었다. 불평불만을 늘어놓으며 트레킹을 포기했다면, 배에서 이렇게까지 스스럼없이 대화를 시작하지는 못했을 것이다.

　두 번째로, 과정의 소중함을 알게 됐다. '걷기'는 내게 목적지에 다다르는 수단에 불과했다. 그것도 녹록지 않고 귀찮은 한 과정. 그런데 이 과정 자체가, 어쩌면, 목적지에서 얻을 수 있는 것보다 더 소중할 수 있다는 사실을 깨달았다.

　예를 들면 이런 거다. 나는 루스키 섬을 떠올리면, 코스 최종 목적지였던 해변보다 우거진 숲 속 진흙길이 뚜렷하게 그려진다. 별로 특별할 것도 없는 흙길이었는데, 그 길 하나하나에는 추억이 서려 있다. 끝없이 펼쳐진 길을 걸으면서 우아하게 자아성찰이나 할 여유도, 기력도 없었지만 그보다 더 재미있는 걷기의 추억이 생겼다.

　누군가 미끄러운 진흙탕 위에서 넘어져 옷을 버렸다. 그러자 곁에서 걷던 사람들이 깔깔 웃으며 일으켜 주고, 옷을 털어 주었다. 돌멩이가 많고 경사가 심한 곳에서는 청년들이 손을 내밀었다. 그 손을 잡고 위기를 벗어나면, 용기가 생겨 폴짝폴짝 걸음이 가벼워졌다. 또, 한참을 걸으니 누군가 더 이상 나아가는 건 무리라고 말했다. 그래도 아주 조금만 더 가면 해변이 나온다는 설득에 넘어갔다. 그렇게 나는 무리 속에서 어김없이 걷고 또 걸었다.

2시간 동안 걷고 난 뒤 펼쳐진 바다 풍경은 충분히 멋졌지만, 정작 내게 오랫동안 남은 건 트레킹의 추억이다.

무엇을 생각하고 걸을 것인가

우리가 사는 세상에서도 그랬다. 늘 생각이 너무 많다. 인생은 선택의 연속이지만, 특히 중요한 선택을 앞두고는 더욱 그렇다. '이 길 끝에는 뭐가 있을까'라는 생각에 머뭇거린다. 목적지에서 맛보게 될 달콤함, 그리고 그 과정의 장애물과 난이도 등 이것저것 다 계산하고 따진다. 그런데 우리는 과연 과정이 아닌 '결과'에서만 뜻을 찾는가? 힘들게 하루하루 견뎌 내는 건 오로지 목적달성을 위해서인가?

살면서 가끔 루스키 섬 트레킹 코스가 떠오를 것 같다. 나는 진흙길에서도 웃었고, 2시간을 걸어 도착한 해변에서도 웃었다. 이 길 끝에 있는 것만이 중요한 게 아니다. 힘든 길을 함께 걸으며 격려해 주는 사람들, 그리고 그 과정자체에서만 느낄 수 있는 즐거움, 이 두 가지를 기억한다면 나는 계속해서 걸을 수 있다. 즐겁게.

새로운 세상으로
향하는 대문

이준민
서울 인창고등학교

내가 사는 도시 서울과 일상에 싫증이 났다. 서울은 소음이 너무 많다. 버스를 타고 가는 30분 동안 들리는 서울의 소리가 신경 쓰이고 싫어서 항상 이어폰을 꽂고 통학을 한다. 아침 6시 20분 기상, 6시 40분에 집을 나와서 7시까지 등교, 저녁 6시에 학교를 나와서 학원에 갔다가 밤 10시에 집에 돌아오는 매일이다. 이런 반복되는 하루하루를 살다 보면 가끔 내가 쳇바퀴를 도는 다람쥐같이 느껴지곤 한다. 그래서 피스&그린보트는 이런 일상으로부터 나를 구해 줄 비상구라고 생각했다. 항상 처음 하는 것들은 긴장되는데 이번 크루즈 여행은 오히려 설레고 기대됐다.

바다 위의 첫날은 매우 평화로웠다. 평소에 차멀미를 해서 뱃멀미가 심하지 않을까 걱정했는데, 아무런 문제없이 거의 8시간 동안 강연을 들었다. 성공회대학교 이시재 교수님을 시작으로 세르게이 스미르노프 구소련 해군 방위 전문가의 강연까지, 최근 문제가 된 일본 군함도의 세계유산 등재 문제부터 한중일 동아시아의 미래 등 다양한 내용을 들을 수 있었다. 학교 수업을 7시간 들을 때는 그렇게 힘들고 지루할 수가 없더니, 관심이 있거나 새로운 주제의 강연을 골라 들을 수 있어서 그런지 하나도 지루하거나 힘들지 않았다.

일본 참가자들과 교류하는 기회도 가질 수 있었다. 중학교 2학년 때 담임선생님께 배운 "하지메마시떼, 와타시노 나마에와 준민데스. 도조 요로시쿠 오네가이시마스"와 적당한 타이밍의 "하이" 밖에 할 줄 아는 일본어가 없었지만, 많은 일본 참가자들이 일본어를 잘한다고 칭찬을 해주셨다. 나도 일본 참가자들이 한국어를 할 때마다 "스고이!"를 연발했다.

밤은 크루즈에서 내가 가장 좋아하는 시간이었다. 밤이 되면 11층 선 데크에서 밤하늘을 보며 아무 생각 없이 몇 시간이고 노래를 들으면서 앉아 있었다, 이때 본 달은 내가 살면서 본 가장 아름다운 달이었다. 하나로 이어진 바다와 하늘의 검은 바탕 가운데, 달빛이 레드카펫처럼 깔려 있었다. 달과 바다를 바라보면서 'Arcade Fire'와 'U2'의 음악을 듣는 것은 정말 꿈만 같았다. 도시에 사는 고등학생이 누릴 수 없는 평화로운 시간이었다.

크루즈에서는 정말 소중한 사람도 만날 수 있었다. 첫 기항지 블라디보스토크에서 나는 시베리아 호랑이와 표범의 서식지 보호구역을 방문하는 코스에 참가했다. 이날 정말 소중한 인연의 첫 번째 사람인 미디어몽구의 김정환 기자님을 만났다.

기자님이 투어 버스에서 나의 옆자리에 앉으면서 인사를 나누게 되었다. 이야기를 하면서 기자님이 큰 신문사, 방송사에서 다루지 않는 가려진 진실들을 앞장서서 사람들에게 알리는 일을 하신다는 것을 알고는 정말 멋진 분이라고 생각했다. 나도 앞으로 언론인이 되고자 준비를 하고 있기 때문에 기자님처럼 내 신념을 따라 진실을 전하는 사람이 되어야겠다고 다짐했다. 나중에 서울로 돌아와서 미디어몽구를 다시 찾아봤을 때, 내가 만난 기자님이 생각보다 더 대단한 분이시라는 것을 알고 새삼 놀랐다.

두 번째 소중한 인연은 한일교류 디너에서 만났다. 나는 피스&그린보트를 타는 동안 정말 많은 일본 사람들을 만나보고 싶다고 생각했다. 블라디보스토크를 떠나 홋카이도로 가는 동안 있었던 한일교류 디너에서 그 기회가 찾아왔다. 정말 소중한 인연, 두 번째 사람인 유즈 누나를 만날 수 있었다.

유즈 누나는 일본의 통역 스태프였고, 매일 아고라에서 한국어 강좌를 하고 있었다. 디너에서 누나가 한국어 강좌시간에 한국어 발음하는 것을 도와달라고 요청했고, 나는 당연히, 흔쾌히 하겠다고 응했다. 처음에는 조금 긴장했지만, 즐겁게 따라하는 일본 사람들을 보니, 긴장감은 곧 사라지고 신나게 할 수 있었다. 매일 한국어 강좌시간이 기다려졌다. 한국어를 알리고 있다는 생각에 정말 열심히 했다. 강좌시간 이외에도 많은 일본 사람들이 한국어에 대해 물어볼 때마다 하나하나 정성을 다해 설명을 해드렸다. 한국어 강좌 마지막 날, 강좌에 참가한 여러 사람들이 내게 고맙다고 해주시고, 칭찬도 많이 해주셨다. 평소에 누군가로부터 지시와 더 잘하라는 압박만 받았는데 이렇게 칭찬도 받고, 감사도 받다 보니 마음 깊은 곳에서 조금 울컥했다. 나에게 이런 좋은 기회를 준 유즈 누나에게 정말 너무 너무 감사하다. 강좌를 들었던 사람들과 함께 찍은 사진은 내가 흙으로 돌아갈 때까지 간직할 것이다.

이번 크루즈를 통해서 정말로 다양하고 많은 생각을 할 수 있었다. 이전의 생각을 바꾸는 일도 있었다. 두 번째 기항지인 홋카이도에서 나는 최근 원전이 재가동된 도마리 마을에 방문했다. 그곳에서 1989년 도마리 원전이 가동을 시작했을 때부터 원전의 위험성을 누구의 도움 없이 혼자서 조사했고 현재도 원전 반대운동을 하시는 사이토 아저씨를 만났다. 그 전에 나는 한국이 다른 나라처럼 자원이 풍부하지 않기 때문에, 원자력 발전이 조금 위험해도 단가가 매우 싼 효율적 방법이라고 생각했다. 찬성을 하는 것은 아니지만 그렇다고 반대를 하는 입장도 아니었다. 하지만 이 생각이 잘못되었다는 것을 깨달았다.

사이토 아저씨가 그동안 수집한 자료를 통해 도마리 마을의 많은 아이들이 갑상선 장애로 고통받고 있다는 것을 알게 되었고, 그런 아이들이 안타까워서 슬펐다. 사이토 아저씨가 원전에 반대하고 자료를 모으는 과정에서 마을 사람들에게 왕따를 당하고, 정부로부터 괴롭힘을 당한 것도 알게 되었다. 이 이야기를 듣고 어떤 일에 소신을 가지고 행동하는 것, 특히 정부, 기업과 같은 권력을 가진 곳, 여러 사람들의 욕심과 관련된 일에 반대되는 사실을 말하는 것이 얼마나 어려운 일인지 알 수 있었다. 하지만 그렇기에 내가 하려는 언론인, 기자라는 직업이 어떤 어려움이 있어도 소신껏 옳은 것을 옳다고, 그른 것을 그르다고 이야기해야만 하는 일임을 다시 한 번 깨달았다.

부산항을 떠나기 전에는 피스&그린보트가 일상으로부터 벗어날 수 있는 비상구라고 생각했다. 하지만 피스&그린보트는 비상구가 아니라 더 크고 넓은 세상으로 향하는 대문이었다. 나는 우물 안의 개구리도 아니고 우물 안의 올챙이였다. 이번에는 일본어도 서툴러서 여러 프로그램에 참가하지 못했고 자주기획도 하지 못했지만, 다음번에는 일본어 공부를 열심히 해서 한국과 일본 참가자가 함께 어울릴 수 있는 자주기획을 해보고 싶다.

내년에는 고3이라는 상황과 수능이라는 현실적인 어려움 때문에 주변의 많은 사람들, 특히 우리 부모님이 반대하시겠지만, 나는 내년에도 피스&그린 보트에 타고 싶다. 아니 이미 내 마음은 보트를 타고 세상으로 열린 대문 밖으로 항해하고 있다.

ⓒ이준민

인연이 싹틔운
향기로운 유산

이정선

어리석은 사람은 인연을 만나도 인연인 줄 알지 못하고,
보통사람은 인연인 줄 알아도 그것을 살리지 못하며,
현명한 사람은 옷자락만 스쳐도 인연을 살릴 줄 안다.

- 피천득 〈인연〉 중

마음과 마음이 만나는 소중한 인연은 화합의 연대로 이어지고, 풍요로운 열매가 됩니다. 2015 피스&그린보트 항해는 마음이 품은 인연의 씨앗이 싹을 틔우고, 화합을 통해 줄기로 뻗어 나가 열매를 맺는 경이로운 과정을 체험한 시간이었습니다. 이번 여정을 시기별로 나누고, 각각 인연, 연대, 열매(유산)라는 키워드로 감상문을 적어 보고자 합니다.

8월 2~4일. 일기일회—期—會

2015년 8월 2일, 푸르른 하늘 아래 기대에 부푼 사람들을 싣고 오션드림호가 부산 영도항을 출발했습니다. '바다의 꿈'이라는 이름에 걸맞게 승객 한 명 한 명의 꿈과 희망의 돛을 펼치고 바다로 나아갔습니다. 그리고 크루즈의 서막이 오르면서, 저는 선상에서 일기일회의 인연들을 만날 수 있었습니다.

두 번째 날부터 본격적인 선내 프로그램이 이어졌습니다. 저는 일본 도쿄대에서 문화유산을 공부하며 세계유산검정자격 2, 3급을 취득한 직후라 〈군함도 세계유산 등재, 과연 타당한가?〉라는 기획에 큰 기대를 했습니다. 하지만 예상과 달리 군함도에 대한 이야기가 많이 언급되지 않아 조금 아쉬웠습니다. 강의를 하신 이시재 성공회대 교수님과는 여행 후반부에 나가사키에서 점심식사를 함께하는 인연으로 이어졌습니다.

8월 5~8일. 공동선을 위한 연대의 발걸음

첫 기항지 방문 이후, 본격적으로 인연과의 연대를 다지는 시간이 무르익었습니다. 이 기간 중 가장 인상 깊었던 일은 네 번째 날 임옥상 화백님께서 진행하신 〈평화의 대형 걸개그림 그리기〉 프로그램에 참여한 일이었습니다. 한일 참가자들이 함께 팀을 이루어 투명한 밑바탕에 형형색색의 셀로판테이프로 양국의 평화와 상생에 대한 염원을 자유롭게 표현하는 것이었지요. 저희 팀은 각자 생각하는 한일 평화의 메시지를 한 글자씩 정해서 글과 그림으로 장식하기로 했습니다.

저는 '마음'을 의미하는 한자 '心'의 각 획을 한 알의 씨앗으로 보고, 마음의 씨앗에서 싹이 움터 평화의 꽃을 피우며 나뭇가지가 뻗어 나가는 모습을 형상화했습니다. 정치, 외교, 사회, 문화 등 분야를 막론하고 양국이 마음을 터놓고 서로의 이야기에 진심으로 귀 기울일 때 신뢰가 쌓인다는 믿음에 기초한 생각이지요. '들을 청廳'이라는 글자를 살펴보면 하단의 한 일─과 마음 심心은 하나의 마음으로 경청해야 한다는 의미를 담고 있습니다. 이처럼 양국이 열린 마음으로 대화하며, 침묵을 지킬 때에도 마음과 생각이 통하는 심심상인心心相印의 경지에 도달하기를 바라는 소망을 씨앗에 담았습니다.

한 시간 이상의 열띤 작업 끝에 완성된 대형 걸개그림을 바다가 보이는 유리창에 부착하자, 형형색색의 테이프들이 투명한 햇빛을 받아 신비롭게 반짝였습니다. 그야말로 '평화의 조각'pieces of peace이라고 할까요. 마음의 씨앗에서 움튼 평화의 꽃과 곧게 뻗은 나뭇가지는 푸른 바다와 절묘하게 어우러져서 마치 바다 한가운데 싹이 돋아난 듯한 모습이었습니다.

같은 날 오후 참석한 김홍신 작가님의 〈인생사용설명서〉 강연 역시 다른 차원에서의 화합의 의미를 깨닫게 한 뜻깊은 시간이었습니다. 작가님께서는 한 번뿐인 인생에서 주체의식을 확립하여 과거의 상처로 인한 아픔에 머무

한일 참가자 공동으로 제작한 대형 걸개그림 '마음心의
씨앗에서 피어난 평화의 꽃'과 함께

평화와 한일 양국의 우정을 기원하는 메시지를
작성하는 모습

르지 말고 나아가야 한다고 말씀하셨습니다. 눈부신 빛의 이면에는 그림자가
뒤따르듯, 우리의 인생사에는 명암과 굴곡이 존재하기 마련입니다. 중요한 것
은 피할 수 없는 난관에 봉착했을 때, 아픔과 상처를 어떻게 내면화하고 현명
히 대처하느냐 하는 것입니다. 만일 역경을 장애로만 인지하고 스스로 좌절
한다면, 환경에 굴복하는 결과를 낳겠지요.

　이러한 맥락에서 우리의 내면에 잠재된 상처와 본질적으로 마주하고, 객관
화하여 직시하는 일은 또 다른 차원의 화합이라고 생각합니다. 과거의 아픔
을 애써 외면하고 부정할 것이 아니라, 상처를 밑거름 삼아 그 자체로 받아들
이고 공존할 때, 나 자신과의 진정한 화합을 이룰 수 있지 않을까요. 그리고

우선 자신의 내면을 들여다보고 자아와 마주한 후 비로소 타인, 사회, 우리나라, 나아가 이웃국가와도 당당하고 조화롭게 화합할 수 있을 것임을 깨달았습니다.

공식행사 이후 저녁시간에 일본 댄스강사들로부터 왈츠를 배운 일도 즐거운 추억입니다. 국적이 저마다 다른 참가자들이 음악에 맞춘 눈빛과 미소, 몸동작만으로 하나가 되어 화기애애한 분위기와 공기를 함께 호흡했습니다. 그중에는 한국 남성과 일본 여성이 함께 짝을 이룬 경우도 있었고, 노련한 솜씨의 베테랑 커플도 있었으며, 몸짓은 매우 서툴지만 어떻게든 동참하려는 열정과 의지가 충만한 풋풋한 한 쌍도 있었습니다.

이들은 지구촌을 연상시키는 원형의 무대에서 춤을 추며 연대와 화합을 지향하는 발맞춤을 함께했습니다. 공동선을 위해 조화로운 발걸음을 내딛으며 함께하는 미래를 여는 피스&그린보트야말로 진정한 의미에서 국제사회의 축소판이며 공동선이라 믿어 봅니다.

8월 9~11일. 열매에서 유산으로

부산에서 출발한 오션드림호는 블라디보스토크와 홋카이도를 거쳐 마지막 기항지인 규슈에 도착했습니다. 선박에서 일주일을 보내며 인연이라는 씨앗에서 싹이 움텄고, 연대와 화합의 줄기가 뻗어 나갔습니다. 나가사키와 후쿠오카에서는 피스&그린보트에서의 인연이 열매를 맺었습니다.

8월 9일 나가사키 군함도 탐방은 문화유산을 공부하는 저에게 더할 나위 없이 귀중한 견학이었습니다. 하지만 군함도 상륙 허가가 나지 않은 탓에 아쉽게도 섬 주변을 순회하는 데 그치고 말았습니다.

배를 타고 가까이서 접한 군함도는 콘크리트와 철물이 뒤엉킨 모습으로 근대화의 어두운 이면을 여실히 드러내고 있었습니다. 선내 안내원은 군함도의 역사와 생활환경에 대해 구체적으로 설명했는데, 그중 강제징용에 대한 언급은 전혀 들을 수 없었습니다. 섬에 대한 설명이라고는 수영장과 병원, 영화관 등의 최신식 부대시설이 있었으며, 한때 세계 최고의 인구밀집 지역으로 번영하던 곳이라는 식의 소개가 대부분이었습니다.

아무리 허상으로 본질을 감추려 해도 오히려 실상이 더욱 극명하게 드러날 때가 있습니다. 섬 순회에 그친 이번 방문을 통해 저는 군함도라는 역사의 거울에 비친 허상과 실상의 간극을 목도할 수 있었습니다. 한편으로는 군함도를 일본의 식민지배와 침략전쟁을 고발하는 부의 유산(負의 遺産, negative heritage)으로서 국제사회에 널리 알려, 인류의 반면교사로 삼아야 한다는 생각이 들었습니다. 그리고 세계유산검정자격시험의 최고 등급을 취득한 후 향후 문화유산 전문가로 활동하며, 우리나라의 자랑스러운 유산 등재와 문화유산 경영에 공헌해야겠다고 굳게 다짐했습니다.

무거운 마음으로 군함도를 둘러본 후 나가사키 시내를 관광하였습니다. 함께 점심식사를 한 〈한국일보〉의 김영화 기자님께서는 성공회대 이시재 교수님과 저의 발언을 기록하여, "군함도에 끌려온 '조선인 아픔'은 여전히 외면당하고 있었다"라는 제목의 르포 기사를 쓰셨습니다. 2015 피스&그린보트에서의 인연이 작은 결실을 맺은 사례라고 할까요.

이튿날 마지막 기항지인 후쿠오카의 벳부 지옥온천에서는 혼자 족욕을 했는데, 전날 선상예배에 함께 참여하셨던 교인분들께서 먼저 따뜻한 관심을 보이시며 온천계란을 사주시기도 했습니다. 작고 따끈따끈한 온천계란 한 알이 크루즈에서 맺은 인연의 온정을 응축한 열매로 느껴지는 순간이었습니다.

그날 밤에는 피스보트 창립자이신 요시오카 대표님의 초대로 간 나오토 전 총리와의 헤드 테이블에 참석할 수 있었습니다. 간 전 총리 및 다른 참가자들과 함께 교류하며, 묘한 공통점을 발견해 감회가 새로웠습니다. 요시오카 대표님은 모교인 와세다대학의 선배님이시고, 에너지정책연구소 이다 데쓰나리 소장님은 제가 11년간 담당했던 에너지 업무에 종사하시며, 예전에 제가 와세다 유학시절에 살던 동네에서 근무하셨고, 저의 단골식당을 잘 안다고 하셨습니다. 또한 베네수엘라 출신의 에두아르도 기자님은 제가 좋아하는 제주도에 관한 기사를 작성 중이시라며 완성되면 보여 주겠다고 말씀하셨습니다. 이처럼 출신과 배경, 직업은 모두 다르지만, 씨줄과 날줄처럼 연결된 인연이 서서히 열매로 무르익는 밤이었습니다.

광복 70주년과 한일국교 정상화 50주년을 맞이해 출항한 2015 피스&그린보트. 우리는 기념비적인 해를 맞이하여 탑승한 오션드림호에서 국적을 초월하여 우정을 다지고, 한일 양국 간 미래지향적 화합이라는 공동선을 향해 힘찬 발걸음을 내디뎠습니다. 피스&그린보트가 한 걸음씩 행보를 이어 감에 따라 한일 시민이 맺은 우정과 연대감은 더욱 무르익어 풍요로운 결실을 맺을 것입니다. 그리고 앞 세대가 남긴 숙성한 열매는 '피스&그린'의 향기를 그윽이 발산하며 후세에 소중한 유산으로 간직되리라 믿습니다.

이제 우리는 과거의 슬픈 역사가 남긴 '부負의 유산'에서 더 나아가, 한국과 일본이 상생하여 윈윈하는 '승勝의 유산'을 남겨야 할 것입니다. 그러한 맥락에서 피스&그린보트는 평화와 환경보호라는 진정한 유산을 창조하는 공동선이라고 확신합니다. 이를 위해서는 피천득 선생님의 글귀처럼 옷자락만 스쳐도 인연으로 살릴 줄 아는 지혜를 발휘해야겠지요.

제8회를 맞이한 피스&그린보트가 항해를 거듭하며 더욱 번영하기를 기원합니다. 그리고 항해의 여정 중 나날이 무수한 싹을 틔우고, 풍요로운 열매를 맺어 향기로운 유산을 남길 수 있기를 기대합니다.

ⓒ이정진

5장.

다시, 함께 꾸는 꿈은 현실이 된다

광복 70년, 종전 70년, 한일국교 정상화 50주년을 맞이하며

무력으로는 평화를 만들 수 없고, 바다는 그 누구의 것도 아닙니다.

©김종관

피스&그린보트
다시 10년
항해를 떠난다

**한일 양국 시민이 노벨평화상을
공동 수상하는 날을 꿈꾸며**

때 　2015년 8월 8일 오후 4시 30분
곳 　오션드림호 7층 카사블랑카
대담 　**최열**/ 환경재단 대표
　　 요시오카 다쓰야/ 피스보트 공동대표
　　 신동호/ 〈경향신문〉 논설위원(사회)
사진 　**이석우**/ 〈경향신문〉 기자
통역 　**이은영·허미선**

신동호 　피스&그린보트가 2005년 첫 항해를 했는데, 벌써 10년이 됐습니다. 최열 환경재단 대표께서 이 항해를 시작할 때 10년을 해보고 평가를 받고 계속할지 판단하겠다고 했습니다. 이제 그 10년이 됐지 않습니까. 이번 대담은 지난 10년의 항해를 되돌아보고 앞으로 10년 항해를 설계하는 자리가 됐으면 합니다. 먼저 최 대표께서 10년 전 피스&그린보트를 기획한 계기와 과정을 간단하게 말씀해 주시죠.

최열 　개인의 행동이나 역사의 변화는 특별한 목표를 가지고 계획대로 진행되는 것도 있지만 그렇지 않은 것도 굉장히 많은 것 같아요. 내가 개인적으로 피스보트를 알게 된 지는 20년도 넘었지만 환경재단과 피스보트가 이런 일을 할 것이라는 생각을 처음에는 하지 못했습니다.

그런데 우리 딸이 2003년 대학교 3학년 때 105일간 피스보트의 세계일주 배를 한번 타겠다고 했어요. 거기 참가해 지구촌 대학에서 일본의 젊은 대학생들과 같이 공부하고 대화하고서 집에 왔을 때 우리 딸이 불과 105일밖에 안 됐는데 훨씬 시야가 넓어지고 다른 나라의 문화에 대한 이해가 깊어진 거예요. 그래서 이것을 발전시킬 방법이 없을까 하는 생각을 하다가 환경과 평화는 동전의 앞뒷면이다, 그렇기 때문에 외국에 있는 단체와 환경재단이 함께하면 훨씬 더 좋은 의미를 가질 수 있다는 생각을 하게 됐습니다. 그 다음해 2004년 여름에 요시오카 대표를 만나서 우리 딸이 피스보트를 탔는데 이러이러하더라, 그러니 같이 항해를 한번 하고 싶다고 했어요. 그랬더니 아, 그거 굉장히 좋다는 거예요. 그렇게 얘기하고 그냥 헤어졌는데 그해 연말에 요시오카 대표와 다시 만나서 내년이 한국은 광복 60주년이고 일본은 종전 60주년인데 일본에 피스보트 배가 있으니까 한·일 공동으로 역사적인 의미가 있는 행사를 해보자고 제안을

했습니다. 그러고는 한국에 와서 우리 나름대로 기획을 하고 돈이 굉장히 많이 드는 행사니까 정부의 광복 60주년 행사 공모에도 제안을 했어요. 거기서 최우수상을 받았어요. 그런데 정부에서는 7억 원 비용 가운데 100만 원밖에 안 주는 거예요. 그러니까 700분의 1밖에 안 주는 거죠. 그래서 이거 어떻게 할까 하다가 그러면 우리가 기업 후원도 받고 참가비도 받고 하자고 해서 그렇게 진행이 된 겁니다. 그때 내가 이거 한 번 하고 끝낼 게 아니라 적어도 10번을 해보고 평가를 해서 그때 다시 할 수 있느냐 없느냐를 결정하자고 했어요. 그랬더니 요시오카 대표께서 아, 그거 좋다고 했고요. 그때 오히려 일본 쪽에서 놀란 거예요. 1년 전에 그냥 한번 얘기를 하고 연말에 해보자고 했던 것이 바로 8월에 행사가 됐으니까요. 생각해 보면 우연히 하게 된 일이지만 역사의 큰 흐름으로 보면 누군가는 해야 할 일을 우리 두 단체가 시작한 것이죠.

신동호 요시오카 다쓰야 피스보트
공동대표께서 피스보트를 시작한 게 1983년으로
알고 있습니다. 피스보트를 시작한 동기가
무엇이었는지, 그리고 최열 대표가 10년 전에
피스&그린보트를 제안했을 때 어떤 심정으로 그
제안을 받아들였는지 말씀해 주시죠.

요시오카 제가 1983년에 피스보트를
시작했는데, 사실 그 1년 전인 1982년에

일본에서 교과서 문제가 터졌어요. 그때
굉장히 충격을 받았습니다. 당시 저는
대학생이었습니다만 몇 년 전부터 대입제도가
바뀌어서 전국 일제시험이라는 게 생겼죠.
각 대학에서 개별로 시험을 보는 게 아니라
전국 통일시험을 보는 것이었어요. 말하자면
교과서를 통째로 암기하는 교육이 시작된
거예요. 저도 그런 교육을 받아 역사 교과서를
통째로 외웠습니다. 그런데 거기 거짓말과
주변국들을 화나게 하는 내용이 있다는
사실을 알고 굉장히 충격을 받았던 겁니다.
역사적 진실을 알지 못하는데 주변국과
어떻게 사이좋게 지낼 수 있을까라는 의문도
생겼고요. 그리고 다른 한 가지는 환경재단과
함께 일을 하게 된 계기기도 한데요, 제가
대학생일 때 한국에서는 광주 민주화운동이
일어났습니다. 이웃 나라에서 저와 같은
나이의 젊은이들이 군사독재 아래서 탄압받고
죽음을 당하기도 하는데 뭔가 돕지 않으면
안 된다는 생각이 들었습니다. 그래서 제가
좀더 공부를 해보니 군사독재 정권의 탄생

배경에는 한반도 분단의 역사가 있고 그 뒤에는 일제에 의한 식민지 지배가 있다는 것을 알게 됐습니다. 이런 역사의식이라든지 한반도 통일에 대한 연대의식을 가져야 된다는 생각은 제가 피스보트를 만들 때부터 이미 하고 있던 부분입니다. 그 후 10년 정도 지나 브라질 리우데자네이루에서 열린 기후정상회의에 참가했습니다. 리우회의에 참가하면서부터 우리는 평화에 대해서뿐만 아니라 환경도 평화와 같다는 인식을 하게 됩니다. 아시아뿐만이 아니라 지구 전체 환경에 대해서 생각하지 않으면 안 된다는 생각을 하게 된 거죠. 평화에서 환경으로 관심을 돌리게 되는 과정에서 아시아 크루즈가 탄생했고 또 세계일주 크루즈로도 발전할 수 있었던 겁니다. 다만, 한 가지 숙제가 있었는데요, 그것은 크루즈에 탑승한 사람 대부분이 일본 인이었다는 것입니다. 피스보트에서 생각해야 될 문제가 일본 사람만이 생각하고 고민할 문제는 아니라고 생각합니다. 피스보트는 지구인의 배라고 생각합니다. 그렇게 환경에

대한 생각, 그리고 지구 공동체라는 생각을 하고 있을 때 최열 대표로부터 그런 얘기를 들었기 때문에 '아, 이거다!'라고 … (웃음) 생각하게 된 겁니다.

신동호 서로의 생각이 절묘하게 맞아떨어져서 피스&그린보트가 탄생하게 되었군요. 그런데 2009년, 2010년, 2011년 3년 동안 항해가 중단됐는데, 그 이유를 최 대표께서 말씀해 주시죠.

최열 2007년 이명박 대통령이 후보 시절 저한테 자기가 대운하를 하려고 하는데 좀 도와달라고 했어요. 저는 환경운동가로서 그건 도와줄 수 없다고 했어요. 그렇게 얘기하고 2008년을 맞이했어요. 2008년에는 우리가 그대로 행사를 했습니다. 그리고 2008년 10월이죠. 대운하는 취소되고 4대강을 추진하는데 최열이 있으면 장애가 된다고 해서 특수부 검찰에서 횡령 혐의로 내가 만든 환경운동연합을 압수수색했습니다. 그때부터는 4년간 재판을

받고, 또 우리를 지원해 주고 나하고 관계되는 사람 100여 명을 조사하면서 환경재단을 완전히 없애려는 판세였어요. 그런 상태에서 피스&그린보트를 추진한다면 우선 배를 탈 사람이 없을 뿐더러 기업 등의 후원을 받는 것도 힘들지 않겠습니까. 그래서 그때는 환경재단 자체가 탄압을 견디고 살아남는 게 중요하다는 생각을 하게 됐고, 일본 쪽에도 그런 사정을 얘기했습니다. 일본 쪽에서도 아, 그런 사정이면 일단 중단을 하고 상황이 좋아지면 다시 하는 게 좋겠다고 해서 그렇게 의견을 모은 거죠.

신동호 요시오카 대표께서는 한·일 공동으로 4회째 이어오던 항해를 중단할 수밖에 없었던 데 대해 어떤 생각이 들었습니까. 그리고 재개할 때 어려움은 없었는지요. 또 새로 시작하면서 배를 후지마루호에서 오션드림호로 바꾼 이유도 궁금합니다.

요시오카 중단된 상황은 매우 안타까웠죠. 저는 피스&그린보트가 국제연대운동이라고

생각했습니다. 그렇기 때문에 환경재단이 정부의 탄압을 받고 아주 어려운 시기를 보낼 때 저희가 할 수 있는 일은 환경재단이 살아남을 수 있도록 지지하고 돕는 것이었습니다. 저는 최 대표께서 민주화운동을 하고 몇 년간 수감생활을 하면서도 다시 나와서 운동을 계속해 오신 걸 보면서 반드시 이 배는 재개될 것이라는 믿음이 있었습니다. 피스&그린보트는 원래 후지마루호를 이용했는데 3년간 공백이 생기는 바람에 재개할 때는 저희가 세계일주에 사용하는 오션드림호를 쓰게 된 것이고요.

신동호 두 대표께서 매년 피스&그린보트를 탔지 않습니까. 10년의 경험을 통해서 어떤 성과를 얻었다고 생각합니까.

최열 눈에 보이는 것뿐 아니라 눈에 보이지 않게 한·일 간에 서로 이해하고 연대하는 계기를 제공한 것이죠. 일본 3·11대지진과 원전사고가 났을 때 한·일 간에 개별적으로 연대가 있었지만 단체 차원에서도 여러

가지 공동 프로그램을 진행하지 않았습니까.
후쿠시마 원전사고 현장을 같이 간다든지
한국과 일본의 지식인 311명이 모여서
3·11탈원전네트워크를 만든다든지, 또 이번에
일본 안보법안이 처리될 가능성이 있어서 미리
그런 문제에 대해서 공동으로 기자회견을 한
것이 그렇습니다. 이런 외형적인 성과 못지않게
보이지 않는 성과도 컸다고 봅니다. 일본에 있는
많은 사람들이 한국을 잘 모르고 한국에 있는
많은 사람들이 일본을 잘 모르는데, 여기에서 이
사람들이 배를 타고 처음에는 보름간, 또 열흘간
항해를 하면서 '아, 서로가 힘을 합쳐서 과거에
일본이 잘못한 것은 빨리 사죄하고 그것을
뛰어넘어 진정한 평화와 환경 문제를 해결해야
되겠다'는 생각을 하는 것을 볼 수 있었습니다.
그래서 우리가 힘을 합치면 동아시아 평화와
한반도 분단 극복에 좋은 역할을 할 수 있고
경제적으로도 한·중·일이 협력하면 어느
지역보다 훨씬 더 저력이 있음을 확인하는 것,
그것만으로도 굉장히 큰 성과라고 생각합니다.

요시오카 최 대표 말씀에 전적으로 공감합니다.
거기에 조금만 더 추가를 한다면 역시
피스&그린보트라는 존재 자체가 굉장히
상징적이고, 한·일 시민이 공존할 수 있다는
것을 보여 준다는 점입니다. 일본 젊은이
중에도 혐한감정이나 헤이트스피치에 관련된
분들이 있어요. 젊은이들은 인터넷으로만
정보를 접하기 때문에 진짜 한국을 잘 몰라요.
페이스 투 페이스로 직접 대면해서 한국 사람을
만나 본 적이 거의 없는 친구들이죠. 그렇기
때문에 피스&그린보트를 경험한 젊은이들이
그들과 논의를 벌이면 압도적으로 이길 거라고
생각합니다. '너 무슨 얘기를 하니, 10일 동안
한국인과 같이 생활해 봤지만 전혀 그런 문제가
없었어'라고 반론을 할 수 있겠죠. 이번 선상
프로그램 중에서 〈에도 시대의 조선통신사〉라는
강의를 들었는데 저는 우리가 바로 현대의
한·일 통신사라는 생각이 들었습니다.
조선통신사라는 것은 도요토미 히데요시가
조선과 관계 회복과 우호를 위해서 시작한
교류였습니다. 지금 피스&그린보트에 탄 우리의

역할이 70년 전 일제 때 아픈 상처를 치유하고
화해를 하며 미래를 만들어 가는 것이라고
생각합니다. 화해라는 것은 물론 상호이해를
바탕으로 한 그런 화해입니다. 그리고 한 가지
더 최 대표께서 말씀하셨듯이 탈원전운동을
하면서 3·11네트워크가 만들어진 것은 굉장히
큰 의미가 있습니다. 내일 이 배에 오르실 이다
데쓰나리라는 자연에너지와 관련된 굉장히
저명하신 분께서 함께 힘을 합쳐서 만든 것이죠.
이 운동을 할 때, 두 가지 큰 변화가 일어났는데,
하나는 요시나가 사유리吉永小百合라든지
사카모토 류이치坂本龍一라든지 굉장히 저명한
예술인·연예인들이 참가한 점입니다. 다른
하나는 핵과 원전에 관한 문제는 한 나라만의
문제가 아니라 아시아 지역의 문제라는 인식이
확산된 것입니다. 왜냐하면 방사능은 국경이
없기 때문이지요. 최 대표께서 일본 집회에 정말
몇 번 오셨는지 저는 셀 수도 없습니다. 여러 번
오셔서 연대를 계속 주창하셨죠. 그런 부분이
굉장히 도움이 많이 된 것 같습니다.

신동호 이번 항해의 주제가 광복 70년,
일본에서는 종전 70년, 그리고 한·일국교
정상화 50년이지 않습니까.

요시오카 히로시마·나가사키 폭침 70년이기도
합니다.

신동호 그렇죠. 내일 나가사키에서 열리는
원폭 투하 70주년 행사에도 다들 참석하는 걸로
알고 있습니다. 피스&그린보트 시작이 광복
60년, 종전 60년이었는데 그때 항해일지를
보았더니 '국경을 넘으면 아시아가 보인다',
'함께 꾸는 꿈은 현실이 된다', 이런 슬로건이
눈에 띄었습니다. 지난 3일 '동아시아 공동체의
미래를 그리다'라는 주제로 열린 한·일 공동
심포지엄에서도 나왔던 얘기지만 지금이
한·일관계가 가장 어려운 시기이지 않습니까.
여덟 번째 이루어지는 이번 항해의 의미를
특별히 어떻게 생각하고 있습니까.

요시오카 저는 히로시마와 나가사키의

문제는 한·일 시민이 정말 같이 생각해야 할 문제라고 마음 깊숙이 생각하고 있습니다. 일본 사람은 히로시마·나가사키 문제는 일본인이 희생된 것이라고 생각해요. 한국에서도 아마 히로시마·나가사키가 일본의 문제라고 생각할 수도 있죠. 시간이 되시면 한국 피폭자 이곡지 선생을 꼭 한번 인터뷰해 보세요. 히로시마·나가사키 피폭 때 조선인 피해도 굉장히 컸습니다. 5만 명에 달한다고 해요. 이 부분을 재조명할 필요가 있습니다. 다른 나라에서는 없었던 피해인 거죠. 그렇기 때문에 핵무기 폐기에 대해 정말 노력해야 할 이유가 있는 나라가 한국과 일본이라고 생각합니다. 한일관계 개선을 위해서 제가 사이좋게 지냅시다, 지냅시다라고 해도 실제로는 굉장히 어려운 문제라는 걸 저도 잘 압니다. 하지만 피스&그린보트를 타면서 저도 배운 점인데요, 한 가지 목표를 위해서 함께 뭔가 노력한다면 사이좋게 될 수 있습니다. 핵무기 폐기라는 하나의 목표를 위해서 한·일이 함께 노력한다면 관계가 개선되는 하나의 방법이 될 수 있다는

거죠. 핵무기를 없애기 위해서 한·일 양국의 시민이 정말 노력을 해서 노벨평화상을 받는 것도 하나의 목표라고 볼 수 있지 않을까 싶습니다. 핵무기라는 것이 환경의 최대의 적이기도 하고요.

최열 좋은 말씀입니다. 우리가 항해를 시작하던 10년 전에 한국과 일본의 경제적 상황을 보면 일본은 가라앉고 한국은 올라가는 분위기였어요. 일본 국민 사이에서 한국이 빨리 쫓아오는 것을 두려워하는 분위기도 상당히 있었습니다. 그런 상황에서 우리가 배를 탔기 때문에 일본 시민사회도 많이 침체돼 있는 걸 느낄 수 있었죠. 그런데 막 올라가던 한국도 미국발 금융위기를 겪으면서 어려운 지경이 된 거예요. 제가 연대를 하면서 느낀 것인데요, 침체돼 있던 일본 시민사회의 분위기가 변하기 시작한 게 후쿠시마 원전사고가 난 뒤였어요. 일본 국민이 싹 달라진 거예요. 그 전에는 사람들이 행사를 해도 오지도 않았는데 후쿠시마 사태 후 요코하마 행사장에 갔는데

열기가 넘쳤어요. 젊은 사람들도 모이고요. 후쿠시마 사고 자체는 굉장히 큰 불행이지만 일본 시민사회에 다시 옛날의 역동성이 나타나는 걸 보게 된 거예요. 어쨌든 간 나오토 정부에서 사고가 났잖아요. 사고가 난 다음에 다시 보수 자민당 정부가 들어서면서 급격하게 일본 정부가 우경화로 갔고요. 우경화로 가면서 원전도 재가동하고 전쟁도 할 수 있는 나라로 가고 있잖아요. 안보법안이지만 동맹국이 공격을 받으면 일본군이 참전할 수 있는 것이니까 어쨌든 전쟁법인 거죠. 그런 전쟁법에 대해 일본 국민, 특히 젊은이들이 적극적으로 반대하는 것을 보면 일본 국민의 역동성이 되살아난다는 걸 알 수 있어요. 그런데 불행한 것은 그런 역동성과 관계없이 정치권력이 너무나 보수화되어 있기 때문에 변화로 이어지지는 못하고 있다는 거예요. 그 점은 한국도 마찬가지입니다. 지난 10년 동안 정치권력이 그렇게 됐는데, 결국 국민이 그런 선택을 한 것입니다. 한국의 정치권력이 일본의 따귀를 한 대 때리면 한국 집권당의 지지가 올라가고, 일본 아베 정부도 한국의 따귀를 한 대 때리면 일본에서 지지가 올라가는 거지요. 피해는 국민이 보는데 양국 정치권력이 서로

따귀를 때리면서 멀어지고 있습니다. 몇 년 동안 정상회담도 이루어지지 않고 있고요. 이런 식으로 가면 동아시아 평화가 깨지겠다는 불안감이 듭니다. 피스&그린보트가 10년 동안 보이지 않게 큰 역할을 했지만 이제부터는 더 적극적인 프로그램으로 그런 것들을 변화시킬 수 있는 전략을 세워야 하지 않을까요.

신동호 이제 10년이 됐으니까 양쪽 대표께서 앞으로 이 항해를 계속할 것인지, 계속한다면 어떤 특별한 계획이나 각오를 하고 있는지 궁금합니다. 특히 최 대표께서는 직접 배를 건조할 생각도 한 것으로 알고 있는데, 어떤 계획을 세우고 있습니까.

최열 피스&그린보트를 하면서 한국이 피스보트의 좋은 노하우를 많이 배웠어요.(웃음) 그러다 보니 피스&그린보트를 한·일 간에 계속 추진하면서 한편으로는 한국 사람들을 대상으로 좋은 프로그램을 할 수 있는 배가 필요하다는 생각도 하게 된 거예요. 처음에는

피스보트와 공동으로 배를 만들면 좋을 것 같다고 생각했는데, 그렇게 하면 한국과 일본이 계속 같이 하는 프로그램만 해야 되고, 그러면 스태프도 굉장히 많이 필요하게 되거든요. 그래서 그건 따로 하고 한국은 한국 사람을 위한 다양한 프로그램을 할 필요가 있다는 생각이 들었죠. 환경 프로그램뿐만 아니라 동아시아 평화 문제라든지 기업의 경쟁력을 위한 프로그램, 공직자를 위한 프로그램, 또 여행을 위한 프로그램, 이런 걸 해야 하기 때문에 한국은 한국대로 그린보트가 따로 하나 있으면 좋겠는 거죠. 그래서 아주 중요한 행사가 있을 때는 피스보트와 그린보트가 어떤 특정한 지역에 함께 정박해서 이슈를 만들어 낸다면 훨씬 더 영향력 있을 게 아닙니까. 그때쯤 되면 우리는 노벨평화상을 받을 자격이 있다, 이런 생각입니다.

요시오카 저희는 이미 단독이라고 말할 수도 있을 것 같은데, 피스보트라는 세계일주 크루즈를 하고 있습니다. 저희 역시 최 대표를

비롯한 환경재단 여러분들과 함께 크루즈를
하면서 환경에 대한 지식을 많이 배우고 있고요.
피스보트를 좀 더 친환경적으로 만들고 싶다는
생각을 하고 있습니다. 환경재단의 지혜를
빌려서 현 상황에서 존재하는 가장 친환경적인
배를 만들고, 그 배로 피스&그린보트 항해를
나가는 것을 향후 10년 안의 목표로 잡고
있습니다.

최열 10년 안에 한다고요?

요시오카 그렇습니다. 또 중국을 개입시켜
한·중·일 젊은이들을 같이 태우고 범위도 좀
넓혀서 활동할 수 있는 피스&그린보트를 만들고
싶습니다. 배 안에서의 심포지엄에서도 그런
내용이 있었는데요, 동아시아 환경평화공동체를
만들고 싶다는 생각을 했습니다. 지난번에도
최 대표와 그런 얘기를 하면서 목표를 세웠죠.
동아시아 환경평화공동체를 위한 토대를 만들어
나가고 싶습니다. 그런 큰 목표를 세우고
있는데요, 그 과정에서 이렇게 정부 간의 관계가

악화된다면 아베 총리와 박근혜 대통령을 같이
불러서 배 안에서 정상회담을 하도록 하면
어떨까라는 생각도 하고 있습니다.

최열 납치를 해야 되겠어, 납치를 … (웃음).
오늘이 김대중 납치일이에요. 8월 8일이잖아요.
그러니까 납치는 아니더라도 그분들이 진짜로
와서 배에서 (정상회담을) 하면 제일 좋죠. 도쿄나
서울이 아니라 바다에서 말이죠. 박재갑 교수
말씀대로 인류의 큰 기원으로 보면 한국과 일본은
같은 핏줄인데 왜 이렇게 싸우느냐 말이에요.
그래서 극적인 타협과 변화가 이루어지면 그게
새로운 역사를 만들어 내는 거죠.

요시오카 저도 마찬가지 생각입니다. 저는
개인적으로 북한에도 가본 적이 있습니다.
10년도 더 전의 일이죠. 그래서 말인데요,
피스&그린보트로 언젠가 북한도 방문할 수
있는 날이 오면 좋겠습니다. 그것이 하나의
민간교류가 될 수 있고요. 저희들은 무력에
의존하지 않고 대화를 통해서 평화를 지킨다는

신념을 갖고 있기 때문입니다. 이런 것들이
한반도 통일을 위해서 하나의 작은 공헌이 되지
않을까 하는 바람도 있습니다.

최열 요시오카 대표와 나는 11살 차이인데,
일본과 한국으로 국적은 다르지만 우리가
형제가 됐어요. 내가 어려울 때 옥중에 있을
때도 면회를 오고 걱정을 해주었죠. 그래서
일본과 한국도 형제국가가 돼야 한다고 봐요.
유럽은 독일이 전쟁을 일으켰지만 다 사과하고
지금은 유럽국가가 됐잖아요. 외국 사람이
보면 나더러 일본 사람이냐고 하고, 요시오카
대표한테는 한국 사람이냐고 물을 정도예요.
그런데 왜 계속 이렇게 갈등의 관계로 가야
되느냐는 거예요. 이제는 우리가 바다에서만
행사를 할 게 아니라 한국이 일본에 가서
프로그램을 같이 하고 또 일본이 한국에 와서
캠페인을 함께해서 국민에게 감동을 줄 수 있는
단계로까지 나아가는 것이 앞으로 10년의 우리
역할이 아닐까 하고 생각합니다.

요시오카 저도 그렇게 생각합니다.

신동호 피스&그린보트의 양쪽 대표께서
지난 10년의 항해를 돌아보고 앞으로 10년의
항해를 위한 각오와 포부를 밝혀 주셨습니다.
한·중·일 3국의 젊은이와 함께 북한도
방문하는 피스&그린보트로 발전하기를
기대하겠습니다.

일동 감사합니다.

한배 탄 한일 시민,
동아시아 넘어
세계무대 도약을 꿈꿔라

한일 젊은이들 8번째 우정의 항해
양국 1,100여 명 평화의 사절단
열흘간 역사·문화·사회 등 토론
상호존중과 신뢰 움틀 기회로

김홍신

작가

〈한국일보〉 2015 피스&그린보트 기획, '배에 오르며' 기고

인류사에서 변치 않는 교훈 중에 '원친근공'遠親近攻이란 게 있다. 멀리 있으면 다투고 미워하고 공격하고 감정 상할 게 없지만 가까이 있으면 이러하든 저러하든 감정 상할 게 많을 수밖에 없다는 뜻이다. 섬나라인 일본은 대륙 콤플렉스를 해소하기 위해 한반도를 발판 삼아 대륙진출을 끊임없이 모색했다. 지진과 화산폭발 같은 자연재해에 대한 불안심리를 극복하려는 '원시뇌'가 작동했는지도 모른다.

대학시절에 역사공부를 하면서 만약 일제 침략 34년 11개월 19일이 없었다면 우리 영토와 국민이 남북으로 갈라졌을 리 없고 6·25 전쟁의 처절한 비극도 생기지 않았으리라는 생각에 일본은 나 혼자라도 쳐들어가고 싶은 나라였다. 일본이 경제 강국으로 성장하며 기세등등할 때 적어도 '리플리 증후군'(거짓말을 하고도 사실로 착각하는 정신질환증세)을 벗어나리라고 생각했다. 그런데도 일본은 오만을 벗어 던지지 못했다.

뇌신경심리학자 이언 로버트슨 교수의 연구에 따르면 권력을 쥐거나 힘이 강해지면 뇌구조가 바뀐다고 했다. 과학적으로 도파민, 테스토스테론 등 호르몬이 정상인보다 많이 분출되어 강한 인간으로 변화하지만 터널에 갇힌 것처럼 시야가 좁아져 타인의 시각으로 자신을 보지 못해 공감능력이 약화되고 공격성향이 늘어난다고 했다.

북방의 빼앗긴 4개 섬에 대해서는 당시 소련에 삿대질 한 번 못 하면서 역사적으로 한국 땅이 분명한 독도에 대해서는 집요하게 시비를 걸었다. 어디 그뿐인가. 아베 정권이 들어서면서 이른바 위안부라는 성노예 여성들을 폄하하고 침략사를 부정했으며 험한 활동이 잦아졌고 나라의 지식공동체여야 할 교과서를 왜곡하기를 주저하지 않았다.

몇 차례 북한을 방문하면서 가슴이 몹시 아팠던 것은 분단 70년 만에 같은 민족임에도 관상이 판이하게 달라졌다는 사실이다. 이대로 더 시간을 끌면 평화적인 통일을 해도 남북갈등을 해소하기 벅차다는 걸 대번에 느끼게 된다.

그런 저런 아린 가슴을 안고 지내던 참에 환경재단 최열 대표에게 '피스& 그린보트' 얘기를 들었다. 광복 70주년과 한일수교 50주년을 맞아 한국과 일본 시민이 한배를 타고 아시아의 환경과 평화, 더 나아가 역사와 사회, 문화와 안전 문제 등을 토론하고 동아시아 공동이슈에 대한 해결책을 모색하는 행사에 동참해 달라고 했다.

내가 선뜻 동참하기로 한 것은 일본의 피스보트는 과거 일본의 역사적 잘못을 반성하고 그런 역사의 현장을 방문, 확인하며 새로운 역사를 만들자는 양심적 진보 시민단체였기 때문이다. 요시오카 다쓰야 피스보트 대표를 행사 중에 만나 간결하게 물었다. 역사적으로 한국 땅이 분명한 독도 문제를 어떻게 생각하느냐고 하자 그는 명료하게 대답했다. "일본의 주장은 합리성이 떨어진다."

그러면서 일본의 정치가와 미디어들이 독도가 일본 땅이라고 선전하고 교과서까지 왜곡하는 바람에 요즘에는 일본인들도 그런 줄 아는 사람이 많아졌다고 했다. 일본인들의 혐한 문제도 명쾌하게 말했다. "남을 존중해야 내가 존중 받는다. 친구가 되려면 먼저 존중해야 한다"고 했다. 전쟁이 가장 큰 환경파괴라고 주장하면서 한국과 일본의 양심적 지식인들이 함께 손잡고 한일 문제뿐 아니라 동아시아의 평화와 환경 공동체를 만들자고 역설했다.

©환경재단

　엉킨 실타래처럼 풀릴 기미가 없는 한국과 일본의 현안에 대해 이번 행사를 주관한 최열 대표는 더욱 명쾌했다. "평화와 환경 문제는 전 지구적인 연대가 필요한 인류의 최대 과제다." 국가가 풀지 못하는 갈등의 고리를 한국과 일본의 시민단체가 한 걸음 먼저 내딛는 경쾌한 교류로 해결할 수 있다는 가능성을 엿보게 되었다.

　피스&그린보트는 광복 60주년이던 2005년 첫 항해를 시작했다. 이번이 여덟 번째인데 광복 70주년을 기념하고 한일수교 50주년을 새로운 시각에서 조명해 보자는 행사로 한국과 일본에서 각각 550여 명씩 참가했다. 따가운 햇볕에 땅이 멀미를 할 것 같은 염천, 8월 2일부터 11일까지 열흘 동안 러시아 블라디보스토크, 일본 홋카이도, 나가사키, 후쿠오카를 거쳐 부산으로 돌아오는 바다와 하늘과 육지와 배가 평화와 환경과 역사와 휴머니즘을 함께 수놓는 장정이다. 서울 떠날 때는 빗발이 촉촉했는데 남녘은 햇살이 쨍쨍했다.

2일 부산에서 출국수속을 하고 배에 오르자 일본 피스보트 멤버들이 반갑게 마중했다. 비록 언어가 다르고 생김새가 다르지만 평화롭고 깨끗하고 자유로운 세상을 만들자는 생각이 같은 사람들끼리여서 웃음과 악수와 눈짓으로 쉽게 상통했다. 출항을 알리는 행사장에서 두 나라 젊은이들은 손을 잡고 어깨동무를 한 채 합창을 했다.

이런 따뜻한 민간교류가 한일 평화, 나아가 동아시아와 세계 평화에 이바지하게 될 것이다. 노래 가사지만 '괜찮아'를 목청껏 따라 부르는 한국인과 일본인들은 서로 '반성하고 평화와 환경의 파수꾼이 되어 준 당신은 괜찮아', '사과를 받아 주고 동아시아의 평화와 밝은 세상을 지키려는 당신은 괜찮아'를 합창하는 것 같았다. 휠체어를 타고 온 일본 할머니와 목발을 짚고 온 일본 여성을 보면서 일본인 중에 당신 같은 사람들이 있어 일본이 지탱한다는 생각을 한 것이 나 혼자만의 위로는 아닐 것 같았다.

세계는 무한경쟁의 시대다. 테크노헤게모니, 경제, 군사, 생명공학을 비롯하여 누가 선점하고 누가 탈락하느냐 하는 총성 없는 세계대전 양상이다. 동아시아가 빠르게 진격하지만 표적이 되기도 했다. 이제 한·중·일 3국의 협연이 절실해졌다. 영토분쟁이나 역사 문제, 외교갈등이나 경제 마찰을 딛고 일어서야 한다. 한·중·일 3국의 미래지향적 발상의 전환이 절실할 때이다.

그러기 위해서 일본은 조건 없는 반성과 사과와 배상을 하는 진정한 참회를 해야 한다. 여기서 참懺은 과거로부터 지금에 이르도록 지은 모든 잘못을 뉘우치는 것이요, 회悔는 지금으로부터 미래에 이르도록 지을 모든 허물을 뉘우치는 것이다.

그렇게 되면 일본의 숙명적 열등감인 가면증후군imposter syndrome을 벗어날 수가 있다. 그리고 한반도의 남북통일을 적극 거드는 진정성을 모색해야 한다. 한반도가 평화적으로 통일되면 일본에서 한국의 부산까지 해저터널을 뚫을 수밖에 없다. 그렇게 되면 일본에서 기차와 자동차를 타고 한국, 중국, 러시아, 유라시아를 관통하고 유럽으로 큰 발걸음을 내딛게 된다. 그러면 비로소 일본의 대륙 콤플렉스는 해소되는 것이다.

발효와 썩음은 한 끝 차이다. 발효된 것은 인체에 유익하지만 썩은 것은 해코지를 하기 마련이다. 용서를 빌고 흔쾌히 사과하는 것은 스스로 발효가 되어 이득을 얻지만 잘못을 변명하고 사실을 왜곡하고 용서 대신 말재간으로 얼렁뚱땅 넘어가려는 것은 썩은 가치인 걸 일본이 어찌 모르겠는가.

다행스럽게 피스보트와 같은 양심적이고 진실을 추구하는, 선근을 가진 사람들에게서 희망의 불꽃을 보게 된다. 인생도 국가도 제 양심을 지키면 발효요, 제 이익만 지키면 썩은 걸 취한 것이고 으레 탈이 날 수 밖에 없다는 게 세상의 이치인 것이다. 참으면 병病이 되고 터트리면 업業이 된다고 했다. 일본은 경제력을 믿고 스스로 고립되는 줄 모른 채 세계사의 비겁자로 전락하고 있는 형상이다.

어떤 일을 당하는 게 운명이 아니라 일을 당했을 때 반응하는 내 모습이 운명이라고 했다. 과거의 경험을 통해 앞으로 일어 날 것들을 예측하는 것을 예측코드predictive coding라고 한다. 일본의 침략과 수탈과 인권침해가 업으로부터 해방되려면 조건 없는 진솔한 반성과 사죄가 전제되어야 한다. 그런 뒤 한반도의 평화적 통일을 적극적으로 거들어야 한다.

한번 상상해 보라. 통일된 한국을. 일본에서 해저터널로 부산을 거쳐 기차와 자동차로 중국, 러시아, 유럽을 내달리게 되는 날을. 그러면 일본이 그토록 병이 되었던 대륙 콤플렉스를 벗어 던지고 새로운 도약을 꿈꿀 수 있지 않겠는가. 한일 두 나라의 화합으로 결국 한·중·일 동아시아 3국이 세계 문명국가로 당당하게 발돋움하게 될 것을 왜 상상하지 않는가.

광복 70주년과 한일수교 50주년을 기념하는 한일 두 나라의 평화와 환경 공동체가 신뢰와 상호존중의 씨앗을 뿌리기 시작했다. 천하에 없는 보석이라도 땅에 묻으면 표식을 해두어야 하지만 좋은 씨앗을 심으면 표식이 없어도 싹이 나고 꽃이 피고 열매를 맺는다. 이번 피스&그린보트에 참여한 두 나라 사람들이 참 좋은 평화의 씨앗임을 알게 되어 기쁘고 고맙다.

일의대수한
동아시아 공동체를
실현하자

이시가키 오사무石垣修
일본 참가자
사진/ ⓒ환경재단

일본 피스보트와 한국 환경재단이 공동으로 주최한 한일 크루즈 피스&그린보트에 탔습니다. 2014년에 이어 두 번째로 참가했는데 2015년은 한국 광복 70주년, 한일국교 정상화 50주년이라는 뜻깊은 해이니만큼, 피스&그린보트가 지향하는 '전쟁 없는 사회', '지속가능한 사회', '공생하는 문화'를 실현하기 위한 제안들을 더욱 선명하게 느낄 수 있었습니다.

부산과 블라디보스토크, 홋카이도, 나가사키, 후쿠오카로 이어지는 각 기항지에서는 투어와 교류가 이루어지고, 선내에서는 다채로운 프로그램이 진행되었습니다. 저는 기항지 부산에서 피와 땀으로 이룩한 한국 민주화운동의 역사를 배우고, 홋카이도에서는 재가동이 우려되는 도마리 원전으로 가서 현지를 돌아보았습니다. 또 나가사키에서는 나가사키 원폭 희생자 위령 평화기념 행사에 참여해, 나가사키 시 다우에田上 시장과 피폭자들이 아베 수상 앞에서 용기 있게 〈전쟁가능법안〉에 반대하는 발언을 하는 것에 크게 감동했습니다. 실제로 참가하지 않으면 얻을 수 없는 귀중한 체험이었습니다.

또한 선내에서는 방으로 배달되는 〈선내신문〉에 사인펜으로 표시까지 해가며 쉴 시간도 없이 선내 프로그램에 참가했습니다. 저는 역사나 시민운동과 관계된 프로그램에 많이 참여했고, 콘서트나 영화, 자주기획인 밴드연주 등의 프로그램에도 참석했습니다. 특히 인상적이었던 것은 무력으로는 평화를 만들 수 없고 바다는 그 누구의 것도 아니라며, '하나 된 평화'를 실현시킨 유럽연합EU을 본받아 캄차카 반도에서 인도네시아 반도에 이르는 '바다의 평화'와 동아시아 공동체를 실현하자는 뜨거운 외침이 있었다는 점입니다.

지금 일본에서는 아베 내각이 가을 중에 〈전쟁가능법안〉을 통과시키기 위한 국회심의를 진행하고 있습니다. 일본 국민의 80%가 설명이 부족하다고 느끼고 60%가 반대하는데도 평화헌법을 짓밟고 해석개헌을 통해 일본을 전쟁이 가능한 나라로 만들려는 것입니다. 아베 수상의 70주년 담화에서도 아시아 침략이나 식민지 정책에 대한 반성은 전혀 느낄 수 없었습니다. 심지어 후쿠시마 원전사고의 원인 규명도 제대로 되지 않은 상황에서 원전을 재가동하고, 오키나와 주민들의 민의를 무시한 채 헤노코에 새로운 미군기지 건설을 강행하고, 빈부격차나 헤이트 스피치 등으로 시민들의 생활과 인권마저 위협받는 상황을 수수방관하고 있습니다.

또한, 저는 이번 피스&그린보트에서 평화와 환경을 지키는 일이 중요하다는 사실을 새삼 인식했습니다. 원전 폐쇄 등은 누구에게나 중요한 과제입니다. 시민들끼리는 적극적이고 우호적인 교류관계를 쌓을 수 있지만 한일 양국 사이에는 역사인식을 둘러싸고 여전히 큰 격차가 존재합니다. 국가 차원의 진심어린 사죄와 보상을 실현하고 〈전쟁가능법안〉을 폐지하는 것이 한일 양국 시민들이 진심으로 소망하는 공통의 바람이라고 생각합니다.

저와 같은 일본의 전후세대들이 과거에 일본이 저지른 역사적 과오와 마주하는 것은 괴롭고 힘든 일이겠지만, 과거와 마주하고 미래를 향해 주변국과 신뢰를 쌓아서 EU처럼 자유롭게 왕래할 수 있는 평화롭고 풍요로운 동아시아를 만들어 나가기를 바랍니다. "과거에 눈 감은 사람은 현재도 볼 수 없다"는 말이 있습니다. 저는 일개 시민에 불과해 미력하지만, 그래도 평화와 환경, 인권을 지키고 싶습니다. 지난번에는 동중국해를, 이번에는 동해를 항해했습니다. 이 바다가 다툼의 바다가 아닌 일의대수—依帶水한 평화롭고 풍요로운 바다가 될 수 있기를 바랍니다. 다음에 또 뵙겠습니다.

'전쟁 없는 사회', '지속가능한 사회', '공생하는 문화'

'오월동주'를
실감하다

와카미야 요시부미若宮啓文
〈아사히 신문〉 전 주필

나는 지금 바다 위에서 이 칼럼을 쓰고 있다. 선상에는 한국어와 일본어가 뒤섞여 활기가 넘치는데, 그도 그럴 것이, 후쿠오카와 부산에서 탑승한 한일 참가자 550명, 총 1,100명이나 되는 승객들이 남녀노소 불문하고 항해를 즐기고 있다. 어제는 러시아 블라디보스토크에 기항했고 지금부터 홋카이도 오타루, 그리고 원폭 피해 지역인 나가사키 등을 방문하는 10일간의 여정이다.

2015년 8월 6일 〈동아일보〉에 실린 내 칼럼은 이렇게 시작한다. 지금까지 많은 칼럼을 썼지만 이런 경험은 처음이었다.

2년 전, 피스&그린보트에서 서울대학교 송호근 교수와 선상대담을 한 적이 있다. 당시 우리는 오키나와에서 승선할 예정이었는데 태풍 탓에 타지 못했다. 그래서 비행기로 오키나와에서 상하이까지 이동해 뒤늦게 배에 탑승한 후, 늦은 밤 선상대담을 진행하고 정박한 배에서 하룻밤을 묵는 특이한 경험을 했다.

그에 반해 이번에는 제대로 항해를 했다. 불꽃놀이로 환송을 받으며 후쿠오카에서 출항해 한국 참

ⓒ환경재단

가자가 합류한 부산에서 화려하게 출항식을 했는데, 내가 새삼 설렜던 것도 그런 이유였다.

한국 참가자 중에는 어린이와 학생이 많았던 점이 좋았는데, 이들이 여행에 활기를 불어넣어 주었다. 수는 적었지만 출항식에 기모노 차림으로 참가해 한국 학생들 틈으로 뛰어드는 혈기 왕성한 일본 남학생도 있어 여행 시작부터 분위기를 돋웠다.

선상에서 펼쳐지는 다채로운 이벤트에 놀란 것도 잠시, 나 역시 이벤트에 3개나 참가하는 바람에 분주했다. 먼저 '동아시아 공동체'의 가능성에 대해 생각해 보는 종전 70주년 심포지엄, 이어서 영화 〈에도시대의 조선통신사〉 감상회, 마지막으로 한·중·일을 넘나드는 현대 문화콘텐츠에 대해 이야기하

©김종관

©환경재단

는 세미나였다. 사실 후자의 두 기획은 내가 도쿄에서 시도한 비슷한 기획을 선내로 가져온 것이다. 〈에도시대의 조선통신사〉 감상회는 신이화 씨가, 현대 문화콘텐츠는 베이징대학의 후루이치 마사코古市雅子 부교수와 히토쓰바시대학의 권용석 준교수가 주도했고, 나와 작가인 이시카와 요시미石川好 씨가 분위기를 돋우는 역할을 맡았다. 이러한 동료들이 항해를 더욱 즐겁게 만들어 주었다.

환경재단 최열 대표나 이미경 사무총장과의 오래된 친목을 다질 수 있었고, 많은 한국 게스트와 사귈 수 있어 좋았다. "어느 나라에도 속하지 않는 선상에서 국가라는 장벽을 넘어 교우할 수 있다는 것은 정말 멋진 일입니다"라는 요시오카 다쓰야 피스보트 대표의 인사말이 내 기분을 그대로 대변해 줬다.

종전 70주년 심포지엄에서는 역사 문제에 대한 견해에 다소 차이를 보이기는 했지만 '동아시아 공동체를 만드는 열쇠는 환경 문제다'라는 의견에서는 일치했다. 환경오염이나 방사능에 대한 공포에는 국경이 없으며, 국내에서 발생하는 지위나 경제의 격차와도 관계가 없다. 이른바 환경파괴야말로 인류 공통의 적인 것이다.

　오월동주吳越同舟라는 중국 고사성어가 있다. 사이가 나쁜 오나라와 월나라 사람이 한배를 탔는데 폭풍을 만나 침몰을 막기 위해 필사적으로 협력하는 동안 친해졌다는 이야기에서 유래했다고 한다. 그렇다면 동아시아에서 이웃하고 있는 한국과 일본 역시 때로는 풍파에 함께 맞서 싸우는 숙명이지 않을까. 한일시민들이 한데 섞인 배 위에서 이 사실을 깊게 실감하지 않을 수 없었다.

마침표가 빠진 문장

신정희
〈스브스뉴스〉 인턴기자 1기

창밖을 바라보며 '날씨 좋다! 놀러 가고 싶다. 하지만 현실은 내일도 출근…'이라고 생각하고 있을 무렵이었다. 구단주(〈스브스뉴스〉에서는 직급 대신 다른 호칭을 쓴다)께서 "배 타고 여행 가고 싶은 사람? 딱 세 자리 있어!"라고 말씀하셨다. 콘텐츠를 제작하면서 다른 생각을 하고 있던 내 머릿속을 읽으신 건지 마음이 통한 건지는 잘 모르겠지만 어쨌든 구단주께 가고 싶다고 SNS 메신저를 보냈다. 〈스브스뉴스〉 인턴 4명이 가고 싶다는 의사를 밝혔고 공정성을 위해 사다리 타기로 3명을 추리기로 했다. 내가 뽑은 번호는 2번. 조마조마한 마음으로 선을 타고 내려갔다. 당첨이다. 그렇게 나와 피스&그린보트의 인연이 시작됐다.

워낙 여행을 좋아하는 터라 피스&그린보트를 타고 러시아와 일본에 갈 생각을 하니 마냥 즐거웠다. 그러나 그것도 잠시, 나는 당첨된 나머지 두 인턴(피스&그린보트에 동행한 친구들이다)과 함께 군함도와 관련된 〈스브스뉴스〉 콘텐츠를 제작해 크라우드펀딩을 진행해야 했다. 군함도가 무엇인지도 모르는데 콘텐츠를 제작하라니…. 눈앞이 캄캄해졌다. '군함도는 어떤 곳일까?' 하는 생각만 반

315

©김종관

©신정희

©김종관

복하며 자료를 찾았다. 군함도와 나의 인연이 시작된 지점이다. 그때부터 군함도를 알아 가기 시작했다. 알면 알수록 우리나라 사람이라면 꼭 알아야 할 역사의 한 페이지라는 생각이 들어서 쉬운 말로 사람들에게 군함도에 대해 알려야겠다는 생각이 들었다. 최종적으로 '소름 돋는 섬'과 '이상해요'라는 콘텐츠를 만들었다.

군함도 크라우드펀딩을 정신없이 끝내고 조금 여유가 생기니 실제로 군함도를 보면 어떤 생각이 들지 궁금해졌다. 그런데 이런 걸 운명이라고 하는 걸까? 피스&그린보트에서 나가사키 기항지로 군함도에 가게 된 것이다. 사진으로만 보던 군함도에 직접 간다니 신기하기도 했고, 슬픈 역사의 현장에 간다는 사실에 마음이 무겁기도 했다. 그 때문인지 나가사키에 도착하기 전날은 일찍 잠자리에 들었다.

8월 9일 새벽 5시, 저절로 눈이 떠졌다. 서둘러 준비를 마치고, 나가사키 항에서 군함도 페리 선착장으로 향하는 버스에 몸을 실었다. 태풍이 온다는 소식이 있어 머릿속은 온통 '군함도에 가지 못하면 어떡하지?'라는 생각으로 가득했지만 날씨가 좋아 안도의 한숨을 쉬었다. 하지만 그 안도도 잠시, 가이드가 일본은 자연재해에 미리 대비하는 습성이 있어 군함도에 상륙하지 못할 수도 있다는 게 아닌가. '못한다'가 아닌 '못할 수도 있다'라고 말해 일단 안심했지만, 결국 "오늘 군함도에 상륙하지 못하는 대신, 배를 타고 군함도 주변을 돌 예정입니다"라는 안내방송이 나왔다. 아쉬움을 안고 군함도 페리에 탑승했다.

배는 창문이 있는 1층과 창문이 없어 바람을 많이 맞는 2층으로 나뉘어 있었는데, 나는 망설임 없이 군함도가 잘 보이는 2층으로 향했다. 그런데 배에 오르자마자 내 눈을 사로잡은 글자가 있었다. 'PRIDE'. 사전을 검색하면 '자랑스러움, 자부심, 긍지, 자랑거리, 자존심'이라고 나온다. 순간 오묘한 감정에 사로잡혀 어떻게 이동했는지도 모르게 2층에 올랐다. 2층 왼쪽에 자리를 잡고 앉아 오 기자 캐릭터 패널을 들고 요리조리 사진을 찍었다. 내가 힘들어 보였는지 앞에 앉아 계셨던 일본인 할아버지께서 손과 발을 동원해 "내가 이거(오 기자 캐릭터 패널) 들어 줄게. 사진 찍어"라고 말씀하셨다. 그 할아버지 덕분에 사진을 편하게 찍을 수 있었다. 그 순간 '일본인을 욕할 게 아니라 왜곡된 역사 표현을 비판해야 하는 건데' 하는 생각이 들며 말로 표현할 수 없는 감정에 사로잡혔다. 그때 마침 "군함도로 향하는 배가 출발했습니다"라는 안내방송이 나왔다. 안내방송은 일본인 가이드가 일본어로 방송하고 한국인 가이드가 통역하는 방식이었다. 미쓰비시 소개를 시작으로 일본의 산업에 대한 설명을 들으며 거센 파도를 뚫고 군함도 인근에 도착했다. 군함도는 사진으로 봤던 모습 그대로였다. 군함도를 바라보며 일본인 가이드 설명에 집중했다. 한 문장, 한 글자도 빠뜨리지 않기 위해 귀 기울여 들었다. 유네스코 세계문화유산에 등재된 직후이니 '혹시 강제징용을 언급하지 않을까' 하는 생각 때문이었다. 하지만 군함도 인근에 도착해 들은 안내방송은 모두 문장의 마침표가 빠진 느낌이었다. "암석처럼 보이는 이곳에서 1천 미터까지 내려가 석탄을 채굴했습니다. 바다 밑이기 때문에 기온은 30도가 넘고 습도는 95퍼센트가 넘습니다"라는 문장 뒤에 '바로 그곳에서 석탄을 채굴했던 대부분의 사람들은 강제징용된 한국 사람들이었습니다'라는 말을 덧붙여야 할 것 같았

ⓒ신정희

다. 그렇게 마침표가 빠진 안내방송만을 들으며 우리는 다시 선착장으로 돌아왔다.

왠지 모르게 허전한 마음으로 피스&그린보트로 돌아와 선내 레스토랑에서 저녁을 먹었다. 레스토랑에서는 선착순으로 자리를 안내해 일본인 참가자와 같은 테이블에 앉게 되었다. 군함도를 보고 온 직후라 마음이 편치 않았는데, 자신의 이야기를 털어놓으며 우리나라 문화(음식 사진을 찍는 나를 신기해했다)를 알고 싶어 하는 일본인들 덕분에 마음이 누그러졌다. 피스&그린보트에 참가하는 일본인들은 자신들의 역사를 반성하고 일본 정부의 역사 왜곡에 반대하는 사람들이 대부분이다. 이들은 진심으로 자신들의 잘못을 반성하며 우리와 화해하려고 했다. 따뜻하고 조심스럽게 다가오는 일본인들과 대화를 나누다 보니 완성되지 않았던 문장에 마침표를 찍는 기분이 들었다.

피스&그린보트가 없었다면 나는 아직도 문장을 완성하지 못하고 막연히 일본과 일본 사람들을 미워했을지 모른다. 하지만 9박 10일의 여행을 마치고 돌아온 지금은 마음이 조금 편해졌다. 일본 정부는 과거에 분명 잘못했고, 지금까지 제대로 사과하지 않고 있다. 하지만 일본의 일반 시민 중에는 일본 정부의 잘못을 인정하고 정부를 비판하는 사람들이 생각보다 많았다. 이런 사람들과 계속 연대하며 함께 노력한다면, 언젠가 일본 정부가 우리나라에 진심으로 사과하는 날이 올 수 있지 않을까 하는 희망이 생겼다. 물론 아직 갈 길은 멀지만 이런 희망을 품고 문장에 마침표를 찍게 해준 피스&그린보트에 진심으로 감사드린다.

한국과 일본 사이에서 서로를 잇는 사람으로!

김사리
피스&그린보트 통역

이번에 피스&그린보트에 참가해서 정말 많은 것들을 느끼고 배웠습니다. 사실 처음에는 일반 승객으로 참가하려고 했습니다. 그런데 지금까지 제가 키운 언어능력을 활용해 한국과 일본 사이의 가교가 되고 싶다는 생각에 통역 스태프로 지원을 했습니다. 처음 참가하면서 통역 스태프를 하려니 불안하기도 했지만, 지금 돌이켜 보면 정말 잘한 결정이었다고 생각합니다. 이 경험 덕에 앞으로 제가 어떤 역할을 하는 사람이 되고 싶은지를 더욱 명확하게 그릴 수 있었기 때문입니다.

피스&그린보트에는 기항지 투어나 선내에서 개최되는 여러 가지 이벤트, 강연 등 아주 많은 매력 포인트가 있습니다. 그중에서도 한국과 일본에서 탑승한 참가자들이 연령이나 국적에 관계없이 자유롭게 교류할 수 있는 환경이라는 점이 가장 큰 매력이라고 생각합니다. 배 안에서는 소소한 대화를 나누며 자신과 다른 사고방식과 가치관을 지닌 사람들을 만날 수 있습니다. 저는 통역 스태프로서 참가자분들과 대화를 나누며 그렇게 느꼈습니다. 또한 그러한 대화를 중개하는 통역 스태프가 양쪽의 사고방식이나 가치관을 잘 이해하는 것이 중요하다는 사실도 실감했습니다.

저는 재일한국인입니다. 지금까지 재일한국인은 어디를 가나 주변인이라 굉장히 불리하다고 생각했습니다. 그런데 이번 피스&그린보트를 통해 결코 그렇지 않다고 생각을 바꿀 수 있었습니다. 한국과 일본 사이에 있으니 오히려 서로의 생각과 가치관을 잘 이해하고 교류를 도울 수 있다고 느꼈습니다. 배에서 내린 후에도, 이번 경험을 바탕으로 국경을 넘어 서로를 잇는 다리 역할을 하고 싶습니다. 그리고 민간 차원에서 한일교류가 활발해질 수 있도록 기여하고 싶습니다.

피스&그린보트처럼 개인이 국경을 넘어 교류할 수 있는 장은 그리 많지 않습니다. 그래서 한일 합동으로 치러지는 이 행사는 대단히 중요하고 큰 의의

ⓒ피스보트

ⓒ김사리

가 있습니다. 이번 크루즈에서는 젊은 참가자들이 많았는데, 다음 세대를 짊어질 젊은이들이 더욱 적극적으로 국경을 넘어 교류하면 좋을 것 같습니다.

저는 피스&그린보트가 장기적으로 큰 가능성을 품고 있다고 확신합니다. 평화와 환경을 생각할 때, 한국과 일본을 포함한 동아시아 전체가 협력해야 한다는 사실은 말할 것도 없습니다. 저는 이러한 협력관계를 구축하는 데 피스&그린보트가 중요한 역할을 할 것이라 생각합니다. 물론 개선해야 할 점도 있지만, 이는 이 크루즈에 정말 커다란 가능성이 있다는 반증이기도 합니다. 그 가능성을 열어 피스&그린보트를 더욱 발전시키기 위해, 한일교류를 더욱 활성화하기 위해, 다음에도 피스&그린보트에서 일하고 싶습니다.

©피스보트

피스&그린보트가
가야 할 길

2015년을 돌아보며 미래를 향해

노히라 신사쿠野平晋作
피스보트 공동대표

"할아버지, 몇 년생이세요?"

"1938년생이란다."

피스&그린보트에 탑승한 70대 일본인 참가자와 한국인 초등학생 참가자의 대화입니다. 어린이선상학교로 참가한 한국 초등학생들이 과제 중 하나로 간단한 일본어를 배워서 일본 참가자를 인터뷰했습니다. 인터뷰 요청을 받은 일본인 남성은 손자를 보는 듯 부드러운 눈길로 친절하게 알기 쉬운 일본어를 구사해 아이들의 질문에 대답했습니다.

바다 위에서는 '조선통신사'에 관한 기획도 있었습니다. 도요토미 히데요시가 임진왜란을 일으킨 이후인 에도시대에도 조선에서 파견한 외교사절단이 있었다는 사실은 저 역시 알고 있었습니다. 하지만 그것이 12차례나 있었고, 조선통신사를 받아들임으로써 일본 각지의 전통축제나 서화, 놀이기구 등의 생활 속에 조선 문화가 스며들었다는 사실은 이번 크루즈에서 새롭게 배웠습니다. 조선통신사 자체는 외교사절단이지만 그에 따른 문화적인 침투는 민간교류의 성과라고 할 수 있지 않을까

©김종관   ©환경재단

요. 피스&그린보트 스태프들 사이에서는 '수고하세요'와 '오쓰카레' _お疲れ_ 를 합친 '수고카레'라는 말이 유행하고 있습니다. 굉장히 사소한 예이지만 향후 피스&그린보트도 조선통신사처럼 한일 양국에 새로운 문화를 낳는 장이 될 수 있기를 바랍니다.

동아시아 공동체 형성을 위해

피스&그린보트 활동은 정치적인 과제도 터부시하지 않고 자유롭게 논의하는 시민교류의 장이 되어야 합니다. 이번 피스&그린보트에서는 종전·해방 70주년을 기념해 8월 9일에 방문한 나가사키에서 〈핵과 전쟁이 없는 지속가능한 동아시아를 위한 한일시민 종전 70주년 성명〉을 채택했습니다. 2015년 10월 현재 한일 양국 정부 간에는 역사적 인식의 차이가 커서, 아베 정권과 박근혜 정권이 발족한 이래로 한일정상회담이 단 한 차례도 이루어지지 않았습니다. 7월에는 메이지 산업혁명 시설들을 묶어 유네스코 세계문화유산에 등재했는데, 유산으로 선정된 시설에서 행해진 조선인 강제노동 문제에 대해서는 한일 양국 정부 사이에서 여전히 논의가 이루어지지 않고 있습니다. 8월 14일에 발표한 아베 수상의 종전 70주년 담화 역시 '식민지 지배', '침략', '통절한 반성', '사죄'라는 문구는 들어 있었지만 일반론에 지나지 않는 표현으로 책임의 주체가 불명확해서 일본 정부가 반성하는 내용은 들어 있지 않았습니다.

피스&그린보트는 평화롭고 지속가능한 동아시아 공동체를 형성하고자 노력하고 있습니다. 이를 위해서는 독일의 과거청산이 EU 형성의 전제가 되었듯, 일본이 과거청산에 나서는 것이 필수적입니다. 역사인식 문제와 환경 문제를 제기하며 피스&그린보트 활동을 이어 가고 발전시키는 것이 동아시아 공동체를 위한 밑그림을 그리는 데 이바지할 수 있기를 바랍니다.

피스&그린보트
A to Z

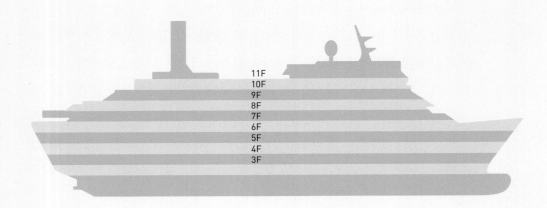

11F
10F
9F
8F
7F
6F
5F
4F
3F

11F 선 데크
10F 베란다 데크   아마마 마사지룸, 사우나, 헬스장
9F 리드 데크   뷔페 레스토랑, 파노라마 바, 풀장
8F 프롬나드 데크   피스&그린보트 센터, 스타라이트, 바이아, 인터넷 라운지, 풀장/스파, 아고라
7F 알로하 데크   브로드웨이 라운지, 겟룸, 세미나룸, 키즈룸/어린이풀장
6F 바하 데크   매점, 미용실, 퍼시픽, 아틀란틱
5F 카리브 데크   리셉션
4F 돌핀 데크   진료실, 메인 레스토랑
3F 크루 데크   현문

환경재단

피스&그린보트를 주최하는 두 단체 중 하나. 한국 최초의 환경전문 재단으로 문화적인 방법을 통해 환경의 중요성을 알리는 데 힘을 쏟고 있다.

피스보트

피스&그린보트를 주최하는 두 단체 중 하나. 30년 전 일본 역사 교과서의 진실을 검증하고자 젊은이들이 돈을 모아 배를 띄운 것이 시초이다. UN으로부터 그 활약을 인정받아 UN 특수자문 자격을 취득했다.

피스&그린보트

한국 환경재단과 일본 피스보트가 공동으로 주최하는 한일교류 크루즈이다. 한국과 일본을 비롯한 동아시아의 각종 환경 · 역사 현장을 방문해 관계자들의 이야기도 듣고, 직접 확인할 수 있는 프로그램으로 짜여 있다.

오션드림호

피스&그린보트에서 참가자들이 탑승하는 배. 3만 5천 톤급의 대형 크루즈선으로 배 길이가 205미터, 폭이 26.5미터이다. 총 11층으로 이루어져 있으며, 6대의 엘리베이터가 운행된다. 객실과 레스토랑 등의 필수 공간 외에도 수영장과 헬스장, 스파 등의 각종 편의시설을 갖추고 있다.

선내 프로그램

크루즈 여행의 특징상 배 안에서 하루 종일 보내야 하는 날도 있다. 이런 날 참가자들이 따분해지지 않도록 각종 선내 프로그램을 운영한다. 피스&그린보트에서 초청한 각계각층의 유명 인사들이 한국은 물론 일본에서도 참가해 선내 프로그램을 진행한다. 강의와 강연, 각종 콘서트 등이 다양하게 준비되어 있으니 원하는 프로그램을 골라서 들으면 된다.

다만 하루에도 수십 개의 선내 프로그램이 운영되고 있어 무슨 프로그램을 언제 어디에서 진행하는지 알기가 어렵다. 매일 사무국에서 발행하는 선내신문에 그날 있을 프로그램들이 모두 정리되어 있으니, 선내신문을 꼭 확인하자!

기항지 프로그램

피스&그린보트가 각 기항지의 환경 · 역사 현장을 직접 방문하기 위해 기획된 만큼 각 기항지에서의 프로그램 또한 매우 다채롭게 마련되어 있다. 출항 전, 기항지 프로그램 가이드북을 보고 원하는 기항지를 선택하면 되는데, 마음에 드는 코스가 없을 경우에는 자유여행을 선택할 수도 있다. 하지만 자유여행에서 필요한 각종 현지 정보들은 참가자 스스로가 알아보고 책임을 져야 하니 자신이 없다면 기항지 프로그램을 선택하도록 하자.

교류 프로그램

기항지 프로그램에는 교류 프로그램과 관광 프로그램의 두 종류가 있다. 관광 프로그램은 말 그대로 주변의 유명한 관광지를 돌아보는 프로그램이고, 교류 프로그램은 현지 주민 혹은 현지 전문가의 도움을 받으며 현지를 직접 탐방하고 교류하는 프로그램이다. 딱딱해 보이지만 참여해 보면 의외로 재미있고 즐거운 프로그램이 많으니, 피스&그린보트의 참의미를 100% 느끼고 싶다면 꼭 교류 프로그램에 참여해 보시길.

자주기획 프로그램

선내 프로그램에는 초청된 게스트들이 진행하는 프로그램도 있지만 참가자들이 직접 만들고 진행하는 프로그램도 있다. 이처럼 참가자들이 직접 자신의 특기나 전공을 살려서 다른 참가자와 공유하고 나누는 프로그램을 자주기획 프로그램이라고 한다. 자주기획 프로그램은 별도로 마련된 신청 시간에 자신이 진행할 프로그램의 이름과 주제, 원하는 장소 및 시간 등을 작성해 확정을 받아야 실시할 수 있다. 남들에게 자랑할 만한 특기가 있다면 자주기획 프로그램을 신청해 다른 참가자들과 나눈다면 좋은 추억이 될 것이다.

ID카드

오션드림호에서 여권과 함께 참가자들이 절대 잃어버려서는 안 되는 중요 물품. 분실하면 반드시 재발급을 받아야 하며 재발급 수수료가 무려 500엔이나 하니 꼭 잘 챙겨서 다니도록 하자.

ID카드는 배 안에서 참가자들의 신분증이자 신용카드이자 객실 카드키이다. 배를 드나들 때는 반드시 입구에서 ID카드를 체크해야 하며, 배 안에서 무언가를 구매할 때도 ID카드를 이용해 결제한다.

배에 탑승할 때 본인의 신용카드와 연동시키거나 보증금(1만 엔)을 내고 등록하면 바로 사용할 수 있으며, 하선할 때 사용내역을 확인하고 결산한다. 카드와 연동하면 신용카드 고지서에 합산되어 청구되고, 보증금을 내고 등록하면 하선할 때 사용한 금액만큼 보증금에서 제하고 돌려받는다.

선내신문

하루에 한 번 피스&그린보트 사무국에서 발행하는 신문. 그날 있었던 소식이나 다음 날 있을 프로그램 시간표, 매일 조금씩 변동되는 선내 각종 편의시설 이용시간 등 선내생활에 꼭 필요한 정보들이 가득 들어 있다. 매일 저녁 각 방으로 배송되니 자기 전에 꼭 확인해 보자.

CC

한국과 일본이 공동으로 주최하는 크루즈이다 보니
언어의 장벽이 필연적으로 발생한다. 이를 뛰어넘어
우정을 만들고 배움을 쌓는 기회를 만들어 주는 이들이
있다. 바로 CC(Communication Coordinator)라 불리는
통역 자원봉사자들이다.

투어리더

기항지 프로그램에서 참가자들을 인솔하는 스태프를
지칭한다. 관광 프로그램의 경우에는 가이드가 따로
있지만 교류 프로그램의 경우에는 투어리더가 가이드의
일도 겸한다. 투어리더라고는 하지만 스태프들도
현지에 처음 가보는 사람이 태반이다. 사전에 열심히
공부를 하기는 하지만 간혹 모르는 부분이 있어도
너그럽게 봐주시길 바란다. 나중에라도 공부해서 꼭
알려드리겠다.

덧붙여 참가자 분들은 제발 투어리더가 인솔하는 대
로 따라 주시길 부탁드린다. 촉박한 시간에 아쉬우시겠
지만 모든 분을 무사히 제 시간 안에 다시 배로 모시고 가
야 하는 투어리더는 참가자를 재촉할 수밖에 없다.

참가자 오리엔테이션

피스&그린보트에 탑승하면 가장 먼저 참가하는
프로그램이다. 크루즈 기간 동안 선내생활에 필요한
사항이나 주의해야 할 점들을 알려 준다. 뻔한 이야기만
하는 것 같지만 막상 크루즈가 시작되면 요긴하게
도움이 되는 말이 많으니 꼭 참가하자. 참가자
오리엔테이션이 끝나면 곧바로 피난훈련이 시작된다.

피난훈련

국제해양법상 배에 타는 모든 사람은 배가 출발하기
전에 피난훈련을 받아야 한다. 피난훈련이 시작되면
각자 자신의 방에서 구명조끼를 들고 지정된
장소(브로드웨이 라운지, 바이아 등 넓은 홀)로
집합한다. 피난훈련을 시작한다는 방송이 나오면,
안내자의 지시에 따라 구명조끼를 착용하고 그룹별로
머스터 스테이션으로 이동한다. 이동하는 중간 중간
크루들이 길을 안내하니 길을 잃을 염려는 없다. 모든
승선자가 피난훈련을 받았다는 사실이 확인되지 않으면
배가 출발할 수 없으니 '별 일 없을 텐데 귀찮게' 같은
안일한 생각은 말고 반드시 참석하도록 하자.

사전스터디

일부 교류 프로그램을 참가하는 사람들이 사전에 선내에서 들어야 하는 스터디 모임. 교류 프로그램을 100퍼센트 즐기고 싶다면 반드시 참석해야 하겠다. 프로그램에서 숙지해야 할 사항을 전달하거나 포스터 만들기 등의 사전 작업을 진행한다. 신문에 사전스터디 일정이 나와 있으니 해당 기항지 프로그램에 참가하는 사람들은 꼭 참여하도록 하자!

바이아

오션드림호 내의 실질적인 한일교류의 장. 작은 스테이지를 중심으로 등나무 의자가 있는 카리브풍 바(Bar)다. 매일 밤 이곳에서는 알코올을 매개로 한일 젊은이들의 교류의 장이 펼쳐진다. 평소에는 선내 밴드들이 공연을 하는데 가끔은 주최 측에서 '7080 나이트' 같은 교류 이벤트를 개최하기도 한다. 피스&그린보트에서는 "너 나랑 바이아 갈래?"라는 말이 "나 네가 마음에 들어"라는 의미로 쓰이기도 한다.

휴대전화

일상생활에서는 우리에게 굉장히 유용하고 꼭 필요한 것이지만 피스&그린보트에서는 무용지물인 존재. 전파 기지국 따위는 존재하지 않는 망망대해를 떠다니는 피스&그린보트에서 휴대전화는 아무런 소용이 없다. 항구에 정박하고 있을 때도 오션드림호의 선체가 너무 두꺼워 전파가 통하지 않는 곳이 부지기수. 항구에 내려서야 겨우 사용할 수 있으니 배 안에서 누군가와 연락을 주고받을 생각은 접어 두자. 또 배에 타기 전에 주변 사람들에게 연락이 안 될 수 있다는 말을 꼭 해두자. 연락이 닿지 않아 당신이 실종된 것으로 오해한 누군가가 경찰에 신고를 할 수도 있다.

세탁

피스&그린보트 신청을 받을 때 가장 많이 듣는 질문 하나는 "세탁은 어떻게 하나요?"이다. 아쉽게도 피스&그린보트에서는 세탁 서비스가 제공되지 않는다. 간단한 빨래는 화장실에서 손세탁해서 방 안에 널 수 있지만, 코인 빨래방이나 세탁 서비스는 제공되지 않는다. 다행히 크루즈에서는 수하물의 무게 제한이 없으니 여행기간 동안 갈아입을 옷을 넉넉하게 준비하자.

피스&그린보트
지난 기록
사진/ ⓒ환경재단

2005년 한일수교 60주년을 맞아 정부지원 사업으로 시작한 피스&그린보트가 어느덧 10주년을 맞았습니다. 10년이라는 세월이 흐르는 동안 방문한 기항지가 25곳, 참여해 주신 게스트는 180명에 이릅니다. 이번 페이지에서는 10주년이라는 뜻깊은 해를 맞아 지난 피스&그린보트의 발자취를 살펴보고 참여해 주신 게스트 분들을 소개하고자 합니다.

제1회 피스&그린보트

일정 2005년 8월 12일~8월 27일
코스 도쿄→부산→인천→단동→상하이→오키나와→
나가사키→후쿠오카→인천
참가인원 550명
게스트
고건(전 총리), 김수종(기자),
문국현(뉴패러다임인스티튜트 대표),
안치환(가수), 유인촌(배우),
이선종(은덕문화원 원장),
이세중(환경재단 이사장),
임옥상(임옥상미술연구소 소장),
임진택(국악인), 장사익(음악인),
조선희(소설가), 최열(환경재단 대표),
한경구(서울대학교 교수),
한근태(한스컨설팅 대표) 등

제2회 피스&그린보트

일정 2006년 12월 12일~12월 26일

코스 부산→후쿠오카→홍콩→하롱베이→수빅→부산

참가인원 564명

게스트

고현숙(국민대학교 교수), 김기식(국회의원),

김수종(기자), 문국현(뉴패러다임인스티튜트 대표),

은희경(작가), 이창현(국민대학교 교수),

임옥상(임옥상미술연구소 소장),

임진택(국악인), 정범구(전 국회의원),

조한혜정(연세대학교 명예교수),

최열(환경재단 대표) 등

제3회 피스&그린보트

일정 2007년 7월 14일~7월 28일

코스 도쿄→요코하마→하치노헤→구시로→

캄차카반도→사할린→블라디보스토크→부산

참가인원 589명

게스트

김기식(국회의원),

문국현(뉴패러다임인스티튜트 대표),

박원순(서울특별시장),

이세중(환경재단 이사장),

이창현(국민대학교 교수),

조동성(서울대학교 명예교수),

조용헌(칼럼니스트), 최열(환경재단 대표),

한경구(서울대학교 교수) 등

제4회 피스&그린보트

일정 2008년 11월 20일~11월 27일
코스 오사카→고베→이시가키→지룽→부산
참가인원 585명
게스트
고건(전 총리),
김재옥(기후변화센터 공동대표),
김정인(중앙대학교 교수), 김현석(가수),
신동만(KBS PD), 신세철(가수), 이한철(가수),
조용헌(칼럼니스트), 하성란(소설가) 등

제5회 피스&그린보트

일정 2012년 12월 2일~12월 10일
코스 부산→오키나와→교토→후쿠오카→부산
참가인원 972명
게스트
고현숙(국민대학교 교수),
곽동호(콧털매직유랑단 단장), 김용택(시인),
노동영(서울대학교 교수),
배병우(서울예술대학교 교수),
신용(버블아티스트),
윤광준(사진작가), 윤순진(서울대학교 교수),
이상은(가수), 이제석(이제석광고연구소 대표),
이한철(가수), 이효재(보자기아티스트),
조용헌(칼럼니스트), 임옥상(임옥상미술연구소 소장),
최열(환경재단 대표), 최재영(사진작가),
히라이 히사시(일본 리쓰메이칸 대학교 객원교수) 등

제6회 피스&그린보트

일정 2013년 11월 19일~11월 28일
코스 부산→지룽→상하이→후쿠오카→부산
참가인원 1,046명
게스트
고현숙(국민대학교 교수),
곽동호(콧털매직유랑단 단장),
김정욱(서울대학교 명예교수),
김한정(연세대학교 객원교수), 서문탁(가수),
서해성(소설가), 신용(버블아티스트),
오동진(영화평론가), 유성용(여행가),
이선종(은덕문화원 원장), 이한철(가수),
이효재(보자기아티스트), 이창현(국민대학교 교수),
조유미(레오버넷 코리아 대표), 최고은(가수),
황석영(작가) 등

제7회 피스&그린보트

일정 2014년 10월 31일~11월 9일
코스 부산→제주→지룽→오키나와→나가사키→
후쿠오카→부산
참가인원 1,018명
게스트
고건(전 총리), 곽동호(콧털매직유랑단 단장),
김민주(리드앤리더 대표), 김정욱(서울대학교 명예교수),
김한정(연세대학교 객원교수), 노동영(서울대학교 교수),
신용(버블아티스트), 요조(가수), 윤광준(사진작가),
이창현(국민대학교 교수), 이한철(가수),
이효재(보자기아티스트), 조용헌(칼럼니스트),
최열(환경재단 대표), M. C. 메타(골드만상 수상자),
본 헤르난데즈(골드만상 수상자),
피싯 찬스노(골드만상 수상자) 등

제8회 피스&그린보트

일정 2015년 8월 2일~8월 11일
코스 부산→블라디보스토크→홋카이도→
나가사키→후쿠오카→부산
참가인원 1,184명
게스트
고현숙(국민대학교 교수),
권철현(북중군묘지평화포럼 대표),
김민주(리드앤리더 대표), 김연수(작가),
김홍신(작가), 노동영(서울대학교 교수),
박재갑(서울대학교 명예교수),
승효상(이로재 대표), 신동호(경향신문 논설위원),
안병욱(가톨릭대학교 명예교수),
엄홍길(엄홍길휴먼재단 상임이사),
윤순진(서울대학교 교수), 은희경(작가),
이세중(환경재단 이사장), 이한철(가수),
이효재(보자기아티스트),
임옥상(임옥상미술연구소 소장),
장사익(음악인), 조유미(레오버넷 코리아 대표),
최열(환경재단 대표), 황지우(시인) 등

후지마루호 (1회~4회)
총 톤 수 23,340톤
길이 167.0미터
폭 24.0미터
승객 정원 603명

오션드림호 (5회~)
총 톤 수 36,674톤
길이 204.7미터
폭 26.4미터
승객 정원 1,422명

2015 피스&그린보트
스태프 소개

환경재단

이미경 총괄 / 핵심 의사결정
2005, 2006, 2007, 2008, 2012, 2013, 2014, 2015

정태용 크루즈 디렉터 / 스태프 운영 및 관리
2005, 2006, 2012, 2013, 2014, 2015
반복되지만 예측할 수 없는 하루,
새롭다는 느낌이 주는 묘한 설렘….
어느덧 8번째 피스&그린보트.
가장 좋았다거나 가장 힘들었다는 표현들이
더 이상 무의미해지는 시간이었다.
피스&그린보트는 살아 있는 생물처럼
스스로 진화하고 있으며,
우린 그 안에서 정체하지 않으려
몸부림치고 있다.
이제 고작 8살이 된 우리가 환경과 평화를 위해
얼마나 많은 기여를 할 수 있을까?
허나 우린 조금 늦더라도 모두 다 같이
환경과 평화를 위한 항해를 계속 하려 한다.

이정아 참가자 관리 및 홍보 총괄
2012, 2013, 2015
함께 걸어 좋은 길이 있고, 함께 걷고 싶은
길이 있다. 피스&그린보트는 함께이기에
좋은 길이다. 배에만 오르면 누가 먼저라 할 것
없이 일사불란하게 움직인다. 밥 한 끼 편히
먹을 수 없는 열흘간이지만, 함께여서 좋았던
피스&그린보트이다.

박경희 참가자 관리
2014, 2015
9박 10일 동안 내가 제일 많이 한 말은
"감사합니다."
반대로 가장 많이 들은 말 역시 "감사합니다."
업무의 긴장감으로 뻣뻣하게 굳은 나의
신경을 풀어 주었던 약은, 오고가는 사람들이
던져 주던 따스함이 담긴 눈길 한 번, 그리고
담백한 미소였다. 모든 것을 녹여 버릴 만큼
뜨거웠던 2015년 여름, 그 안에서 맛본
고되지만 행복했던 기억. bye bye~

조수인 취재 및 신문제작
2014, 2015
언젠가는 이 배에 꼭 승객으로 타야지.
피스&그린보트 기간 동안 제일 많이 하는
생각이다. 스태프인 내가 이런 생각을 하는
프로그램이라면, 더 이상 어떤 설명이 또
필요할까. 배를 띄우기 위해 많은 사람들이
함께 오랜 시간을 준비하고, 출항일부터

하선일까지 정신없이 하루를 보낸다. 분명 쉽지 않은 시간이지만, 선내를 가득 메우는 참가자들의 활기와 생동감을 느낄 때마다 그 기운으로 힘내 일할 수 있었다. 이게 바로 경험하지 않으면 절대 알 수 없는 피스&그린보트의 못된(?) 매력.

최홍식 | 취재 및 신문제작 / 사진촬영 및 기록
2013, 2014, 2015
지금 이 순간 나의 시간을 기억하자!
세 번째 탑승하는 피스&그린보트는 익숙함과 친근함이 가득했다. 이제는 편안해진 오션드림호 공간을 비롯해서 만나면 서로 기억하고 인사를 나누는 피스보트 스태프들, 그리고 3년째 계속된 선내신문 제작까지. 그런데도 매년 설레고 즐거웠던 추억을 새로 만들었다. 보트에서 내려서 다시 생각할 때 그 추억들 때문에 웃으며 말할 수 있는 것 같다.

박은정 | 선내 프로그램 총괄
2007, 2012, 2013, 2014, 2015

변영일 | 리더십프로그램
2015
피스&그린보트에서는 선상리더십 과정 외에도 본인의 관심사를 찾아 다양한 교육을 받을 수 있어 마치 보물섬에 있는 것 같았다. 특히 문화 현장을 함께 둘러보고 환경, 역사 전문가들의 강연을 들으며

폭넓은 지식을 재충전할 수 있었다.
공무원들이 이런 교육을 통해 생명을 존중하고 안전한 사회를 지향하는 리더가 되면 좋겠다.

임지은 | 선내 프로그램 스케줄 / 게스트 케어
2014, 2015
열흘째 밤, 갑판에서 조우한 별똥별을 따라 땀과 눈물도 함께 날아가 버린 탓인지, 2015년 피스&그린보트의 기억은 소중한 인연과 행복한 순간으로만 채워져 있네요. 이제 피스&그린보트에도 어느 정도 익숙해졌으니, 다음 여정에서는 업무적 단상만이 아닌, 평생 추억할 만한 한 편의 의미 있는 이야기를 남기고 올 수 있었으면 합니다.
* Special thanks to 혼돈 속 퍼시픽에 '피스'를 가져다 준 곤약젤리와 언제나 따뜻했던 셸터 6053!

오세희 | 선내 프로그램 진행 / 게스트 케어
2012, 2013, 2015
피스&그린보트는 환경재단 상근자들에게 애증의 존재이다. 보트 기간 내내 정신없는 일정과 각종 사건사고들로 다시는 타지 않으리라 다짐했건만, 마치고 돌아오면 이상하게도 좋았던 일들만 기억나기 때문이다. 우리들은 이를 '기억의 미화'라고 부르지만, 힘든 일정 속에서 찾는 소소한 재미와 싫든 좋든 경험했던 모든 일들이

결국 추억으로 남기에 이런 평을 하는 것은
아닐까 생각해 본다. 세 번 피스&그린보트에
탑승하면서 정말 별의별 일들이 있었지만,
힘들 때마다 서로 의지하고 위로하던
동료들이 있었기에 '기억의 미화'가 가능했다.
그들에게 감사를 전한다.

노승희 선내 프로그램 진행
2015
동북아의 평화를 외치는 피스&그린보트에서
펼쳐진 바다 위 즐거운 전쟁!
전쟁만큼 다이내믹했고, 전쟁만큼 전우애가
쌓였으며, 전쟁만큼 막중한 임무를 완수하고
무사귀환했다는 자부심이 생겼습니다.
2015년의 가장 큰 사건이었던 피스&그린보트,
함께해 주신 모든 분들께 감사드립니다!

유지향 선내 프로그램 진행
2015

이도열 물품 및 음향 총괄
2012, 2013, 2014, 2015
러시아에서 다른 스태프 몇 명과 어울려
항구 근처를 돌아다녔다. 혼자 하는 여행도
좋지만 여럿이서 이곳저곳 돌아보는 재미가
쏠쏠했다. 한참을 돌아다니는데 길쭉길쭉한
러시아 사람들이 우리가 한국인인 걸
알아보고 먼저 인사를 건넸다. 부끄러움과
당혹감에 귀까지 빨개졌지만 손을 흔들어

인사했다.
피스&그린보트는 나에게 새로운 사람들을
만나는 모임이자 친구를 만들 수 있는
공간이다. 새롭게 꾸려지는 한일 스태프나
여러 참가자들은 물론, 현지에서 만나는
모두가 소중한 인연이 되고 친구가 된다.
뱃멀미가 심해서 고생하고, 내려서는
땅멀미를 하면서도 매년 피스&그린보트에
참가하는 것도 이런 이유일 것이다. 문득
오션드림호 갑판에서 본 노을 진 바다가
그립다.

박성아 어린이선상학교
2015
배를 타고 바다를 여행한다는 것, 내 인생에서
상상도 해보지 않은 일이었다. 홀로 바다를,
별을 보던 시간은 익숙해서 잊고 있던 소중한
것을 다시 생각할 수 있게 해주었다.
2015 피스&그린보트를 준비한 모든 스태프
여러분 진짜 최고! 고맙습니다.

박효진 어린이선상학교
2015
기억에 남는 두 가지. 눈빛만 마주쳐도
깔깔대던 '어린이선상학교' 스태프와 한일
스태프 가족. 그리고 내가 몰랐던 또 다른 나.
함께라서 웃었고, 웃어서 괜찮았다. 꿈에서 깬
기분이다. 보름이 조금 되지 않는 시간,
다른 세상에 다녀온 걸까?

박선미 어린이선상학교
2014, 2015

김혜은 기항지 프로그램 총괄
2014, 2015
고대 중국 사람들은 세상 끝에 괴물이
산다고 믿었다. 지금도 사람들은 다른 나라
사람들이 자신과 어딘가 다르고 이해하기
어렵다고 생각한다. 하지만 백문이 불여일견.
피스&그린보트에서 1,100명이 넘는 사람들은
한데 뒤섞이며 서로에 대한 오해와 편견을
조금씩 풀어 갔다.
TV에서는 한일관계에 대한 걱정스러운
소식들이 쏟아진다. 하지만 피스&그린보트는
국가 간 알력다툼과는 관계없이 한일 참가자
사이에 뚜렷한 흔적을 남기리라 믿는다.

이성규 기항지 프로그램 매니저 /
블라디보스토크, 나가사키
2015
출항식은 무사히 끝났는지, 잘 오고 있는
건지…. 궁금해하며 기다리던 오션드림호가
블라디보스토크 항구에 나타났을 때의 감격이
아직 생생하다. 기항지에서 미리 대기하다 보니
참가자들과 시간을 많이 보내지 못해서 아쉽다.
하지만 가슴 설레면서 오션드림호를 기다리다,
마침내 나보다 더 설레는 표정으로 하선하는
참가자들을 볼 수 있는 것은 기항지 매니저만이
누릴 수 있는 특권이 아닐까 한다. 처음 해보는

업무에 좌충우돌, 허둥지둥, 어리바리의
끝판왕을 보여 주었지만 큰 사고 없이 행사가
마무리 되었다는 사실에 그저 감사한다.

김희은 기항지 프로그램 매니저 / 홋카이도, 후쿠오카
2012, 2013, 2014, 2015
피스&그린보트도 벌써 네 번째다. 처음에는
사무국 CC였다가 기항지 총괄을 거쳐
지금은 기항지 프로그램 매니저로 자리를
잡았다. 비록 참가자들을 직접 만나거나
동료들과 함께 전우애를 쌓을 수는 없지만,
피스&그린보트의 꽃이라는 기항지
프로그램을 관리하는 만큼 자부심과 책임감이
큰 업무인 것 같다.
항구로 들어오는 배를 맞을 때, 기대에 찬
얼굴로 내렸다가 만족한 표정으로 돌아오는
참가자를 볼 때, 그리고 오랜만에 만나서 나를
반겨 주는 스태프들을 볼 때 가장 보람을
느낀다. 앞으로도 참가자가 웃으며 돌아올
수 있도록, 스태프들이 나를 반갑게 맞을 수
있도록 꼼꼼하고 세심하게 프로그램을 만들고
싶다.

**자원활동
스태프**

김소영 참가자 관리

2012, 2014, 2015

9박 10일, 짧지만 긴 항해 동안 함께 방을 쓴
룸메이트들을 비롯하여 함께 일한 스태프
전원에게 "함께해서 즐거웠고 행복했다"는
인사를 꼭 드리고 싶습니다. 세상살이의
축소판을 배 안에서 느끼면서 스태프분들의
행동과 말씀들은 제게 귀감이 되었습니다.
또 다시 만나고 싶습니다!

송진우 물류 및 음향 지원

2015

바다를 좋아하는 부산 남자에게
정말 아름다운 바다가 무엇인지 보여 준
여행이었습니다.

이충식 어린이선상학교 총괄

2013, 2014, 2015

첫 느낌은 강렬한 쓴 맛이었다.
쓰다는 말은 익히 들었지만 처음부터 쓴 맛이
훅 들어왔다.
조금 지나니까 쓴 맛 뒤에 숨어 있던 다양한
맛이 느껴졌다. 산뜻한 신맛에 초콜릿 맛도
나고 달달한 뒷맛도 느낄 수 있었다.

아, 이 맛이었구나 생각했다.
갓 내린 뜨거운 에스프레소.
환경재단 스태프들의 향기가 생각나면 다시
에스프레소를 한 잔 하겠다.

김혜옥 언론사 케어

2007, 2015

복진오 영상 촬영 및 기록

2015

윤세홍 리더십프로그램

2014, 2015

두근두근 설렘을 담고 여행하는
피스&그린보트. 가족에게 추천하고
남들에게 자랑하는 여행이다. 환경과 평화,
생명을 생각하고, 새로운 사람을 만나는
크루즈 여행이니까! 작년에 반가웠던 한국과
일본의 친구들을 만나면 더 즐겁고
기쁨과 감사가 묻어나는 여행~~ 강추입니다!

이창진 공연 연출

2014, 2015

고하늬 어린이선상학교

2015

유경아 어린이선상학교

2015

이보라 　사진 촬영 및 기록
　　　　　2015

신승희 　사진 촬영 및 기록
　　　　　2015

**세중
여행사**

이창열 　입출국 관리 / 기항지 관광프로그램 총괄
　　　　　2008, 2012, 2013, 2014, 2015

나상인 　입출국 관리 / 기항지 관광프로그램 진행
　　　　　2015

김지혜 　입출국 관리 / 기항지 프로그램 참가자 관리
　　　　　2015

최향란 　기항지 프로그램 가이드
　　　　　2015

이현 　기항지 프로그램 가이드
　　　　2015

박선경 　기항지 프로그램 가이드
　　　　　2015

김대희 　기항지 프로그램 가이드
　　　　　2012, 2013, 2014, 2015

CC

우기홍 　선내 및 기항지 통번역 총괄 / 음향 및 설비 통역
　　　　　2008, 2012, 2013, 2014, 2015
　　　　　타기 전에는 새로운 기대감과 두근거림,
　　　　　탄 후에는 뿌듯함과 새로운 도전정신을 주는
　　　　　피스&그린보트. 나에게 피스&그린보트는
　　　　　삶의 활력이고, 희망이며, 지혜의 보고이다.
　　　　　피스&그린보트 포에버~^^

김지현 　선내 및 기항지 통번역
　　　　　2015

박미정 　선내 및 기항지 통번역
　　　　　2015

박인선 　선내 및 기항지 통번역
　　　　　2014, 2015

박지연 　선내 및 기항지 통번역 / 일본어 강좌
　　　　　2013, 2014, 2015

신해인 　선내 및 기항지 통번역
　　　　　2015
　　　　　처음 배에 타던 설렘과 승객들이 모두 내린
　　　　　후 텅 빈 배에서의 아쉬움이 기억납니다.
　　　　　배에서 내린 지 4달이 지난 지금도 함께한

모든 순간이 선명합니다. 무엇보다 함께
웃을 수 있는 좋은 사람들을 선물해 준
피스&그린보트. 참 고맙습니다 ♡

이새롬 선내 및 기항지 통번역
2015

이소연 선내 및 기항지 통번역
2015
피스&그린보트와 함께한 2015년의 여름은
정말 뜨거웠고 행복했습니다. 특히 통역을
하면서 많은 사람들의 목소리를 대변하며
그들과 공감하고 소통할 수 있어서
좋았습니다. 원폭 피해자의 경험담을
통역하며 원폭의 무서움과 그들의 아픔을
생생하게 느낄 수 있었고, 재일동포들의
강연을 들으며 이들이 받았을 차별과 서러움에
나는 왜 좀더 귀 기울이지 못했을까
반성했습니다. 간 나오토 전 총리님의
인터뷰를 통역하며 깨어 있는 리더의
필요성을 절실히 느끼기도 했고, 저를 보실
때마다 "이소연 통역사님! 기氣!!!"라고
힘차게 외치시던 엄홍길 대장님 덕분에
매 순간 큰 힘을 얻고 도전을 다짐했습니다.
이 귀한 경험과 추억들을 선물해 준
2015 피스&그린보트의 모든 참가자 여러분과
스태프께 감사합니다.
피스&그린보트는 행복 그 자체입니다.

이은영 선내 및 기항지 통번역
2008, 2012, 2013, 2015
벌써 4번째 승선이지만 이번에는
친숙하면서도 특별하고 새로운 마음가짐으로
배에 올랐습니다. 본 업무인 통역뿐 아니라
'퍼즐 프로젝트'라는 자주기획을 진행했기
때문입니다. 제가 그어 놓은 선을 뛰어넘고
제가 가진 고리의 범위를 넓혀 주는 많은
만남과 활동 덕에 9박 10일의 힘든 일정에도
큰 에너지를 선물 받을 수 있었습니다.
스태프로 일하다 보면 어렵고 힘들 때가
많은데, 그럴 때일수록 서로 위로하고
격려하며 그것을 즐거운 추억거리로 바꾸는
것이 이 배가 지닌 '운명공동체'로서의 큰
힘인 것 같습니다. 동아시아 국제관계를
이야기할 때 일의대수란 표현을 많이 쓰는데,
이 항해에서 가장 실감했던 단어입니다.
바다를 여행하며 실제로 가까운 곳에 얼마나
많은 나라들이 있는지를 물리적으로 경험해
볼 수 있었습니다. 이 물리적인 거리가
정서적으로도 더욱더 좁혀지기를 바라며
내년 피스&그린보트도 기대해 봅니다.

추현휴 선내 및 기항지 통번역 / 자주기획
2013, 2015

황새미 선내 및 기항지 통번역 / 자주기획
2008, 2015

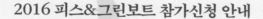

2016 피스&그린보트 참가신청 안내

피스&그린보트는 '평화롭고 지속가능한 아시아의 미래'를 위해 한국 NGO 환경재단과 일본 NPO 피스보트가 공동으로 주최하는 크루즈 여행입니다. 한일 참가자가 함께 선내에서 생활하고 기항지 프로그램에 참여합니다.

2005년 8월 첫 항해를 시작으로 지금까지 8번의 크루즈를 성공적으로 마쳤습니다. 그동안 아시아 각국을 배로 돌며 환경 및 역사 문제와 관련되거나 사회문화적으로 의미 있는 장소를 한일 시민들이 함께 찾아보고 체험하는 여행을 이어 왔습니다.

항해하는 동안에는 작가, 의사, 교수, 예술가, 연예인 등 평소 만나기 힘들었던 다채로운 게스트의 강연을 들을 수 있습니다. 2016년 피스&그린보트에도 알찬 프로그램과 밀도 높은 여정이 준비되어 있습니다. 함께 떠나요!

일시   2016년 7월 30일(토) ~ 8월 7일(일)

일정   부산(한국)-상하이(중국)-오키나와(일본)-나가사키(일본)-후쿠오카(일본)-부산(한국)

참가신청   참가신청서 작성(피스&그린보트 홈페이지에서 다운로드 후 이메일이나 팩스로 제출)

               → 예약금 납부 → 필요한 서류 제출 → 기항지 프로그램 신청

               → 참가비 잔액과 기항지 프로그램비 납부 → 여행수속 → 출항

요금

객실종류	객실정원	창문	침대	일반요금	얼리버드 할인율	할인요금	할인정원
이코노미	4인1실	-	2층	2,160,000	40%	1,296,000	
스탠다드	4인1실	O	2층	2,380,000	40%	1,428,000	40명
디럭스	2인1실	O	트윈	2,920,000	40%	1,752,000	

* 단위: 원/어른 1명(어린이 요금 별도 규정).

* 기항지 프로그램비 미포함.

* 참가신청 및 요금 관련 자세한 사항은 홈페이지를 참조해 주세요.

문의 피스&그린보트 홈페이지 http://www.greenboat.org

환경재단 02) 2011-4300 / 02) 2011-4369 / 02) 2011-4391

greenboat@greenfund.org